本书出版受到以下项目或资金资助：

- 国家社会科学基金一般项目（项目编号：19BFX044）
- 河南省教育厅人文社会科学廉政专题研究项目（项目编号：2024LZZD-09）
- 河南大学法学院学术著作出版资金

英国议会监察专员制度变迁史研究

王佳红 著

人民出版社

自　序

　　理论界公认，现代监察机构的源头是设立于 1809 年的瑞典议会监察专员，围绕其权力定位、职权职责、工作程序等内容之设计，现代监察制度逐渐建立起来。第二次世界大战以后，斯堪的纳维亚半岛的监察专员制度开始向世界扩展，推动着"监察专员制度狂热症"现象的形成。在监察专员制度向外扩展之际，对输入国而言，如何平衡好政治传统和现实需要之间的关系，是一个重大的政治决断。

　　作为资本主义发展"最深的那口井"，英国宪制及其所提供的大量优质"产品"，如繁荣的经济、工业与城市建设成就、自由、法治以及廉洁负责的政府等，曾长久地为人们所赞赏。但英国传统宪法及其所带来的美好时光在 20 世纪 60 年代开始发生变化：一是英国本身及其所处的世界已然发生变化，日不落帝国风光不再；二是传统宪制的统治效能降低，出现了政局不稳定现象；三是传统政治的统治效应减损，经济社会发展举步维艰。这些因素累加起来，推动着"现行宪制需要作出改变"的社会思潮之形成。引入北欧的议会监察专员制度，即是这种社会思潮的一个典型反映。英国议会监察专员制度酝酿于20世纪50年代,在20世纪60年代的政局变化中确立。50多年以来,议会监察专员制度随着英国宪制变迁而不断进化,议会监察专员的角色实现了从"消防员"到"审查员"再到"预防员"的转变,发挥着捍卫民众对公共权力合法性预期的重要功能,推动着"获得良好行政权利"这一新兴权利的兴起。时至今日,议会监察专员制度因其重要地位而获得稳固的合宪性基础,成为英国宪法上的"固有之物"。

回首历史,将议会监察专员制度引入英国固然是现实之需,但适应英国宪制的"改造"却是让该制度落地生根的决定性因素。当引入议会监察专员制度的政治决定形成以后,英国官学民各界在旷日持久的观点争鸣过程中达成的共识是:议会监察专员只能是增强而非取代议员的"选民申诉之真正处理专员"角色。为此,1967年的《议会监察专员法》对议会监察专员的功能设定是"下议院的勤务员",并通过年度报告、专门报告(第10条第4款)、特别报告(第10条第3款)、下议院专门委员会、议员过滤机制等制度予以强化。在谨守制度设定的前提下,议会监察专员在实践中不断扩展管辖范围、创新工作方式,推动着议会监察专员制度成为议会监督机制和司法监督机制之外的一个恰如其分的替代机制。英国宪法体制是议会监察专员制度引入英国的背景和动因,也是议会监察专员制度不断进化的力量之源。

英国引入议会监察专员制度,是"行政国家"出现而现有救济机制不足、北欧监察专员制度成效显著、学者作为政策革新者发挥的推动作用、政治立场对立和政党轮替等因素综合作用的结果。议会监察专员制度因本身是英国宪法变迁的直接反映、作为监管型国家责任机制的重要制度安排、捍卫民众对公共权力的合法性预期而获得合宪性证成。以1997年新工党政府上台执政为标志，英国议会监察专员制度的变迁史可以分为两个历史时期：发展期(1967—1996年)和变革期(1997年以来)。进而，发展期的议会监察专员制度以1977年绕行议员过滤机制的制度创新为节点，划分为两个小的历史阶段；而变革期的议会监察专员制度以2007年《良好行政之原则》的发布为标志，划分为两个小的历史阶段。纵览英国议会监察专员制度变迁史，寓改造于制度移植过程之中、重视法定权限内的能动性在制度创新中的作用、注重制度变革的时机、初始立法"宜粗不宜细"是其基本经验。

在世界性的"监察专员制度狂热症"背景下，本书聚焦英国议会监察专员制度的发轫、确立和变迁历程，以原始资料耙梳为基础、辅以间接资料相佐证，旨在进行一项国别史和专门史的研究，力图展现英国议会监察专员制度50余年变迁历程的脉络，并从历史梳理中总结经验和启示。本书也是一项比较性的研究成果，通过梳理议会监察制度合宪性基础的典型学说，探讨作为一国宪法上"第四权"或宪制权力配置"第四分支"的监察权之权力属性、合宪性基础、制度内涵等内容，力图形成关于监察权的一般性知识。此外，本书坚持历史分析方法与法学分析方法相结合，在变迁的英国宪法背景下探究议会监察专员制度变迁史，是贯彻"法律的历史"研究的外国法律史研究理念的一个创新性尝试。囿于资料搜集、研究能力所限，本书所涉内容未必符合读者所期，不当之处在所难免，敬请广大读者批评指正。

代　序

　　本书是王佳红博士在其博士学位论文的基础上修订而来。在博士学位论文写作过程中,从确定选题、搜集资料、拟定框架,到论文撰写、修改完善,王佳红博士与我皆有深入交流;当书稿修订完成之时,王佳红博士第一时间提交给我审读提意见,并据此作进一步完善。正是这种充分的双向交流,让我对本书研究主题、论证逻辑、论证方法及其所展现的研究特色有深入了解。在此,我谨就本书的研究特色作一介绍。

　　本书的第一个研究特色是视角独特。作为一项外国法律制度变迁史的专门研究,本书首先谨守"史"的研究范式,聚焦英国宪法上议会监察专员制度的萌发、确立、发展历程,力图从历史演进中探寻制度变迁主线。制度变革史研究的一个重要使命是找到历史分期标准并进行有说服力的论证,本书以1997年新工党政府上台执政为标志,将英国宏观政治体制的变化作为历史分期标准,并根据议会监察专员制度本身的变化再作进一步的历史阶段划分,历史分期和阶段划分标准合理、论证充分,有效达成了历史研究的使命。与此同时,本书也严守"法"的研究范式,将宪法上具体制度的变迁史置于"规范公权、保障私权"的宪法学框架之内。作为英国宪法上的一个重要制度,议会监察专员制度的确立和发展变迁要聚焦"权力制约"和"权利保障"两大主题,本书在历史分期和阶段划分中关注议会监察专员的功能变迁,展现出从侧重"权力制约"到"规范公权、保障私权"并重的清晰脉络,而议会监察专员制度合宪性基础的理论证成也从经典的分权理论、修正的分权理论演化为独立价值说。概言之,本书在变迁的英国宪法背景下探究议会监察专员制度变迁史,并在具体个案上诠释"权力制约"与"权利保障"是如何运作的,进而从法律视角揭示议会监察专员制度进化的原因和动力,是贯彻"法律的历史"研究的外国法律史理念的一个创新性尝试。

　　本书的第二个研究特色是资料翔实。资料是论文写作之基,对外国法律史研究而言更是如此。研究英国议会监察专员制度,首要工作是进行细致的资料耙梳。本书把原始资料搜集作为立论基石,搜集到议会监察专员1967年以来的所有年度报告、专门报告、特别报告和其他报告,搜集到下议院专门委员会的关于议会监察专员年度报告的审查报告和其他相关报告,搜集到英国内阁及有关政府部门关于监察专员制度的改革咨询报告、审查评估报告等,为解读议会监察专员制度运行及其效能奠定了坚实基础。除此之外,本书还秉持"在英国语境下思考"的研究理念,搜集到英国学者关于"新"英国宪法、监管型国家、新分权理论、监察专员制度的大量间接资料,仅学术专著类就有100余种,这些资料绝大部分没有国内翻译版本,保证了理论供给的深度。在充裕资料的支撑下,本书关于议会监察专员制度合宪性基础的理论论证较为成功,关于议会监察专员制度本身的规范分析具有较强的说服力,关于议会监察专员制度变迁脉络的论证能够以理服人,关于议会监察专员制度变迁经验的发掘相对客观,展现了一幅英国议会监察专员制度变迁史画卷。

本书的第三个研究特色是观点创新。其一,关于议会监察专员制度合宪性基础。本书从变迁的英国宪法、监管型国家责任机制的变化、捍卫民众对公共权力的合法性预期三个维度展开论证,融通了分权理论和独立价值说。其二,关于议会监察专员制度变迁史的历史分期和具体阶段划分。本书以1997年新工党政府上台执政为历史分期标准,进而以1977年绕行议员过滤机制的制度创新和2007年《良好行政之原则》的发布为次一级标准,将议会监察专员制度史分为两个大的历史时期——发展期(1967—1996年)和变革期(1997年以来),每一历史时期又分为两个阶段,实现了"史"的研究和"法"的研究的两相宜。其三,关于英国引入议会监察专员制度的动因。"行政国家"出现而现有救济机制不足、北欧监察专员制度成效显著、学者作为政策革新者发挥的推动作用、政治立场对立和政党轮替等因素共同起作用,推动着议会监察专员制度的确立。其四,关于议会监察专员制度的效能。回首议会监察专员制度变迁历程,以《怀亚特报告》为基准,议会监察专员制度形成过程中的英国"语境"使得那些"待决问题"依然延续着,例如,议员过滤机制依然存在、否认议会监察专员的主动调查权、管辖范围的阻却事由较多,等等。但不可否认的是,议会监察专员制度经受住了时间考验,成为议会监督机制和司法监督机制之外的一个恰如其分的替代机制,从而赢得了宪法地位。其五,关于英国经验及其适用性。纵览英国议会监察专员制度变迁史,寓改造于制度移植过程之中、重视法定权限内的能动性在制度创新中的作用、注重制度变革的时机、初始立法"宜粗不宜细"是基本经验。

　　王佳红博士天资聪颖,学习勤奋,功底扎实,思维活跃。在武汉大学法学院求学期间,她刻苦钻研,勤于思考,热爱生活,涉猎广泛,对外国法律史理论、宪法学理论、法律文化学理论、英国历史、英国政治、英国社会和文化以及我国国家监察体制改革的理论和实践有着浓厚兴趣,善于吸收借鉴现有研究成果之精华,不囿于成说且能融会贯通。难能可贵的是,她在现有研究基础上能够以合理的分析思路发现新问题,进行有说服力的论证,提出创新性观点。当得知她选定英国议会监察专员制度作为研究课题,并广泛搜集原始资料和英语世界的理论成果时,我鼓励并支持她从事这项具有重要意义的研究,最终她的博士毕业论文顺利通过并获得优秀等级。作为她的导师,我乐见她的最新研究成果出版,期待这一成果有裨益于中国的监察法学研究。或许,本书尚有诸多不完美之处,但我相信她在学术道路上会矢志前行,不断超越自我,不断实现自我完善。

项　焱[*]

2024 年 12 月

---

　　[*] 项焱,法学博士,武汉大学法学院教授,博士生导师。

目　　录

第一章　英国议会监察专员制度概要

第一节　问题意识与研究意义

一、问题意识

国家治理是法学研究的核心命题。美国开国元勋麦迪逊尝言："在组织一个由人统治人的政府时,最大的困难在于必须首先使政府能管理被统治者,然后再使政府管理自身。"①这即是说,一个国家欲实现善治,首先要有一个有效的公共权力;进而,这个公共权力要受到有效控制并能切实负起责任。于是,"有效管理"和"有效监督"成为国家善治的两个重要表征。随着福利国家理念的兴起,行政权力急剧扩张。如何有效控制膨胀的行政权,遂成为哲学社会科学研究的焦点问题。对此,理论界的基本共识是:加强代议机关的政治控制,强化司法审查力度,从而让行政权力在法治轨道上运行。

本书聚焦现代英国宪法上的议会监察专员制度,主要基于下述理由。

---

① ［美］汉密尔顿等:《联邦党人文集》,程逢如等译,商务印书馆 2009 年版,第264 页。

第一，英国是资本主义发展"最深的那口井"①，也是西方现代法治文明的发源地。追求增长和未来财富，是资本主义社会区别于奴隶社会和封建社会的核心特征。自 1640 年资产阶级革命爆发以来，英国逐渐形成了一个稳定的政府体制，它提供了大量优质"产品"，诸如自由、法治、稳定的货币、繁荣的经济、工业与城市建设成就、世界性帝国等，而这一切被英国学者广泛认为与英国宪法密切相关。②在英国宪法体制仍然保持相当大程度上的延续性前提下，研究现代英国宪法上的议会监察专员制度，是一个重要的理论课题。

第二，直到 20 世纪 60 年代初，英国传统宪法仍被英国人和国外学者所珍视，认为它近乎完美。③ 然而，第二次世界大战后特别是 20世纪 60 年代以来，这个"习惯的"宪法（customary constitution）正面临着日益严峻的挑战。尽管它的基本框架迄今还在，但其光辉日趋暗淡。在国内外诸多因素作用下，传统宪法及其所确定的政治体制不断发生变化。尤为重要的是，随着 1997 年新工党政府上台，地方分权、上议院议席改革、下议院投票制度改革、制定人权法（HRA）、监管机构改革等宪法改革措施迭次出台，揭开了英国宪法深刻变革的序幕，以至于有学者称一个"新"英国宪法正在形成。④ 英国议会监察专员制度酝酿于 20 世纪 50 年代，随着 60 年代英国政局的变化而确立。在过去的 50 多年中，它随着英国宪法体制的变化而演化。时

----

① ［美］托马斯·麦克劳：《现代资本主义：三次工业革命中的成功者》，赵文书等译，江苏人民出版社 1999 年版，第 65 页。

② See Anthony King, *The British Constitution*, Oxford：Oxford University Press，2007，p.58.

③ SeeAnthony King, *The British Constitution*, Oxford：Oxford University Press，2007，p.63.

④ See Vernon Bogdanor, *The New British Constitution*, Oxford：Hart Publishing，2009，p.x.

至今日,监察专员制度已经成为英国"宪法体制的一部分(part of the constitutional furniture)"。①在变迁的英国宪法背景下研究议会监察专员制度,不仅有助于探明该制度的形成背景、发展历程、变迁规律,也有助于从总体上把握现代英国宪法的发展趋向,特别是在议会监察专员与议会、行政机关、司法机关的关系方面。

第三,美国学者亨廷顿曾言,"对一个社会的成功起决定作用的是文化,而不是政治",但政治又可以"改变文化,使文化免于沉沦"。②换言之,因为文化传统的决定性作用,一国的制度变迁过程中会存在路径依赖;但政治发展又能抑制文化的消极作用,让制度变迁实现路径突围。因此,推动制度变迁既要考虑历史传统,又要重视政治发展的引领作用。英国议会监察专员制度脱胎于北欧古典监察专员制度,但起决定作用的还是英国的本土政治环境。在旷日持久的论辩过程中,一方面,议员作为处理选民申诉的"真正的申诉专员"之政治传统决定了英国宪法语境下的议会监察专员只能是增强而非取代议员的这一功能;另一方面,1964年英国大选带来的政局变动,又推动着议会监察专员制度在英国落地生根。进而,在1967年《议会监察专员法》对议会监察专员职能"语焉不详"背景下,历任议会监察专员一直在"下议院的勤务员"(由政治传统决定)和"独立的机构"(由政治现实决定)两个角色之间行进,或疾步,或缓行,推动着议会监察专员角色从"消防员"(fire-fighter)到"审查员"(fire-watcher)再到"预防员"(fire-preventer)的转变。在政治传统

① Mark Elliott and Robert Thomas, *Public Law*(2nd *edition*) ,Oxford:Oxford University Press,2016,p.612.
② [美]塞缪尔·亨廷顿、劳伦斯·哈里森主编:《文化的重要作用:价值观如何影响人类进步》,程克雄译,新华出版社2002年版,"前言",第3页。

和现实需要之间勉力前行,英国议会监察专员的制度实践诠释了平衡好历史传统和变革需要的重要性。

二、研究意义

作为一项对外国法律制度的专门研究,本书的理论价值有以下三个方面。

第一,在具体问题论证上,本书对英国宪法上的一项重要制度做了深度追索,有助于探明该制度萌发、形成、变迁的完整轨迹。当前,国内学界对英国议会监察专员制度的研究成果较少,而且现有的少数研究成果也主要是一般性的知识介绍。而且,纵观其资料援引,无论是深度、广度还是时效性均存在不足。笔者搜集了关于英国议会监察专员制度的大量原始资料,有助于对这一问题进行深度的理论追索。

第二,在外国法律史学科发展上,本书尝试进行一种建设性努力。一般而言,一个学科的形成有三大标志:研究对象、研究方法和研究群体。外国法律史以中国域外的法律制度、法律思想为研究对象;进而,全国和部分地方成立了相应的研究学会,国内大多数高校也设置了相应专业并开设了相关课程,还有相关刊物作为学术载体;最后,外国法律史学科兼取法学和历史学的研究方法。但问题是,外国法律史研究如何显示出区别于世界史研究、部门法研究的独特性?将外国法律史作为一个综合性的"跨界"学科,仅满足于域外一般法制知识介绍,或者进行碎片化研究,显然不得其意。本书从一项具体制度入手,按照微观的制度运行、中观的行政正义体制和宏观宪法体制的逻辑结构展开,以法学思维方式统摄原始资料和间接材料,力图将"法律的历史而非历史上的法律"的外国法律史研究理念贯彻始终,尝试进行一种建设性努力。

第三,在研究范式上,本书尝试着践行在英国语境下思考的研究理念。本书将原始资料的耙梳作为研究之基,以英国议会监察专员的年度报告(1967—2017年)为基本素材,以议会监察专员就典型个案向下议院专门委员会提交的特别报告和专门报告、下议院专门委员会的例行审查报告和专门报告、部分典型的司法判决、英国学者最新的研究成果等材料为辅助材料,综合运用文献分析方法、案例研究方法和历史分期方法,力图在外国法律史学科的一个具体命题上践行在英国语境下思考的研究理念。

第二节　英国议会监察专员制度的文献谱系

一、国内研究现状之梳理

对于域外监察专员制度,我国学者一直有所关注,但系统而深入研究英国议会监察专员制度乃至宽泛意义上的英国公共机构监察专员制度的尚属鲜见。陈宏彩的《行政监察专员制度比较研究》和沈跃东的《宪法上的监察专员研究》是近年来的代表性成果,①但英国议会监察专员制度在这两本著作中所占的篇幅均不大。申言之,陈书和沈书在一众国家监察专员制度的比较中对英国议会监察专员制度进行了扼要介绍,但对该制度的合宪性基础、形成过程、制度变迁轨迹等问题却没有展开进一步论述。

近年来,虽然也有一些期刊论文注意到了英国监察专员制度,但多数属于一般性的知识介绍,并侧重从应用性角度分析英国监察专

---

①　参见陈宏彩:《行政监察专员制度比较研究》,学林出版社2009年版;沈跃东:《宪法上的监察专员研究》,法律出版社2014年版。

员制度的类型、功能以及对中国的启示。① 关于英国议会监察专员制度的主要研究趋向是将其置于监察专员制度比较的视域之内。其中，第一个面向是，在代表性国家的行政监察专员制度比较中对英国议会监察专员制度的形成历程予以扼要介绍，并指出该制度的突出特征（特别是议员过滤机制）；②第二个面向是探究监察专员在推进人权、善政、民主价值的功能角色时分析了英国议会监察专员的制度贡献；③第三个面向是在监察专员制度的个别化研究中，给予英国议会监察专员制度一瞥；④第四个面向是在监察专员制度与中国行政

① 参见杨曙光：《行政专员——人民的"钦差大臣"》，《中国改革》2007 年第 11 期；李延峰：《"移植构建"抑或"反思完善"——英国议会行政监察专员制度的启示》，《黑龙江省政法管理干部学院学报》2010 年第 11 期；张倩：《英国监察专员的类型、功能及启示》，《政法论丛》2017 年第 8 期；王江波：《英国议会监察专员制度研究——政治务实性与保守性的典范》，《人大研究》2023 年第 3 期。

② 参见龚祥瑞：《西方国家的议会监察员的作用》，《法学杂志》1986 年第 5 期；倪宇洁：《国外议会监察专员制度比较研究》，《中国行政管理》2006 年第 7 期；陈宏彩：《国外行政监察专员制度的形成及其启示》，《党政论坛》2006 年第 9 期；朱力宇、袁钢：《欧盟监察专员制度的产生及运作》，《欧洲研究》2007 年第 1 期；杨亲辉：《行政监察专员制度比较研究》，《人大研究》2008 年第 1 期；吴天昊：《议会行政监察专员制度的新发展》，《上海行政学院学报》2008 年第 6 期；罗智敏：《对监察专员（Ombudsman）制度的思考》，《行政法学研究》2009 年第 4 期。

③ 参见沈跃东：《论监察专员制度对经济、社会和文化权利的保障》，《福建论坛·人文社会科学版》2007 年第 4 期；李红勃：《北欧监察专员：通过行政问责促进善政与法治——兼论对中国行政监察制度改革的启示》，《青海社会科学》2013 年第 5 期；李红勃：《人权、善政、民主：欧洲法律与社会发展中的议会监察专员》，《比较法研究》2014 年第 1 期。

④ 参见[英]弗兰克·斯特西：《瑞典监察员制度——同英国议会专员的比较研究》，潘汉典译，《环球法律评论》1984 年第 2 期；林莉红：《香港申诉专员制度介评》，《比较法研究》1998 年第 2 期；[芬兰]洛卡·劳蒂奥《合法性监督及议会监察专员的作用》，张美常译，《行政法学研究》2000 年第 3 期；杨曙光：《瑞典的议会监察专员制度》，《中国改革》2006 年第 10 期；陈志勇：《香港申诉专员制度的发展与启示》，《云南行政学院学报》2007 年第 1 期；刘国乾：《作为非正式行政救济的监察专员制度：比利时联邦的经验》，《行政法学研究》2012 年第 3 期；韩春晖：《美国组织监察专员制度及其启示》，《法商研究》2013 年第 6 期；刘欣琦：《加拿大申诉专员制度及其启示》，《理论月刊》2016 年第 3 期；吕永祥：《监督权的有效性与再监督：丹麦议会监察专员制度的经验及其借鉴》，《党政研究》2019 年第 5 期；李少军：《瑞典议会监察专员制度的产生与发展》，《人大研究》2019 年第 7 期。

监察制度、信访制度和巡视制度的比较中,指出英国议会监察专员的救济功能的可借鉴性。① 这些研究有助于我们进一步了解英国议会监察专员制度的基本情况。

鉴于英国议会监察专员制度在英国宪法体制中具有重要功能,也鉴于英国议会监察专员制度在英语世界范围内的影响力,研究该命题具有一定的理论意义。但时至今日,国内学界对英国议会监察专员制度的认识仍然是浮光掠影的,不仅对该制度的最新发展关注不够,而且对英国学者的最新研究成果也鲜有提及。即便是对英国议会监察专员制度的形成背景、确立过程、内容构成等基本问题的认识也是较为简略的。因此,对英国议会监察专员制度进行深度追索,需要在占有充裕原始资料和辅助资料基础上,开展一种专门性的、通史性的研究。

二、制度发展史研究

(一)制度初步发展期的研究成果

对于一项新形成的重要制度,英国理论界一般会在一周年,以及后来的逢五、逢十周年纪念时给予重点关注。就议会监察专员制度的初期运行(1967—1976 年)研究而言,英国理论界的代表性研究有下述三类。

---

① 参见扶松茂:《从瑞典、英国议会行政监察看中国行政监察专员制度创制》,《云南行政学院学报》2002 年第 2 期;李俊:《欧洲监察专员制度对我国信访制度改革的启示》,《国家行政学院学报》2009 年第 5 期;陈宏彩:《行政监察专员制度:改进我国行政监察的制度借鉴》,《中共天津市委党校学报》2010 年第 1 期;贺然:《信访制度与监察专员制度比较研究》,《学术探索》2012 年第 2 期;范愉:《申诉机制的救济功能与信访制度改革》,《中国法学》2014 年第 4 期;肖进中:《价值、运行与启示——域外监察专员制度与中国》,《河北法学》2017 年第 1 期;李华君:《中国巡视制度与英国行政监察专员制度的比较》,《中共南京市委党校学报》2017 年第 2 期。

第一,在议会监察专员制度运行一周年之际,一项有分量的研究成果来自卡尔·A.弗里德曼(Karl A.Friedmann)。通过与部分议员以及议会监察专员办公室工作人员的访谈,弗里德曼发现:(1)自议会监察专员这一新机构设立以来,议员们对其知之甚少,使用这一机制的情况也不多;(2)议会监察专员工作的基本流程是先确定有无管辖权,确定后便启动调查,最后形成调查报告;(3)首任议会监察专员埃德蒙·康普顿(Edmund Compton)及其工作人员对自身角色自有认识,即不想过分公开他们的工作,严格恪守"下议院勤务员"的立法设定,希望保持议员、议会专门委员会对议会监察专员工作的认知与关系。在此基础上,弗里德曼提出,要把那些被排除在议会监察专员管辖范围外的主体,诸如警察、医疗服务机构、公务员、军人等,尽快纳入其管辖范围;议会监察专员应建立有效的信息公开机制;议员、议会专门委员会应发挥更加积极的角色。总体而言,弗里德曼对该制度在英国的发展充满信心。①

第二,对议会监察专员制度运行五周年进行系统研究的代表学者是罗伊·格雷戈里(Roy Gregory)和艾伦·亚历山大(Alan Alexander)。在他们合作的《我国的议会监察专员》长文中,议会监察专员制度的形成过程、制度设计初衷、制度定位的内在模糊性、议会监察专员与民众和议员的实际关系等问题得到了充分阐释。议会监察专员工作的公开程度较低、议员的使用率较低、管辖范围过窄、对申诉的支持率极低(10%左右)、调查程序耗时较长、议员过滤机制并非完全奏效等,是该文得出的主要结论。尽管议会监察专员制度存在这些弊端,两位作者仍然高度评价其重要意义,认为它在处理民众针

---

① See Karl A.Friedmann, "Commons, Complaints and the Ombudsman", *Parliamentary Affairs*, Vol.21, No.1(January 1968), pp.38-45.

对不良行政(Maladministration)的申诉中发挥着显著作用,并相信这些弊端会随着制度发展而减少乃至消除。① 与此同时,威廉·B.格温(William B.Gwyn)在另一项研究中也得出了类似结论,并强调:在成熟的民主社会中,作为强化现有行政监督机制的一项重要制度,议会监察专员制度不可或缺。②

第三,关于议会监察专员制度运行十周年研究的代表性成果有两项。一项研究成果来自卡罗尔·哈洛(Carol Harlow)。通过分析议会监察专员制度确立十年后的实践现状,哈洛指出:在进行个案调查时,除使用经典的"劳斯莱斯式方法(Rolls-Royce method)"外,议会监察专员也需要建立一种非正式程序,以解决小微申诉案件;在开展监督工作时,议会监察专员时常面临着职责范围和主动调查权两大难题。不过分介入政治或者政策问题,但又不能局限于"小额诉讼法院"角色,是哈洛对议会监察专员的角色定位。③ 另一项研究成果来自一个有影响力的社会组织——国际法学家协会英国分会(JUSTICE)。国际法学家协会英国分会曾因在1961年发布著名的怀亚特报告(Whyatt Report,又名《公民与行政——冤屈的救济》)而名噪一时,因为该报告直接推动了英国议会监察专员制度的建立。国际法学家协会英国分会在1977年发布的调查报告《我国备受掣肘

---

① See Roy Gregory and Alan Alexander,"Our Parliamentary Ombudsman Part I:Integration and Metamorphosis",*Public Administration*,Vol.50,No.3(September 1972),pp.313-331;Roy Gregory and Alan Alexander,"Our Parliamentary Ombudsman Part 2:Development and the Problem of Identity",*Public Administration*,Vol.50,No.3(March 1973),pp.41-59.

② See William B. Gwyn," The British PCA:Ombudsman or Ombudsmouse?",*The Journal of Politics*,Vol.35,No.1(February 1973),pp.45-69.

③ See Carol Harlow,"Ombudsmen in search of a role",*Modern Law Review*,Vol.41,No.4(July 1978),pp.446-454.

的监察专员》同样引起较大反响。在这个调查报告中,国际法学家协会英国分会审视了议会监察专员制度的运行现状,有针对性地提出了16项改革建议,涉及组织人事、管辖权拓展、民众的"直接入口"、主动调查权、工作公开等方面,引起政治界和理论界的高度重视。①

（二）制度深入发展期的研究成果

就议会监察专员制度发展期(1977—1996年)的研究而言,英国理论界的代表性研究有以下两类。

第一,在议会监察专员制度运行15年后,威廉·B.格温的评价是,它在促进政府改革方面起到了有限成功(Qualified Success)的作用。申言之,调查过程的时限、移除议员过滤机制、扩大管辖权、主动调查权等核心问题,既是议会监察专员制度取得进展的地方,也是进展"有限"之处。② 在引入议会监察专员制度时,政府时任主管大臣理查德·克罗斯曼(Richard Crossman)鼓吹说它会给议员们监督政府提供一把"利刃"。但当该制度运行20余年后,人们觉得情形恰好相反,议会监察专员制度不是一柄"利刃"而是一把"钝刀"。为回应这一问题,通过问卷调查方式,加文·德鲁里(Gavin Drewry)和卡罗尔·哈洛收集了议员们对议会监察专员机构及其成效的看法。经过细致分析,两位作者认为这个机构既非无用的"钝刀",也非削铁如泥的"利刃"。这说明议会监察专员制度取得了有限的成功,与威廉·B.格温的结论一致。在尊重现有政治框

① See JUSTICE, *Our Fettered Ombudsman*, London：JUSTICE Educational and Research Trust,1977.

② See William B.Gwyn,"The Ombudsman in Britain：A Qualified Success in Government Reform",*Public Administration*,Vol.60,No.2(June 1982),pp.177-195.

架的基础上,两位作者提出,欲进一步推进议会监察专员制度改革,需要开展的工作有:进行系统的理论研究,增强议员及其办事人员对议会监察专员工作的认识,引进新的非正式的调查方法,引入新鲜血液充实议会监察专员机构,从反对党中选任议会专门委员会主席,等等。①

第二,在议会监察专员制度运行 25 周年纪念之际,罗伊·格雷戈里和简·皮尔森(Jane Pearson)首先指明了人们的批评转向,即从批评它没有锋利的牙齿转向批评该制度运用的不足;进而,通过对相关数据的详尽分析,两位作者揭示了议会监察专员制度使用率低的原因,即议员们对议会监察专员的管辖范围过窄、调查过程耗时长不满;最后,两位作者提出增强议员、民众对议会监察专员制度的认知、扩展议会监察专员的管辖权、缩短议会监察专员的调查时限、引入"双轨制"的受案程序等建议。② 在观察新任议会监察专员威廉·里德(William Reid)爵士上任以来的所作所为后,A.W.布拉德利(A.W. Bradley)指出,议会监察专员制度在促进行政管理改进上已然作出了积极而直接的贡献。③

下议院专门委员会在 1993—1994 年度议会会期内对议会监察专员的工作进行了一次较为全面的审查,④政府和议会监察专员均

---

① See Gavin Drewry and Carol Harlow, "A ' Cutting Edge'? —The Parliamentary Commissioner and MPs", *The Modern Law Review*, Vol. 53, No. 6 (November 1990), pp.745-769.

② See Roy Gregory and Jane Pearson, "The Parliamentary Ombudsman after 25 years", *Public Administration*, Vol.70, No.4(December 1992), pp.469-498.

③ See A. W. Bradley, "The Parliamentary Ombudsman Again: A Positive Report", *Public Law* (Autumn 1995), pp.345-350.

④ See First Report from PCASC, *The Powers*, *Work and Jurisdiction of the Ombudsman*, Session 1993-94.

对该专门委员会提出的改革建议作出回应。这次全面的审查活动也引起了学者关注。罗伊·格雷戈里的评价是,该专门委员会的改革建议不是"伤筋动骨式的",而是"缝缝补补式的"。理由在于,这些改革建议大多针对技术性问题。而且,议会监察专员对这些改革建议持欢迎态度,但涉及政府的改革建议执行起来却并不那么顺畅。尽管如此,在《议会监察专员法》没有做出大幅修改的背景下,罗伊·格雷戈里仍然认为这些建议在深化议会监察专员制度改革方面前进了一大步。①

(三)制度深刻变革期的研究成果

自 1997 年新工党政府上台以来,英国宪法以一种令人印象深刻的变革节奏发生变迁。宪法改革举措纷至沓来,给议会监察专员制度带来显著影响。就 1997—2006 年期间的议会监察专员制度研究而言,英国政府内阁办公室在 2000 年 4 月发布著名的《科尔卡特评估报告》(Collcutt Review, 又称《英格兰公共机构监察专员之审查》),②这给了理论界在广义的行政正义体制内审视议会监察专员制度的契机。这个报告提出的改革设想,诸如建立统一的监察专员体系、移除议员过滤机制、进一步推动监察专员工作的公开力度、理顺监察专员机构与其他投诉处理机构关系等,引起学者们的充分关注。然而,正如玛丽·塞内维拉特纳(Mary Seneviratne)指出的那样,英国公共机构监察专员是一个"成功的故事",但它却又是"零星发

---

① See Roy Gregory, Philip Giddings and Victor Moore, "Auditing the auditors: The Select Committee Review of the Powers, work and jurisdiction of the Ombudsman 1993", *Public Law*(Summer 1994), pp.207-213; Roy Gregory and Philip Giddings, "Auditing the auditors: Responses to the Select Committee's review of the United Kingdom Ombudsman system 1993", *Public Law*(Spring 1995), pp.45-51.

② Cabinet Office, *Review of the Public Sector Ombudsmen in England*(April 2000).

展的"，从而形成了分散化的英格兰公共机构监察专员体系。尽管这个审查报告提出了不少有益的改革设想，但它既没有用"公共机构"来概括表述监察专员的管辖范围，也没有就监察专员的监督对象是否不应止于"不良行政"进行讨论，而且它也没有在行政正义体制内思考监察专员与法院、行政裁判所以及其他投诉处理机构的关系，因此，塞内维拉特纳认为这个审查报告不是一个"彻底的"评估。① 这种看法得到了多数学者的认可。

1997 年英国宪法体制变革的一个重要方面是地方分权。苏格兰、威尔士、北爱尔兰分别成立了议会和政府，也设立了各自的议会监察专员机构。由于英格兰在地方分权改革中"缺席"，议会监察专员同时受理对英国公共机构和英格兰公共机构的申诉事项，这造成了某种程度的"混乱"。在马克·埃利奥特（Mark Elliott）看来，《科尔卡特评估报告》不加区分英国事务和英格兰事务，而提出建立统一的英格兰公共机构监察专员，这种想法不甚可行。事实上也的确如此。在后来的改革进程中，英国政府搁置了建议统一的监察专员体系的想法，取而代之的是在 2007 年通过了《监管改革法》，鼓励议会监察专员和英格兰的其他公共机构监察专员开展联合活动、发布联合调查报告。②

（四）变革新时期的制度史研究成果

在评价 2007—2010 年的英国宪法改革时，科林·特平（Colin Turpin）和亚当·汤姆金（Adam Tomkin）指出，高登·布朗（Gordon

---

① Mary Seneviratne, "'Joining up' the ombudsmen: The review of the public sector ombudsmen in England", *Public Law*(Winter 2000), pp.582–591.

② See Mark Elliott, "Asymmetric Devolution and Ombudsman Reform in England", *Public Law*(Spring 2006), pp.84–105.

Brown)时代的英国宪法改革始于鸿篇巨制的改革承诺,终于极小进展的改革实践。这即是说,承诺与实践之间存在着巨大鸿沟。① 2010 年以来,保守党联合政府因为财政紧缩而裁撤了大量半官方的公共机构。这种做法和配套的其他改革举措,对议会监察专员制度产生了不同程度的影响。理查德·科卡姆认为,保守党联合政府裁撤行政正义与裁判所委员会(AJTC)的做法,给英国行政正义体制和议会监察专员制度带来了严峻挑战。带来的结果是,无法经由一个统筹机构来对行政正义体制进行系统评估。伴随政府更迭而生的通过议会立法裁撤大量公共机构的做法,也给议会监察专员的地位带来某种隐忧。②

由于 2007 年以来英国宪法改革举措的非系统性设计,理论界关于这一时期议会监察专员制度研究大多在宪法改革的背景下展开。向地方分权制改革后的苏格兰、威尔士学习,建立"一站式"监察专员机构;③对当前的议会监察专员机构与英格兰分散性的其他监察专员机构进行系统的、"莱格特式(Leggatt-style)"的审查评估;④专门设立英格兰公共机构监察专员;⑤展望监察专员(包括议会监察专员)在行政正义体制内发挥更积极作用;⑥成为这一时期议会监察专

① See Colin Turpin and Adam Tomkin, *British Government and the Constitution*(7th edition), Cambridge:Cambridge University Press,2012,p.27.

② See Richard Kirkham, "Quangos, Coalition Government and the Ombudsman", *Journal of Social Welfare & Family Law*, Vol.32,No.4(December 2010),pp.411-421.

③ See Richard Kirkham, "Ombudsman Section:Lessons from Devolution", *Journal of Social Welfare & Family Law*, Vol.32,No.3(September 2010),pp.325-334.

④ See Trevor Buck, Richard Kirkhamand Brian Thompson, "Time for a 'Leggatt-style'Review of the Ombudsman System?"*Public Law*(January 2011),pp.20-29.

⑤ See Richard Kirkham and Jane Martin, "Designing an English Public Services Ombudsman", *Journal of Social Welfare & Family Law*, Vol.36,No.3(September 2014),pp.330-348.

⑥ See Richard Kirkham, "The ombudsman, tribunals and administrative justice section:a 2020 vision for the Ombudsman Sector", *Journal of Social Welfare & Family Law*, Vol.38,No.1(March 2016),pp.103-114.

员制度的主流研究。值得注意的是,也有学者在这一时期承担议会监察专员交办的评估任务,代表性成果是理查德·科卡姆(Richard Kirkham)在议会监察专员制度 40 周年之际所撰写的、以议会监察专员机构名义发布的评估报告——《议会监察专员:经受住了时间考验》。在这个评估报告中,科卡姆深入分析了议会监察专员的制度起源、《议会监察专员法》、实践运行中的典型问题,以及未来的改革方向。[①]

（五）其他制度史研究成果

除了前述直接探究议会监察专员制度的文献外,英国学者关于议会监察专员制度的相关研究还有以下三个动向。

第一,理论界在"移植"议会监察专员制度中的推动作用。威廉·B.格温在《斯堪的纳维亚监察专员制度向英国世界国家之扩展》一文中强调了学者作为政策革新者在引入一个未知的新制度时的重要贡献。通过该文,我们发现,在英国引进议会监察专员制度时,米特拉(Mitrany)、F.H.劳森(F.H.Lawson)、J.A.G.格里菲斯(J.A.G.Griffith)和诺曼·马什(Norman Marsh)4 位英国学者以及丹麦首任议会监察专员史蒂芬·赫维茨(Stephan Hurwitz)发挥着开阔人们眼界和理论论证的作用。[②] 此外,布赖恩·查普曼(Brian Chapman)和 S.A.史密斯(S.A. de Smith)分别在 1960 年和 1962 年对英国引入议会监察专员制度进行了简要而有力的论证。其中,前者侧重比较研究,扼要地比较了瑞典制度和丹麦制度;后者侧重阐释了英国国内若干事件所催生的

---

① See Fourth Report of PHSO, *The Parliamentary Ombudsman: Withstanding the Test of Time*, Session 2006-07.

② See William B. Gwyn, "The discovery of the Scandinavian ombudsman in English-speaking countries", *West European Politics*, Vol. 3, No. 3 (September 1980), pp.317-338.

引入该制度的需要。① 对英国引入议会监察专员制度起到直接推动作用的是国际法学家协会英国分会在 1961 年发布的《怀亚特报告》。这个报告虽然以评述国内外制度为主,但它也对英国设立议会监察专员机构的必要性和可行性进行了重点阐释,是理解议会监察专员制度形成的权威背景资料。②

第二,系统而"厚实"的总结性文献。自议会监察专员制度创设之日起,它就成为英国宪法上的"固有之物",对该制度的介绍自然而然地在英国的宪法学教科书、行政法学教科书中占据一席之地。以牛津大学出版社出版的《公法》和《行政法》这两本发行量较大的教材为例,议会监察专员制度框架、制度演进史等问题在这些教材中得到扼要阐释。③

除了教材外,在议会监察专员制度发展的重要阶段,经典性的著作总会及时出现。当英国应否引入议会监察专员制度的争论进入高潮之际,T.E.厄特利(T.E.Utley)出版《监察专员的依据》一书,从国外制度比较、反思英国现有救济机制在近来典型案件上的不力出发,论证了英国应当建立议会监察专员制度。④

在议会监察专员制度运行的第一个十年中,系统性的总结文献有 3 部,其中 2 部来自弗兰克·斯特西,分别是《英国的监察专员》

---

① See Brian Chapman, "The Ombudsman", *Public Administration*, Vol.38, No.4(December 1960), pp.303-310; S. A. de Smith, "Anglo-Saxon Ombudsman?", *The Political Quarterly*, Vol.3, No.1(January 1962), pp.9-19.

② See JUSTICE, *The Citizen and the Administration: The Redress of Grievances*, London: Stevens & Sons Limited, 1961.

③ See Mark Elliott and Robert Thomas, *Public Law*(2nd *edition*), Oxford: Oxford University Press, 2016, chapter 15; Mark Elliott and Jason N.E.Varuhas, *Administrative Law: Text and Materials*(5th *edition*), Oxford: Oxford University Press, 2017, chapter 19.

④ See T.E.Utley, *Occasion for Ombudsman*, London: Christoper Johnson, 1961.

（1971 年）和《监察专员之比较》（1978 年）。① 其中，前者详细梳理了议会监察专员制度的形成背景、形成过程（特别是议会立法阶段的辩论）、首任议会监察专员治下的制度运行实况；后者比较了瑞典监察专员、丹麦监察专员、挪威监察专员、法国调解专员与英国议会监察专员及英格兰医疗保健服务监察专员、英格兰地方政府监察专员的异同。第三部著作来自罗伊·格雷戈里和彼得·哈奇森（Peter Hutchesson），该书对《议会监察专员法》条文进行了详尽解读，特别是《议会监察专员法》语焉不详的"不良行政""不公正"以及专门委员会职能等核心问题，该书还结合首个依据《议会监察专员法》第 10 条第 4 款提出的"特别报告"（Sachsenhausen，"萨克森豪森集中营案"）对议会监察专员、行政机关及下议院专门委员会的关系进行了深入分析。②

在议会监察专员制度运行的第二个时期（1977—1996 年），一个简要而阐释性较强的专论来自玛丽·塞内维拉特纳的《公共机构监察专员》。该书对英国三大典型公共机构监察专员——议会监察专员、英格兰医疗保健服务监察专员、英格兰地方政府监察专员进行了恰如其分的介绍，③但该书也被批评家认为是一本"称职的（competent）"通俗读物，但却不是一个"彻底性的（radical）"研究。

在议会监察专员制度运行的第三个时期（1997—2006 年），一个

---

① See Frank Stacey, *The British Ombudsman*, Oxford: Oxford University Press, 1971; Frank Stacey, *Ombudsmen Compared*, Oxford: Oxford University Press, 1978.

② See Roy Gregory and Peter Hutchesson, *The Parliamentary Ombudsman: A Study in the Control of Administrative Action*, London: George Allen & Unwin Ltd., 1975.

③ See Mary Seneviratne, *Ombudsmen in the Public Sector*, Buckingham: Open University Press, 1994.

代表性研究成果是玛丽·塞内维拉特纳的《监察专员——公共服务与行政正义》。该书是在行政正义体制内思考议会监察专员地位的一本力作,它将广义的公共机构监察专员纳入研究范围,对地方分权制下监察专员制度进行了比较研究,并思考了监察专员制度在促进行政正义和高标准公共服务中的作用。① 另一本有分量的研究是《监察专员、公民与议会——议会与医疗保健服务监察专员的历史》。该书第一部分详细考察了 20 世纪 50 年代设立议会监察专员机构的思想启蒙、20 世纪 60 年代议会监察专员机构的形成背景、历任议会监察专员对该制度发展的贡献、议会监察专员制度在实践运行中遭遇的挑战等问题,是了解议会监察专员制度前 30 年发展的一本力作。②

2007 年至今的议会监察专员制度研究,最系统、时效最新、理论深度最深的文献是《监察专员计划与行政正义》一书,其基本内容已在前文阐释。③

除了这些以监察专员为主题的研究成果外,其他研究成果,诸如关于不良行政救济、④公民行政申诉、⑤ 世界上监察专员制度的比

---

① See Mary Seneviratne, *Ombudsmen*: *Public Service and Administrative Justice*, East Kilbride: Thomson Litho Ltd., 2002.

② See Roy Gregory and Philip Giddings, *The Ombudsman*, *the Citizen and Parliament*: *A History of the Office of the PCA and HSC*, London: Politico's 2002.

③ See Trevor Buck, Richard Kirkham and Brian Tompson, *The Ombudsman Enterprise and Administrative Justice*, Surrey: Ashgate 2011.

④ See K. C. Wheare, *Maladministration and its Remedies*, London: Stevens & Sons, 1973; David W. William, *Maladministration*: *Remedies for Injustice*, London: Oyez Publishing Limited, 1976.

⑤ See Norman Lewis and Patrick Birkinshaw, *When Citizens Complains*: *Reforming Justice and Administration*, Buckingham: Open University Press, 1993; Patrick Birkinshaw, *Grievances*, *Remedies and the State*(2nd *edition*), London: Sweet & Maxwell, 1994.

较,①等等,均不同程度地对英国的议会监察专员制度有所涉猎。

第三,下议院图书馆下属议会与宪法研究中心的相关研究成果。议会监察专员在立法上的初始设定是"议会专员""下议院的勤务员",故该制度的实践运行状况一直受到议会与宪法研究中心的关注。进入 21 世纪以来,该中心先后发布了多个关于议会监察专员制度的简报(Briefing Paper),对其发展史进行了简要梳理。严格意义上说,这些简报并非真正的研究成果,因为它们的目的是为议员及其工作人员提供客观中立的简报与证据,从而帮助他们监督政府、提出立法议案、处理选区工作。不过,这些简报均以个人而非机构的名义发布,其间也包含了作者对相关问题的看法。因此,在不那么严苛的意义上,它们也是了解议会监察专员制度的辅助资料。这样的简报有两类:一类是在审视所有议会专员工作时对议会监察专员有所关注,②另一类是专门关于议会监察专员的,阐释了该制度的发展、演进简史。③

---

① See Donald C.Rowat, *The Ombudsman Plan：The Worldwide Spread of an Ideal*, Lanham：University Press of America, 1985; Roy Gregory and Philip Giddings ed., *The Ombudsman in Six Continents*, IOS Press, 2000; Katja Heede, *European Ombudsman：Redress and Control at Union Level*, Kluwer：The Hague, 2000; Linda C.Reif, *The Ombudsman, Good Governance and the International Human Rights System, Leiden：Martinus Nijhoff Publishers*, 2004; Gabriele Kucsko-Stadlmayer ed., *European Ombudsman-Institutions*, Wein：Springer-WienNewYork, 2008.

② See Oonagh Gay, *Officers of Parliament：A Comparative Perspective*, 20 October 2003; Oonagh Gay & Barry K.Winetrobe, *Parliament's Watchdogs：At the Crossroads*, UCL 2008; Oonagh Gay, *Officers of Parliament：Recent Developments*, 29 August 2013.

③ See Oonagh Gay, *The Ombudsman：The Developing Role in the UK*, 20 November 2012; Lucinda Maer and Michael Everett, *The Parliamentary Ombudsman：Role and Proposals for Reform*, 16 March 2016.

三、事实性研究

(一)历任议会监察专员的研究成果

事实性研究的第一个趋向是处于"体制内"的历任议会监察专员的研究成果。除了在年度报告、临时报告(主要是季度报告)、特别报告、专门报告中就《议会监察专员法》中"语焉不详"的问题给出意见外,在工作之余,议会监察专员还通过讲座、专访、卸任后发表回顾性文章等形式,就议会监察专员制度的运行、挑战及改革对策发表看法。基于其自身经历、时代背景和政治环境的差异,历任议会监察专员的这些"成果",是议会监察专员制度发展的直接反映与缩影。

尽管在其任内严格恪守立法设定,并且尽量不处于聚光灯下,首任议会监察专员埃德蒙·康普顿爵士仍然在1968年、1969年发表了2篇有分量的文章。其中,1968年的文章对议会监察专员制度的运行进行了阐释性的说明,并就未来行政法发展(特别是应否设置法国式的行政法院)、管辖主体和管辖行为的拓展给出了自己的看法;1969年的文章则对政府的行政表现及其规制(特别是议会监察专员在其中扮演的角色)进行了有益的探索。①

第二任议会监察专员艾伦·马尔(Alan Marre)爵士在1974年的一篇文章中回顾了其作为议会监察专员的经历。除提供个案救济外,马尔爵士认为,监察专员就个案救济中发现的一般性

---

① See Edmund Compton, "The Parliamentary Commissioner for Administration", *Society of Public Teachers of Law*, Vol.10(1968), pp.101-113; Edmund Compton, "The Administrative Performance of Government", *Public Administration*, Vol.48, No.1(March 1970), pp.3-14.

问题而提出的针对性改正建议,促进了行政体制系统性弊端的纠正。①

　　虽然其任期最短,但第三任议会监察专员伊德瓦尔·普格(Idwal Pugh)爵士分别在 1978 年、1980 年和 1982 年发表了 3 篇阐释性或回顾性的文章,回顾了议会监察专员制度在运行中取得的进展以及所面临的问题。民众的"直接入口"、工作流程的公开程度、"劳斯莱斯式方法"的改进、管辖范围的扩充(特别是管辖主体的扩充和排除事由的减少)等问题是其核心关注点。试以一例证之。伊德瓦尔·普格爵士认为议会监察专员虽然是仿行财政监督审计长(the Comptroller and Auditor-General)的角色而设定,但立法对议会监察专员管辖范围的限制比对财政监督审计长的限制要多。②

　　作为首个具有法律背景的议会监察专员(第四任),塞西尔·克洛蒂尔(Cecil Clothier)爵士在 1986 年和 1996 年发表了 2 篇文章,分别阐释了议会监察专员的价值、议会监察专员调查过程中的事实查明方法。克洛蒂尔爵士强调,议会监察专员是民主社会中督促行政机关负责的一个"常设"机构,其法律属性不断增强,保护申诉人权利是其价值追求。③

---

　　①　See Alan Marre, "Some Reflections of an Ombudsman", *Social Policy & Administration*, Vol.9, No.1 (March 1975), pp.3–12.

　　②　See Idwal Pugh, "The Ombudsman: Jurisdiction, Powers and Practice", *Public Administration*, Vol. 56, No. 2 (June 1978), pp. 127–138; Idwal Pugh, "On being an Ombudsman", *Social Policy & Administration*, Vol.14, No.1 (Spring 1980), pp.3–11; Idwal Pugh, "The Ombudsman: A Retrospect", *Journal of the Royal Society of Arts*, Vol.130, No.5314 (September 1982), pp.660–668.

　　③　See Cecil Clothier, "The Value of an Ombudsman", *Public Law* (Summer 1986), pp.204–211; Cecil Clothier, "Fact-finding in Iquiries: The PCA's Perspective", *Public Law* (Autumn 1996), pp.384–390.

就笔者目前掌握的资料来看,作为另一位具有法律背景的议会监察专员(第五任),除了在其工作报告中展现出法律属性较强的调查过程(以至于有点僵化)的介绍外,安东尼·巴罗克拉夫(Anthony Barrowclough)爵士尚未发表过关于议会监察专员的文章。

第六任议会监察专员威廉·里德爵士是一名退休的高级公务员,他在工作实践中对"不良行政"概念进行了大幅扩充。在他的任期内,议会监察专员成为督促政府负起责任的一个重要机制。议会监察专员的这种功能定位在其1992年发表的文章中得到了充分展现。①

第七任议会监察专员迈克尔·巴克利(Michael Buckley)爵士依然来自公务员队伍,他在2012年所发表的文章从《议会监察专员法》的制定过程出发,梳理了由"工党白皮书"到"法案"再到"法律"过程中的观点差异,廓清了关于议会监察专员个案救济功能和行政监督功能的若干迷思。在议会监察专员制度运行30余年之际,巴克利爵士的基本观点是:1.出于对议会监察专员自身权威和工作建议的尊重,议会监察专员的建议通常被行政机关接受;2.专门委员会极少卷入议会监察专员的个案救济过程中来;3.专门委员会主要关注的是议会监察专员制度的"政策或管理"层面的问题,而非强令行政机关接受议会监察专员的建议,或者让行政机关在具体个案中承担责任。②

---

① See William Reid,"Changing Notions of Public Accountability",*Public Administration*,Vol.70,No.1(March 1992),pp.81-87.

② See Michael Buckley,"Remedies,Redress and'Calling to Account':Some Myths about the Parliamentary Commissioner for Administration",*The Denning Law Journal*,Vol.13,No.1(January 1998),pp.29-47.

　　第八任议会监察专员安・亚伯拉罕(Ann Abraham)是担任该职的首位女性,她也是来自消费者顾问机构的第一人。亚伯拉罕的任职时间最长,做讲座和刊发文章最多,推动着议会监察专员制度在21世纪初取得巨大进展。关于议会监察专员的宪法地位、议会监察专员督促政府负责的一般性功能、作为人权保障机构的议会监察专员、议会监察专员与行政正义体制内其他机构的关系等问题,亚伯拉罕均给予有力的阐释。①

　　第九任议会监察专员朱莉・梅勒(Julie Mellor)爵士在伦敦大学学院作《议会与医疗保健服务监察专员的宪法角色》讲座,延续了其前任的思考风格。在讲座中,梅勒爵士从议会与医疗保健服务监察专员和民众、议会与医疗保健服务监察专员和行政正义体制、议会与医疗保健服务监察专员和议会、议会与医疗保健服务监察专员的职权四个方面,阐释了议会监察专员的宪法地位,并提出理顺公共机构监察专员体系、将其管辖范围扩展至私营服务提供者、强化非正式调查活动、弱化书面申请形式、移除议员过滤机制、强化议会对议会监察专员的支持等改革设想。②

---

　　① See Ann Abraham,"The Ombudsman as Part of the UK Constitution:A Contested Role?",*Parliamentary Affairs*,Vol.61,No.1(January 2008),pp.208-215;Ann Abraham, "The Ombudsman and Individual Rights",*Parliamentary Affairs*,Vol.61,No.2(March 2008),pp.370-379;Ann Abraham,"The Ombudsman and the Executive:The Road to Accountability",*Parliamentary Affairs*,Vol.61,No.3(May 2008),pp.535-544;Ann Abraham,"The Future in International Perspective:The Ombudsman as Agent of Rights, Justice and Democracy",*Parliamentary Affairs*,Vol.61,No.4(July 2008),pp.681-693; Ann Abraham,"Making Sense of the muddle:the ombudsman and administrative justice (2002-2011)",*Journal of Social Welfare & Family Law*,Vol.34,No.1(March 2012), pp.91-103.

　　② See Julie Mellor,*The Constitutional Role of PHSO*,UCL Constitution Unit,17 April 2013.

2017 年 4 月，罗布·贝伦斯(Rob Behrens)勋爵就任新一任的议会监察专员(第十任)。在其官方介绍中，贝伦斯勋爵以处理公共服务投诉的丰富经验而著称，他的工作报告外的观点还有待进一步的资料佐证。

（二）典型事例的评述性研究

事实性研究的另一趋向是议会监察专员制度发展过程中典型事例的评述性研究。议会监察专员的调查活动一般会得到被调查对象的配合，其改进建议也总得以执行，这既与《议会监察专员法》的规定有关，也与议会监察专员在实践中通过发挥能动性所形成的权威有关。然而，实践中也确实出现了被调查对象不认同议会监察专员的调查结论及改进建议的情形，这就触发了《议会监察专员法》第 10 条第 3 款的"特别报告"条款和第 4 款的"专门报告"条款，形成议会监察专员制度发展史上的典型事件。

大抵说来，历任议会监察专员在其任内均会依据第 10 条第 4 款发布专门报告，直指行政机关的系统性弊端，以引起下议院对该问题的重视。从 20 世纪 60 年代的"萨克森豪森案"开始，平均每十年左右就会发生这样的典型事件。至于说议会监察专员依据第 10 条第 3 款发布特别报告，因为它主要涉及行政机关拒不承认调查结论或拒不接受改进建议的问题，迄今为止总共有 7 件。其中，发生在 21 世纪前的仅有 2 件，分别发生于 1978 年和 1995 年;余下的 5 件均发生于 21 世纪以来，特别是安·亚伯拉罕担任议会监察专员期间(共有 4 件)。对这些典型个案进行解读，分析议会监察专员的调查过程、议会监察专员的改进建议、被调查对象的抗辩理由，成为理论界研究的重点问题。①

除此之外，2014 年北爱尔兰上诉法院在一起案件中就北爱尔兰监察专员职权做出裁决，这一裁决被北爱尔兰监察专员上诉至英国最高法院（2009 年成立），而最高法院在 2016 年做出裁决维持原判，这对英国的监察专员制度产生了重要影响。分析北爱尔兰上诉法院的裁决推理、英国最高法院裁判的意义，是学者们最新的事实性研究。②

四、基础理论研究

作为宪法体制内的"固有之物"，英国议会监察专员制度随着宪法体制的变化而变化，虽然这种变化并不总是同步发生的。要理解议会监察专员制度发展史之"断点"，英国传统宪法和"新"宪法的区

---

① See Roy Gregory, "Court Line, Mr Benn and the Ombudsman", *Parliamentary Affairs*, Vol.27, No.3（May 1974）, pp.269－292; Gavin Drewry and Roy Gregory, "Barlow Clowes and the Ombudsman: Part 1", *Public Law*（Summer 1991）, pp.192－214; Gavin Drewry and Roy Gregory, "Barlow Clowes and the Ombudsman: Part 2", *Public Law*（Autumn 1991）, pp.408 － 442; A. W. Bradley, "Sachsenhausen, Barlow Clowes: and then?", *Public Law*（Autumn 1992）, pp.353－357; Diane Longley and Rhoda James, "The Channel Rail Link, the Ombudsman and the Select Committee", *Public Law*（Spring 1996）, pp.38－45; Philip Giddings, "Ex Balchin: Findings of Maladministration and Injustice?", *Public Law*（Summer 2000）, pp.201－204; Richard Kirkham, "Auditing by Stealth? Special Reports and the Ombudsman", *Public Law*（Winter 2005）, pp.740－748; Richard Kirkham, "Challenging the Authority of the Ombudsman: the Parliamentary Ombudsman's Special Report on Wartime Detainees", *Modern Law Review*, Vol. 69, No. 5（September 2006）, pp. 792 － 818; Richard Kirkham, Brain Thompson and Trevor Buck, "When Putting things Right goes wrong: Enforcing the Recommendations of the Ombudsman", *Public Law*（Autumn 2008）, pp. 510－530; Jason Varuhas, "Governmental Rejections of Ombudsman Findings: What Roles for the Courts?", *Modern Law Review*, Vol.72, No.1（January 2009）, pp.91－115.

② See Brain Thompson, "The Courts' Relationship to Ombudsmen: Supervisor and Partner?", *Journal of Social Welfare & Family Law*, Vol. 37, No. 1（2015）, pp. 137－152; Richard Kirkham and Alexander Allt, "Making Sense of the Case Law on Ombudsman Schemes", *Journal of Social Welfare & Family Law*, Vol.38, No.2（June 2016）, pp.211－227.

分,以及理论界在这些问题上的争鸣,是绕不开的基础性知识。因此,与本书研究相关的第一类基础性的理论研究成果来自英国理论界关于传统宪法和"新"宪法的研究。就这个问题而言,《英国宪法》(2007 年)和《英国政府与宪法》(2012 年)是代表性成果。前者指明了 20 世纪 60 年代前英国传统宪法的核心特征,以及英国传统宪法的韧性、适应性、成功性,进而指出了 20 世纪 60 年代以来这个传统宪法面临的危机及推动传统宪法发展的国内外各种因素,最后在放宽的历史视野中审视了英国"新"旧宪法之间的承继和更新关系;① 后者勾勒了英国 1997 年以来宪法改革的图景,并在观点的批评性借鉴中对英国"后 1997"时代的宪法改革的深刻性、新颖性提出质疑,认为英国宪法仍然没有发生太大的变化,而 1997 年以来的宪法改革即便与之前的宪法改革相比也不具有根本性。② 这 2 部专著对英国宪法改革框架的分析,以及"新"宪法与传统宪法关系的论证,是本书的重要理论参考。

与本书研究相关的另一类基础性的理论研究成果是关于监管型国家及其责任机制的研究。在西方政府体制演进历程中,继福利国家之后兴起的是监管型国家,并随之出现了非民选监管机构激增的现象。这一现象使得传统责任体制下"谁来负责""向谁负责""负责的内容是什么"的答案变得不易追寻。为此,除了传统意义上的政府与选民之间的纵向责任机制外,理论界针对监管型国家提出了"垂直责任"(又分为向上的垂直责任和向下的垂直责任)和"水平责任"的责任机制,并探究了这种新责任机制背后的价值基础

---

① See Anthony King, *The British Constitution*, Oxford: Oxford University Press, 2007.

② See Colin Turpin and Adam Tomkin, *British Government and the Constitution* (7*th* *edition*), Cambridge: Cambridge University Press, 2012.

（即经济价值、社会与程序价值、持续与安定价值）。新责任机制的形成，给传统的分权体制带来巨大冲击，一种新的分权体制正在形成之中。作为督促行政机关以及众多非民选监管机构担责的重要制度安排，在新的时代背景下，议会监察专员的职能更多地转向了纠正系统弊端方面。职是之故，关于监管型国家及其责任机制的研究成果，①成为本书分析议会监察专员制度合宪性的一个理论支点。

与本书研究相关的第三类基础性的理论研究成果是关于议会监察专员制度合宪性基础的研究。卡罗尔·哈洛和理查德·罗林斯（Richard Rawlings）结合议会监察专员制度演进史，建构了"消防员—审查员—预防员"的模型来解读议会监察专员的制度设定功能。两位作者的研究表明，议会监察专员在实践中表现出向"预防员"靠拢的功能转向，是其宪法地位的有力助推器。② 进而，澳大利亚公法学者詹姆斯·J.施皮格曼提出，廉政分支（the Integrity Branch）应作为国家权力的第四个分支，议会监察专员因其卓越的督促政府负责之功能而使得它成为"第四权力"的集中体现③，该理论对证成议会监察专员制度的合宪性也产生了积极作用。此外，学者

---

① See Michael W. Dowdle, *Public Accountability—Designs, Dilemmas and Experience*, Cambridge：Cambridge University Press, 2006; Frank Vibert, *The rise of the Unelected—Democracy and the New Separation of Powers*, Cambridge：Cambridge University Press, 2007; Eoin Carolan, *The New Separation of Powers: A Theory for the Modern State*, Oxford：Oxford University Press, 2009; Colin Scott, "Accountability in the Regulatory State", *Journal of Law and Society*, Vol. 27, No. 1 (March 2000), pp. 38 - 60; Philip Norton, "Regulating the Regulatory State", *Parliamentary Affairs*, Vol. 57, No. 4 (October 2004), pp. 785-799.

② See Carol Harlow and Richard Rawlings, *Law and Administration* (3rd edition), Cambridge：Cambridge University Press, 2009.

③ See James J. Spigelman, "The Integrity Branch of Government", *Quadran*, Vol. 48, No. 7-8 (July-August 2004), pp. 50-57.

们关于议会监察专员与人权保障机构的内在契合性①以及议会监察专员对宪法价值(如民主、责任制、法治)的捍卫等方面的研究,②从另一个侧面展示了议会监察专员制度有着深厚的合宪性基础。

五、现有研究成果之评述

除了制度发展史研究、事实性研究和基础理论研究之外,能够为本书提供某种借鉴性的研究成果还包括:英国议会监察专员制度与域外制度比较③、监察专员制度的世界性扩展历程④、监察专员的建议不具有强制力何以是一种优势⑤、如何增强监察专员工作流程正

---

① See A.W.Bradley, "The Role of the Ombudsman in Relation to the Protection of Citizens' Rights", *Cambridge Law Journal*, Vol.39, No.2 (November 1980), pp.304-332; Richard Kirkham, "Human rights and the ombudsmen", *Journal of Social Welfare & Family Law*, Vol.30, No.1 (March 2008), pp.75-83; Nick O' Brien, "Ombudsmen and Social Rights Adjudication", *Public Law* (Summer 2009), pp.466-478; Victor Ayeni, "Ombudsmen as Human Rights Institutions", *Journal of Human Rights*, Vol.13, No.4 (December 2014), pp.498-511.

② See Gavin Drewry, "Ombudsmen and Administrative Law: Bright Stars in a Parallel Universe?", *Asia Pacific Law Review*, Vol.17, No.3 (September 2009), pp.3-25; Richard Kirkham, Brian Tompson and Trevor Buck, "Putting the Ombudsman into Constitutional Context", *Parliamentary Affairs*, Vol.62, No.4 (October 2009), pp.600-617; Chris Gill, "Right First Time: The Role of Ombudsmen in Influencing Administrative Decision-making", *Journal of Social Welfare & Family Law*, Vol.33, No.2 (June 2011), pp.181-192; Naomi Creutzfeldt, "A voice for Change? Trust Relationships between Ombudsmen, Individuals and Public Service Providers", *Journal of Social Welfare & Family Law*, Vol.38, No.4 (December 2016), pp.460-479.

③ See David Clark, "The Ombudsman in Britain and France: A Comparative Evaluation", *West European Politics*, Vol.7, No.3 (September 1984), pp.64-90.

④ See William B. Gwyn, "The Discovery of the Scandinavian Ombudsman in English-speaking Countries", *West European Politics*, Vol.3, No.3 (September 1980), pp.317-338; Najmul Abedin, "Transplantation of the Ombudsman Institution in Developed and Developing Countries", *The Round Table*, Vol.75, No.300 (December 1986), pp.333-353.

⑤ See Richard Kirkham, "Explaining the Lack of Enforcement Power Possessed by the Ombudsman", *Journal of Social Welfare & Family Law*, Vol.30, No.3 (September 2008), pp.253-263; Richard Kirkham, "Implementing the Recommendations of an Ombudsman... again", *Journal of Social Welfare & Family Law*, Vol.33, No.1 (March 2011), pp.71-83.

当性(透明性、结果公正性),①以及监察专员的概念与分类②。

自从设立之日起,议会监察专员就被视为英国宪法上的重要机构,议会监察专员制度也被认为是英国公法理论发展的重要结果。③为此,英国理论界及部分域外学者对该制度开展了较为深入的研究。随着20世纪90年代以来议会监察专员制度在行政正义体制乃至宪法体制中的重要性不断被认知,理论界的研究成果更加丰硕。围绕着监察专员制度(特别是议会监察专员制度),英国理论界形成了若干稳定的研究团体(如雷丁大学的监察专员研究中心),并有专门的学术载体(如《社会福利和家事法杂志》的"监察专员、行政裁判所和行政正义专栏",该专栏由监察专员研究领域的资深学者主持④),还在研究方法上形成特色(如法社会学研究方法),这些都促成了一个新兴的交叉学科——"监察专员学"的兴起。

总的说来,英国学者在研究议会监察专员制度时体现出严谨的法学分析、批评性建构、紧密联系实践、谨慎地预见、资料准备充分、细节论证深入、本国问题意识、发散性思考等特征,这给本书提供了充足的资料索引、观点借鉴和方法启示。然而,从笔者掌握的资料来看,在英国议会监察专员制度50余年的发展历程中:第一,在制度史

---

① See Richard Kirkham, "Evolving Standards in the Complaints Branch", *Journal of Social Welfare & Family Law*, Vol.36, No.2(June 2014), pp.330-348.

② See Najmul Abedin, "Conceptual and Functional Diversity of the Ombudsman Institution: A Classification", *Administration & Society*, Vol.43, No.8(August 2011), pp.869-929; Sabine Carl, "Toward a Definition and Taxonomy of Public Sector Ombudsmen", *Canadian Public Administration*, Vol.55, No.2(June 2012), pp.203-220.

③ See N.D.Lewis, "World Ombudsman Community: Aspects and Prospects", *Indian Journal of Public Administration*, Vol.39, No.7(October 1993), pp.663-676.

④ See Richard Kirkham, "Ombudsman, Tribunals and Administrative Justice Section", *Journal of Social Welfare & Family Law*, Vol.34, No.1(March 2011), pp.87-89.

研究方面,学者们的研究要么距今时间久远,要么根据议会监察专员和医疗保健服务监察专员由同一人兼任的惯例而把二者结合起来研究,专论性的、实效性的、"断代史"或"通史"性研究尚属欠缺,这让人无法洞察该制度的变迁脉络;第二,在探究议会监察专员制度的功能及其制度变迁脉络上,理论界运用官方权威资料(特别是议会监察专员、下议院专门委员会的年度报告、临时报告、特别报告)的深度和广度上尚有欠缺;第三,将议会监察专员置于"变迁的"英国宪法背景下分析,也是学界研究的一个薄弱环节。基于这样的认识,本书既是在英国学者研究基础上的一个新尝试,也是中国学者系统介绍英国议会监察专员制度及其实践的一项有意义的研究。

第三节　研究主线、方法与特色

一、研究主线

本书以英国议会监察专员制度为研究对象,将国内研究范式中善于把握宏观脉络与英国研究范式中善于进行细节论证的优势结合起来,旨在系统研究英国议会监察专员制度50余年的变迁历程。本书按照导论、理论、史论、结论的逻辑结构展开。

第一章为导论,主旨是在文明交流互鉴中理解英国议会监察专员制度。在文献综述部分,鉴于国内理论界对英国议会监察专员制度研究成果较少,本书先扼要回顾了国内研究现状,进而以监察专员制度的英国研究文献为参考,努力践行在英国语境下思考的文献综述思路,并按照制度发展史研究、事实性研究、基础理论研究三大趋向对英国理论界的研究现状进行系统梳理,最后指出现有研究成果的优势和短板。在本章最后,本书的研究主线、研究方法和研究特色予以集中展现。

第二章为理论,旨在对英国议会监察专员制度进行合宪性证成。本章阐释了英国议会监察专员制度的内涵,梳理了经典分权理论、修正的分权理论、独立价值说在寻找议会监察专员制度合宪性基础上的观点争鸣,在此基础上,本章从变迁的英国宪法、监管型国家的责任机制、捍卫宪法价值三个维度追索议会监察专员制度的合宪性基础。

第三章至第五章为史论,旨在梳理英国议会监察专员制度的确立过程和变迁史。其中,第三章将英国议会监察专员制度的形成分为萌发阶段、奠基阶段和确立阶段,每一阶段中的典型观点争辩及其结果是分析重点;进而本章对《议会监察专员法》的制度框架进行规范研究,探析议会监察专员机构的组织、职权、工作制度以及定性问题;本章最后对议会监察专员制度的形成背景和推动力量予以总结。第四章首先阐释了议会监察专员制度的历史分期标准——宏观的宪法体制变迁和议会监察专员制度的本身变化;进而,本章按照组织人事、年度报告中的制度运行实况、典型个案解读、制度"进化"评析之结构,对初创期(1967—1976 年)和发展期(1977—1996 年)的议会监察专员制度展开论述。第五章首先分析"英国'新'宪法是否正在长成"的理论命题,并从英国学者关于新旧宪法的论辩中引出 1997年作为议会监察专员制度变迁的核心"断点"之预设;进而,本章依然按照组织人事、年度报告中的制度运行实况、典型个案解读、制度"进化"评析之结构,对制度深刻变化期(1997—2006 年)和变革新时期的(2007 年至今)议会监察专员制度进行深入考察。

第六章为结论,旨在对 50 余年的英国议会监察专员制度史进行回顾与展望,并发掘出若干经验与启示。本章首先从第八任议会监察专员安·亚伯拉罕的一篇回顾性文章出发,对议会监察专员制度的形成和变迁史进行再审视;在梳理议会监察专员、英国学者关于议会监察专员制度未来展望的基础上,来探究议会监察专员制度的"待决问题"及解决思路。进而,本章审慎地总结了英国议会监察专员制度形成和发展过程中的经验。最后,结合英国议会监察专员制度形成过程中的"语境(Context)"问题,本章阐释了英国经验的适用性。

二、研究方法

本书的研究方法呈现出三个层次:第一,历史分析与法学分析相结合。在宏观的历史阶段划分上,本书坚持历史学研究方法,以重大的制度兴革作为阶段划分标准;在每一历史阶段具体制度兴革的分析上,本书始终坚持文本分析与案例分析相结合的方法,并将规范法学的分析方法贯彻始终。第二,间接资料与直接资料并重。作为一个研究英国制度的中国学者,汲取英国学者的权威性、新颖性研究成果,并以此为索引进行"穷尽式"的资料追索,是进行深入、系统的专门研究的基本要求。为此,在阅读原始资料的同时,笔者参考了英国学者的相关著作、论文,以便全方位明晰议会监察专员制度及其发挥效能的"语境"。第三,技术性方法。为得出有说服力的研究结论,笔者还运用统计学的方法,在本书相关部分给出直观而清晰的图表,"让数据说话",以便较好地展现英国议会监察专员制度变迁轨迹。

三、研究特色

本书的第一个研究特色是注重原始资料的搜集和整理。秉持着

"在英国语境下思考"的研究理念,笔者把搜集整理英国议会监察专员制度的原始资料和最新的、权威的理论文献作为第一要务。本书把原始资料搜集作为立论基石,搜集到议会监察专员 1967 年以来的所有年度报告、专门报告(第 10 条第 4 款)、特别报告(第 10 条第 3款)和其他报告(如季度报告),搜集到下议院专门委员会的关于议会监察专员年度报告的审查报告和其他相关报告,搜集到英国内阁及有关政府部门(如司法部)关于监察专员制度的改革咨询报告、审查评估报告等,为解读议会监察专员制度运行及其效能奠定了坚实基础。除此之外,本书还秉持"在英国语境下思考"的研究理念,搜集到英国学者关于"新"英国宪法、监管型国家、新分权理论、监察专员制度的大量间接资料,仅学术专著类就有 100 余种,这些资料绝大部分没有国内翻译版本,保证了理论供给的一定深度。

　　本书的第二个研究特色是研究视角独特。作为一项外国法律制度变迁史的专门研究,本书首先谨守"史"的研究范式,聚焦英国宪法上议会监察专员制度的萌发、确立、发展历程,力图从历史演进中探寻制度变迁主线。本书也严守"法"的研究,在解读某一具体阶段的制度变迁时,将制度本身的变化置于宪法体制变迁背景下,并在具体个案上诠释"权力制约"与"权利保障"是如何运作的,最后从法律视角揭示议会监察专员制度"进化"的原因和动力。概言之,在变迁的英国宪法背景下探究议会监察专员制度变迁史,是贯彻"法律的历史"研究的外国法律史理念的一个创新性尝试。

　　本书的第三个研究特色是提出了新的学术观点。其一,本书从变迁的英国宪法、监管型国家责任机制的变化、捍卫民众对公共机构的合法性预期三个维度展开论证,融通了分权理论和独立价值说。其二,本书以 1997 年新工党政府上台执政为历史分期标准,进而以

1977 年绕行议员过滤机制的制度创新和 2007 年《良好行政之原则》的发布为次一级标准,将议会监察专员制度史分为两个大的历史时期——发展期(1967—1996 年)和变革期(1997 年以来),每一历史时期又分为两个阶段,实现了"史"的研究和"法"的研究的两相宜。其三,本书强调,"行政国家"出现而现有救济机制不足、北欧监察专员制度成效显著、学者作为政策革新者发挥的推动作用、政治立场对立和政党轮替等因素共同起作用,推动着议会监察专员制度的确立。其四,议会监察专员制度形成过程中的英国"语境"使得那些"待决问题"依然延续着,例如,议员过滤机制依然存在、否认议会监察专员的主动调查权、管辖范围的阻却事由较多,等等。但不可否认的是,议会监察专员制度经受住了时间考验,成为议会监督机制和司法监督机制之外的一个恰如其分的替代机制,从而赢得了宪法地位。

第二章　英国议会监察专员制度的
合宪性原理

在英国宪法学者眼中,议会监察专员机构从其设立之日起就是宪法上的一个重要机构,而议会监察专员制度也是英国不成文宪法中督促政府负责的一个核心机制。围绕着议会监察专员机构或制度,通过吸收借鉴域外宪法学理论,英国理论界试图给出一个具有广泛说服力的论证框架,形成了三大典型理论,即经典的分权理论、修正的分权理论、独立价值说。实际上,议会监察专员制度的合宪性基础蕴含在变迁的英国宪法、现代监管型国家的责任机制变化、捍卫宪法价值三个维度之内。

第一节　议会监察专员制度的内涵

一、"监察专员"的词源学考察

"监察专员(ombudsman)"一词,源于斯堪的纳维亚半岛的当地语言 umbud 或 ombud,其初始含义是"代理人或代表",即被授权代表本人从事某项行为的人。在现代英语中,ombudsman 最为常用,此外,还有 ombuds、ombudsmen、ombudsinstitution、ombudsperson、ombud-spepole 等用语。

作为国家政治生活中的一个重要机构,监察专员的起源最早可溯源于 1713 年瑞典国王查尔斯十二世设立的最高监察专员(the Office of Supreme Ombudsman),1719 年该职位被重组为司法大臣(the Chancellor of Justice),对法官和公务员是否依法履职进行监督。① 但现代学者普遍认为,当今世界各地监察专员机构的源头,并非司法大臣,而是 1809 年设立的瑞典议会监察专员(the Swedish Parliamentary Ombudsman)。经过民主化进程,瑞典于 1809 年颁布了新宪法,设立了独立于行政机关的议会监察专员,以处理公民对行政机关的申诉。议会监察专员设立后,原来的司法大臣继续保留。

在 20 世纪 50 年代之前,监察专员制度的影响力仅局限于斯堪的纳维亚半岛。自 20 世纪 60 年代开始,监察专员制度开始向世界扩展,逐渐成为一种普遍的世界现象。② 随着 70 年代后期新公共管理运动的兴起,监察专员在私营机构内部也普遍设立,用以处理消费者的各种投诉。与此同时,行政机关内部也纷纷设立申诉处理机构,也冠以监察专员(或申诉专员)之名。再加上发展中国家设立的各种议会人权专员(或称议会监察专员),以及世界性、地区性的监察专员国际组织的成立,当今世界已经形成"监察专员制度狂热症(Ombudsmania)"现象。

为了正本溯源,相关国际组织及理论界进行了不懈努力,以求达

---

① See Donald C.Rowat, *The Ombudsman—Citizen's Defender*, London: George Allen & Unwin, 1968, pp.17-21.

② See Linda C.Reif, *The International Ombudsman Yearbook*, Leiden: Martinus Nijhoff Publishers, 2009, p.1.

成"什么是监察专员"的共识,并对多样化的监察专员机构进行分类。就笔者所见,国际组织关于监察专员概念的通行界定有两个:一个是国际律师协会(the International Bar Association,IBA)于1974年给出的界定。该协会认为,一个"妥当称谓"的监察专员应具备三大特征:1. 该机构由宪法设定或者由议会通过立法设定,并由一个独立的、高级别的官员担任负者人,该负责人向议会负责;2. 该机构受理有冤屈的公民对政府机构、政府官员或者工作人员的申诉;3. 该机构有权进行调查、提出改正建议,并发布报告。① 另一个是美国律师协会(the American Bar Association,ABA)于2001年给出的界定。该协会认为,监察专员(或称申诉专员)是这样的一个人:1. 依职权受理对疏忽、不当及体制问题的申诉或者质疑;2. 独立且不偏私地去处理、调查或者审查这些问题。② 显然,美国律师协会2001年的界定不仅包括了1974年国际律师协会所界定的那些机构,而且把行政机关内部设立的那些申诉处理机构、私营部门的投诉处理机构囊括在内。理论界关于监察专员的界定,与国际组织的界定大体无差。③

　　尽管要在多样化的监察专员共同体中作出"放之四海而皆准"的种类划分不太可能,但主流观点把世界范围内的监察专员机构作出下述分类:1. 以设立依据和负责主体为标准,将监察专员分为议会监察专员(包括作为其变体的人权专员)和行政监察专员;2. 以职能范围和监察对象为标准,将监察专员分为一般监察专员(议会监察

---

① Qutoed in Sabine Carl,"Toward a Definition and Taxonomy of Public Sector Ombudsmen",*Canadian Public Administration*,Vol.55,No.2(June 2012),pp.203-220.

② Qutoed in Sabine Carl,"Toward a Definition and Taxonomy of Public Sector Ombudsmen",*Canadian Public Administration*,Vol.55,No.2(June 2012),pp.203-220.

③ See Najmul Abedin,"Conceptual and Functional Diversity of the Ombudsman Institution:A Classification",*Administration & Society*,Vol.43,No.8(August 2011),pp.869-929.

专员)和特种监察专员(如医疗保健服务监察专员、财政金融服务监察专员、狱政监察专员等);3.以监察专员层级为标准,将监察专员分为国家监察专员和地方监察专员;4.以设立领域为标准,将监察专员分为公共机构监察专员和私营机构监察专员。

二、议会监察专员制度的界定

英国设立议会监察专员的想法萌发于 20 世纪 50 年代中后期,经过 20 世纪 60 年代的酝酿与论辩,在 1967 年变成现实。议会监察专员的正式称谓是 Parliamentary Commissioner for Administration (PCA),汉语直译为"议会行政监察专员";在其日后发展中,理论界和官方都逐渐不再使用 PCA 的提法,而是倾向于使用 Parliamentary Ombudsman(PO),即"议会监察专员"。此外,自从 1973 年英国设立医疗保健服务监察专员(Health Service Commissioner, HSC)后,虽然这两个机构的管辖范围和职权不同,但习惯上 PCA 和 HSC 的"一把手"由同一人兼理,故现在提到议会监察专员,一般的表述是 Parliamentary and Health Service Ombudsman(PHSO)即"议会与医疗保健服务监察专员"。

实际上,早在英国设立议会监察专员之初的观点论辩中,英国官方和理论界均强调,这个新机构不是完全或典型意义上的监察专员,它要契合英国的宪法精神尤其是议会主权和内阁责任。[1] 为此,在制度设计上,该机构与北欧模式的核心差异在于,针对英国中央政府各部门的申诉只能通过议员转交给监察专员,民众没有通向监察专

---

[1]　See Roy Gregory and Alan Alexander, "Our Parliamentary Ombudsman Part I: Integration and Metamorphosis", *Public Administration*, Vol. 50, No. 3 (September 1972), pp.313-331.

员的"直接入口"，这就是所谓的"议员过滤机制（MP Filter）"。于是，提到英国议会监察专员制度，人们脑海中首先浮现的就是议员过滤机制，这是英国制度的独特之处。此外，由于议会监察专员设立之初的目的是监督中央政府各部门，地方政府、医疗服务机构及大量公共机构（如事业单位、国有企业等）被排除在监督范围之外，但在后来的制度演进中，这些监管"空隙"逐渐被填平，从而形成了一个多样化、分散化的公共机构监察专员（Public Service Ombudsman, PSO）。再加上1998年地方分权后设立的北爱尔兰、苏格兰、威尔士公共机构监察专员，以及大量设立的特种监察专员和公共服务投诉处理机构，监察专员机构复杂犹如迷宫，以至于让这项服务的享受者——有冤屈的英国公民经常无所适从，更遑论国外民众乃至学者。

议会监察专员是英国设立的第一个监察专员，在50余年的发展历程中，不仅其本身取得较大发展，而且它对英国公共机构监察专员的发展发挥着引领作用，笔者遂将研究主题确定为议会监察专员。在本书中，议会监察专员首先是一个公共机构监察专员，它对政府部门及其他公共机构的不当行为进行监督；进而，议会监察专员是国家层面的一个公共机构监察专员，其监督的对象是英国中央政府部门（如内政部）及其派出机构（如民航局）、其他"中央级"的公共机构（如全国福利彩票委员会）；再者，议会监察专员还是一个一般性的监察专员、经典的监察专员，它的管辖范围是概括性的不良行政，它由议会通过立法设立、独立于行政机关但对下议院负责；还需指出的是，由于英格兰在英国地方分权安排中的"缺席"，议会监察专员的监督对象还包括英格兰的公共机构（如英格兰旅游协会）。

综上所述，切合英国制度实际并与英国学者研究相一致的议会监察专员的概念是：一个管辖范围包括英国公共机构、英格兰公共机构,以及分权制改革后中央保留事项所涉及公共机构之不良行政的国家级监察机构,它独立于行政机关行使职权、对下议院负责,以"议员过滤机制"为独有特征。相应地,英国议会监察专员制度就是关于议会监察专员性质与地位、职权保障、受案与管辖、调查程序和报告制度的规则体系,《议会监察专员法》是其主要构成。

三、议会监察专员制度的关联问题

准确界定并充分理解英国议会监察专员,还需要廓清围绕在这一概念周围的关联概念。

第一,不良行政。不良行政是英国议会监察专员行使职权的行为要件,但《议会监察专员法》并未对什么是不良行政作出规定。长期以来,实践中对不良行政的认定采纳了所谓的"克罗斯曼目录"(Crossman Catalogue),即时任政府主管大臣、下议院工党领袖理查德·克罗斯曼在议会立法程序中提到的那些行为——偏见(bias)、疏忽(neglect)、漠不关心(inattention)、拖延(delay)、不称职(incompetence)、不适当(inaptitude)、任性(perversity)、腐败(turpitude)、专断(arbitrariness)等作为指引。[1] 至于说对不良行政的理解采用宽泛还是严格解释,议会监察专员们的做法有所不同。需要注意的是,第六任议会监察专员威廉·里德爵士在1993年的年度报告中把蛮横、不愿把申诉人当作权利主体、明知给出的建议是误导性的或不充分的、不补救或补救明显不合理、程序瑕疵、对确保平等对待的指导方针冷漠视之、不愿消除僵化执行带来差别对待的纸面法律之效果等

---

① See Mark Elliott and Robert Thomas, *Public Law* (2nd *edition*) , Oxford: Oxford University Press, 2016, p.592.

内容,添加到不良行政的概念中来。① 从此以后,议会监察专员原则上可以监督所有的行政行为,只要该行为有不良行政之嫌疑。

第二,行政正义。进入 21 世纪以来,议会监察专员将其角色从被动的"消防员""审查员"转向"预防员",于是,越来越多的学者开始从广义的行政正义体制角度思考议会监察专员制度,将议会监察专员与法院、行政裁判所视为实现行政正义的三大机制。因此,行政正义是理解议会监察专员制度的一个重要概念。英国传统行政法学者一般将目光聚焦于法院和行政裁判所,将行政正义体制与行政司法体制等同;20 世纪 90 年代末以来,越来越多的学者将目光向前延伸,将初始行政决定的做出过程也纳入行政正义体制中来。② 因此,英国语境下的 Administrative Justice 不仅指代一系列价值(如公正、不偏私、充分且及时救济等),更指向了引致这些价值的过程及机制,而议会监察专员便是其有机构成部分。

第三,议会专门委员会。议会监察专员自其成立之初便被视为"下议院的勤务员",议会监察专员与下议院的紧密关系是英国制度的突出特征。通过议员过滤机制,议会监察专员与下议院发生了"个别"联系;通过专门委员会,议会监察专员与下议院发生了"整体"联系。正是得益于这种紧密联系,虽然议会监察专员的建议不具有强制执行力,但其权威却得到了被调查对象的充分尊重;与此同时,下议院专门委员会也对议会监察专员的履职情况进行监督。在本书中,议会专门委员会指代的是专门对议会监察专员行使

---

① See Third Report of PCA, *Annual Report for* 1993, Session 1993-94.

② See Michael Harris and Martin Partington ed., *Administrative Justice in the 21ˢᵗ Century*, Oxford: Hart Publishing, 1999; Michael Adler ed., *Administrative Justice in Context*, Oxford: Hart Publishing, 2010.

职权提供有力支持并监督其工作的下议院专门委员会。由于英国议会时常进行内部机构改革,因此专门委员会也不断变化。在1967—1997年期间,下议院专门委员会是议会监察专员委员会(the Select Committee on the Parliamentary Commissioner for Administration, PCASC);在1997—2015年期间,下议院专门委员会是公共行政委员会(the Select Committee on Public Administration, PASC);2015年至今,下议院专门委员会是公共行政与宪法事务委员会(Public Administration and Constitutional Affairs Committee, PACAC)。无论其名称和职权范围如何变化,下议院始终存在一个专门委员会来保障并监督议会监察专员的工作。值得注意的是,有学者质疑议会将PCASC合并至PASC的做法,认为它会降低议会监察专员工作在下议院受重视的程度。①

第四,仿行模式。尽管现代监察专员制度的原型是瑞典议会监察专员制度,但对英国及其他国家监察专员制度发展具有重大影响的却是丹麦模式。瑞典议会监察专员是一个准司法机构,除有权向议会报告行政机关的不良行政外,它还能将司法机关明显违反正义的裁判提交至上级法院,还能对专断性地行使职权的行政机关官员提起公诉。② 丹麦议会监察专员不仅不能将管辖权扩充至司法行政行为,而且只能调查不良行政并将调查结果向议会报告。从行使职权方式看,英国议会监察专员更多地借鉴了丹麦模式。此外,在英国议会监察专员制度的确立过程中,丹麦首任议会监察专员史蒂芬·

① See Oonagh Gay, *The Ombudsman—The Developing Role in the UK*, 20 November 2012.

② See Brian Chapman, "The Ombudsman", *Public Administration*, Vol. 38, No. 4 (December 1960), pp.303-310.

赫维茨扮演着重要的角色。1958 年 11 月和 1960 年 5 月,赫维茨两次造访英国,通过讲座、访谈、发表文章等形式介绍丹麦议会监察专员制度,吸引着英国政治和法律精英乃至普通民众对该制度产生兴趣。① 在某种意义上,这促成英国把丹麦议会监察专员制度作为学习模型。

第二节　议会监察专员制度合宪性的理论争辩

一、经典的分权理论

在启蒙运动及资产阶级革命时代,权力的分立和相互制约既是革命者进行思想动员的一个响亮口号,也是资本主义近现代宪法的一个基本原则。从形式上看,英国宪法虽没有确立完全的分权原则,但通过确立"议会至上"和"法律的统治"两大原则,英国也收到了同样的效果。② 这即是说,行政机关受议会直接监督,并且被要求依法行政,而行政机关所依之"法"的解释权和适用权操于司法机关之手。在这样的自由民主社会中,普通民众对侵害其权利的公共机构(尤其是行政机关)有寻求救济的权利。进而,在这种经典的权力配置模式下,议会和司法机关在控制行政权问题上的作用得到了着重强调。因此,即便议会监察专员在宪法上没有明确其地位,尽管它是一个非民选机构,但在经典分权论者眼中,它总归是分权体制中的一个重要的次级权力机构,总能在立法、行政或司法机构"三分法"内

---

① See William B. Gwyn, "The Discovery of the Scandinavian Ombudsman in English-speaking Countries", *West European Politics*, Vol.3, No.3(September 1980).

② 参见[英]M.J.C.维尔:《宪政与分权》,苏力译,生活·读书·新知三联书店1997 年版,第 306—309 页。

找到应有位置。

经典分权论者给议会监察专员找出的第一个栖身之地是"议会的"次级机构。尽管议会监察专员的称谓现在主要是"Parliamentary Ombudsman",但其官方称谓仍是"Parliamentary Commissioner for Administration",可以说,自设立之日起,"议会的"始终是该机构的重要前缀。而且,无论是在《议会监察专员法》的制定过程中,还是在《议会监察专员法》规定的职权范围和行使程序中,议会监察专员与议会都有着非常紧密的关系,以至于它被政治精英们视为"下议院的勤务员"。与此同时,在英国学者关于议会专员(Parliamentary Officer)的研究中,议会监察专员被认为是一个典型的、法定的议会专员,理由在于,在问责和独立性方面议会监察专员是宪法上监督机构(Watchdogs)的典型,具体原因是:1. 议会在该专员任命和解职过程中的参与(involvement);2. 一个法定专门委员会批准其预算并实施监督;3. 一个专门委员会聆听该专员的报告;4. 独立于公务员的职员队伍。[1] 但是,不独有学者对这种逻辑提出批评,甚至连议会监察专员也强调,下议院专门委员会经常性的工作是对议会监察专员的工作情况进行整体性的审查评估,极少卷入议会监察专员的个案调查过程中来,[2]因此,在绝大部分调查过程中,议会监察专员以一种独立、权威的姿态而存在。仅仅因为议会监察专员与议会的紧密联系就视其为议会的一个"次级"机构(或称代理人),这显然是一种过于简单化的分析。

---

① See Oonagh Gay, *Officers of Parliament: A Comparative Perspective*, 20 October 2003, pp.12-13.

② See Michael Buckley, "Remedies, Redress and 'Calling to Account': Some Myths about the Parliamentary Commissioner for Administration", *The Denning Law Journal*, Vol.13, No.1(January 1998), pp.29-47.

经典分权论者给议会监察专员寻找的另一个栖身之地是"宪法上的行政分支"。这一说法的基本逻辑是,尽管议会监察专员在个案救济中发挥着重要作用,但它所发挥的这些作用离不开行政机关的配合"意愿(willingness)"以及行政机关对其工作的通常"尊重(respect)",由此,议会监察专员可被视为行政机关"内化的(internalized)"控制机制之一。这一说法源于澳大利亚联邦监察专员制度的最初实践。考虑到英国与澳大利亚的密切关系,源于澳大利亚的某种理论在英国理论界也能泛起一阵涟漪。对于这种论调,批评者认为它严重低估了议会监察专员进行政治干预时的独立性,以及直接向议会报告不良行政的权能,也无法解释议会监察专员作为督促行政机关负责的一个重要机制所拥有的真实的自治性。[1] 此外,即便是澳大利亚联邦监察专员最初能够被行政机关"内化",时至今日,它的管辖范围和职权早已摆脱这种初始设定,而成为监督行政机关的所有程序和机构中最切近宪法核心问题(即责任制问题)的机制,绝非行政机关内部控制机制所能"内化"的。[2]

经典分权论者对议会监察专员的再一个设定是"行政小额赔偿法院"。根据卡罗尔·哈洛和理查德·罗林斯的分析,作为英国《议会监察专员法》立法原型的《怀亚特报告》中充斥着对议会监察专员"消防员"的功能设定,具体体现在:1.该报告的起草者为约翰·怀亚特爵士,他是新加坡前任首席大法官,而他承接任务的组织(即国际法学家协会英国分会),是一个由律师构成的致力于"保护公民基

---

[1]　See Trevor Buck, Richard Kirkham and Brian Tompson, *The Ombudsman Enterprise and Administrative Justice*, Surrey: Ashgate 2011, p.17.

[2]　M. Groves and H. P. Lee eds., *Australian Administrative Law*, Cambridge: Cambridge University Press, 2007, pp.100-101.

本权利"的压力集团;2.《怀亚特报告》承认传统的行政权监督机制存在漏洞,即司法审查范围有限(不审查不良行政)且费时费力、议会的控制机制(一般性辩论、质询、特别调查活动)并不那么奏效,监察专员即是楔入立法与司法控制"罅隙"的那个楔子;3.《怀亚特报告》对议会监察专员的角色设定是一个行政小额赔偿法院(administrative small claims court),或者说普通法院的替代物(court substitute)。① 由此可见,基于《怀亚特报告》起草者的法律背景、议会监察专员填补漏洞功能设定、责任内阁制之下的常设公共调查机制(standing inquiry)的设定,无论是国际法学家协会英国分会,还是下议院,它们对议会监察专员的职能设定主要是个案救济,就像法院或准司法机构一样。但正如批评者所指出的那样,无论是议会监察专员的调查程序,还是其调查结果和建议的执行力,都不同于法院。此外,在发生的案例中,上级法院总是认可并尊重议会监察专员在其职权范围内的裁量权,并不像它审查下级法院裁判那样而为。② 因此,将议会监察专员视为一个小额赔偿法院,进而在司法权力中为其寻找栖身之地,这一做法在理论上也是站不住脚的。

鉴于议会监察专员调查程序和调查行为的独特性,也鉴于议会监察专员在实践中融合救济与监督两种功能,议会监察专员制度成

---

① See Carol Harlow and Richard Rawlings, *Law and Administration*(3rd *edition*),Cambridge:Cambridge University Press,2009,pp.537-538.

② 实践中发生的最早一件提请法院审查议会监察专员行为的诉讼(Re Fletchers Application,1970)中,法院表明了尊重议会监察专员裁量权的态度,此后直到1993年,法院才初步表明可对议会监察专员的行为进行司法审查(Dyer案),而到目前为止对议会监察专员行为进行审查,唯一成功的案例是Balchin案(但该案中法院的态度也受到学者的批评)。See Fourth Report of PHSO, *The Parliamentary Ombudsman—Withstanding the Test of Time*,Session 2006-07.

为勾连政治和法律的一个连接点,①这也给经典的分权理论带来严重挑战。在行政集权和监管型国家勃兴的现代社会,用经典分权理论来论证议会监察专员制度的宪法地位,显然不合时宜。

二、修正的分权理论

鉴于议会监察专员在宪法体制和责任机制中的重要性,越来越多的学者开始对经典分权理论进行修正,提出了所谓的"新分权理论"。在形形色色的新分权理论背后,有两个动向值得关注:一个动向是从宪法的"第四分支"着眼,将议会监察专员视为整合既有的分散性监督机制的"廉政分支";另一个动向是在监管型国家责任机制的变化中审视议会监察专员的宪法角色。

就前一种动向而言,詹姆斯·J.施皮格曼首先认为"廉政分支"关注的焦点不是官员个人廉洁问题,而是机构廉政问题;"廉政分支"的作用是保障广义的政府不腐化,这不是简单地说官员们不贪污受贿,而是在更宽泛的意义上说政府官员应妥当履职。进而,在分权制框架下,议会、国家元首、行政机关、法院在其本职工作外都扮演着一定的"廉政机构"角色,即督促被监督对象廉洁、忠诚地行使职权。就对行政机关的专门监督而言,财政审计机构、独立的反腐机构、监察专员与申诉处理机构、纠正官员个人作风的机构(如1994年的 Nolan Committee,诺兰委员会)、公共调查都是督促行政机关负责的"廉政机构"。② 从施皮格曼的论述来看,他所提出的"廉政机构"

---

① See Gavin Drewry, "Ombudsmen and Administrative Law: Bright Stars in a Parallel Universe?", *Asia Pacific Law Review*, Vol.17, No.3(September 2009), pp.3-25.

② See James J.Spigelman, "The Integrity Branch of Government", *Quadran*, Vol.48, No.7-8(July-August 2004), pp.50-57.

不是一个机构,而是一系列机构,正是在分权制所形成的"创造性张力(creative tension)"中,一种不同于立法、行政和司法的新职能得以形成,成为一国宪法的重要组成部分。施皮格曼关于宪法的"廉政分支"的论述,得到了英国监察专员制度研究者的重视。在伴随福利国家而逐渐兴起的审计文化(audit culture)的社会思潮作用下,议会监察专员因为能有效填补议会和司法监督机制的空隙而被认为是英国宪法"廉政分支"的代表性机构,而议会监察专员的实践对行政机关内设的申诉处理机构、其他独立性的监督机构的实践也具有示范和引领作用。

就后一种动向而言,第二次世界大战结束以来,英国福利国家建设迈入了新阶段,议会主权原则不断被削弱、行政权力扩张成为显著趋势。在权力越来越集中于行政机关的情势下,一方面,英国国民的福利有了长足发展;另一方面,行政权力(特别是行政裁量行为)侵害公民权利的情形时有发生。随着时间的推移,由政府直接提供公共服务的福利国家模式越来越难以为继,其局限性表现在:中央集权的国家越来越不知道什么是民众最需要的服务,高度活跃的国家面临着越来越大的财政危机,公权力行使者追求私益甚于公益的风险日甚,国家的制度供给(特别是法律)在影响社会经济制度变革上越来越具有局限性。① 于是,20 世纪 70 年代末以来,在私有化、公共服务外包、更大范围与层级的委托立法等因素推动下,英国正经历着由福利国家向监管型国家的转型,公共服务供给呈现出分散化的特征,政府也由"台前"走向了"幕后",更多地担负着监督公共服务提供者的责任。为此,议会通过立法创设了大量实际运行相对独立于政府

---

① See Colin Scott, "Accountability in the Regulatory State", *Journal of Law and Society*, Vol.27, No.1(March 2000), pp.38–60.

但又旨在实施政府设定目标或政策的非民选监管机构,以至于弗兰克·维伯特(Frank Vibert)说这些非民选监管机构体现了一种新的分权原则,①大大强化了传统的依赖于议会和法院对行政机关实施控制的机制。但随之而来的问题是,非民选监管机构的大量出现,也使得诸如"谁来负责""向谁负责""因为什么而负责"等问题的答案不易找到。根据菲利普·诺顿(Philip Norton)的研究,在监督非民选机构方面,从力度最弱的行为公开到力度最强的限制或否定其行为,数轴的两端存在着消费者、被监管者、法院、政府和议会等众多主体。然而,迄今为止,英国却不存在对这些非民选监管机构进行统一、持续性监督的机构或程序,以至于英国监管型国家建设实际上是带着风险前行。② 在这样的背景下,学者们的关注点也转向了如何确保这种非政治性的监管体制合法、负责且有效地运行上来。③ 由于议会监察专员在1997年以来的实践中越来越强调纠正行政系统弊端的功能,它不仅从消极面发挥着审计与监督的职能,而且从积极面发挥着示范并引导良好行政的职能,从而成为一个核心的"垂直责任"机制。正是在监管型国家中所发挥的有效督促政府(包括非民选监管机构)负责之功能,议会监察专员的宪法地位得到了越来越多学者的认可。

与经典的分权理论相比,修正的分权理论在论证议会监察专员

①　See Frank Vibert, *The rise of the Unelected—Democracy and the New Separation of Powers*, Cambridge: Cambridge University Press, 2007, p.12.

②　See Philip Norton, "Regulating the Regulatory State", *Parliamentary Affairs*, Vol.57, No.4(October 2004), pp.785-799.

③　See Colin Scott, "Accountability in the Regulatory State", *Journal of Law and Society*, Vol.27, No.1(March 2000), pp.38-60; Julia Black, "Constructing and Contesting Legitimacy and Accountability in Polycentric Regulatory Regimes", *Regulation & Governance*, Vol.2, No.(March 2008), pp.137-164.

的合宪性基础方面前进了一大步,该理论结合现代英国经济社会和政治变化所给出的阐释颇具有说服力。然而,非民选监管机构(包括议会监察专员)大量存在的现象,它所反映的深层次问题并非传统的分权体制欠缺灵活适应性,而是它捍卫宪法价值力不从心。在这个意义上,修正的分权理论在论证议会监察专员制度的合宪性基础时仍然有一定的局限性,它依然不是一个"彻底的"革新理论。

三、成长中的独立价值说

在寻找议会监察专员制度合宪性基础的问题上,修正的分权理论(特别是第二个动向)离开的地方,正是独立价值说的立基之地。正如欧因·卡罗兰(Eoin Carolan)所分析的那样,如果说分权制是宪法上的一项重要原则,那么它并非作为一种"制度"而赢得宪法地位,其所承载的价值才是关键。① 就议会监察专员而言,正是由于该机构在捍卫民众对行政机构的预期上所具有的独特功能,才诠释了其宪法地位。换言之,作为国民总意的承载者的宪法在进行分权制度安排时,给宪法的各个分支(尤其是行政分支)嵌入了民主、法治、责任等价值,当行政机关失于践行这些价值时即构成不良行政,便要由议会监察专员对其进行纠正,从而使相关机构和事务各归其位。表面上看,议会监察专员救济的是不良行政,实际上却是行政体制内嵌价值的失序。

作为一种正在成长的理论,独立价值说与议会监察专员制度的"新"实践有密切关系。在议会监察专员制度的前期运行实践中,个案救济以及从大量个案中发现系统弊端以促进行政机关更加人性

---

① See Eoin Carolan, *The New Separation of Powers—A Theory for the Modern State*, Oxford: Oxford University Press, 2009, p.2.

化,是议会监察专员主导性实践。在这样的背景下,议会监察专员更多地被视为一个"替代"机制。20世纪90年代中后期以来,议会监察专员在群体申诉中选择四个模板案例进行调查,并发布主题报告,以吸引议会对其他类似案件的关注,"主动性"色彩十分明显,这与"八八宪章"运动及新工党政府上台后审计与监督文化广为流行的趋势密切相关。此一时期,议会监察专员虽仍未偏离其中心任务,但其监督和审计色彩渐浓。等到2007年以来,议会监察专员先后发布了关于个案救济、良好行政、良好的申诉处理等正向引导"三部曲",议会监察专员的独立宪法价值越来越明显。在总结"八八宪章"运动20周年之际,理查德·科卡姆、布赖恩·汤普森(Brian Tompson)和特雷弗·巴克(Trevor Buck)通过分析议会监察专员在回应"八八宪章"运动核心要求(即个案救济、捍卫法治和促进良好行政、公开政府、将政府置于议会控制之下、促进行政责任制)上的实践后,强调指出:从民主视角看,责任机制应将政府行为置于委托立法的民主枷锁之下;从立宪主义视角看,责任机制应能揭露或预防公共权力的滥用;从汲取教训的视角看,责任机制应让政府有效地践行其承诺。正是因为议会监察专员能够同时实现这三个目标,它才成为英国不成文宪法中的"固有之物"。① 同样地,作为正向引导"三部曲"提出者的安·亚伯拉罕在其系列文章中强调,议会监察专员作为配送个人"福利"的正义制度、作为配送公共"福利"的变革代言人、作为矫正过度法律主义视角的人权保障机构、作为督促行政机关负责的重要机制,是英国宪制运行"游戏"中的一个重要"选手",它依其自身能力而获得宪制运行"游戏"的准

----

① See Richard Kirkham, Brian Tompson and Trevor Buck, "Putting the Ombudsman into Constitutional Context", *Parliamentary Affairs*, Vol. 62, No. 4 (October 2009), pp.600–617.

入资格。① 在一个自由、民主的现代社会中,因为能够有效捍卫民众对公共机构预期这一宪法价值,议会监察专员因而有了稳固的合宪性基础。

独立价值说从议会监察专员制度在供给个案救济、让行政机关更加人性化、扮演宪法改革重要"选手"角色、保障人权等方面论证了议会监察专员制度的合宪性。从表面上看,这种论证方式是一种"综合性的",甚至有些泛泛而论,但实际上,这种论证方式是一种"集中式的"并且是"单一性的"。这种论证方式从宽泛和延伸的视角出发,将议会监察专员视为一个常设的、填补现有制度"空隙"的机制:在"空隙"之内,该机制就是唯一的"廉政分支",能有效地监督行政机关妥当履职;在"空隙"之外,它也不仅仅是一个替代机制,更是一个恰如其分的替代机制(a just alternative mechanism),成为完全不同于议会程序和司法审查程序的解决机制。

第三节　议会监察专员制度合宪性的新思考

一、理解议会监察专员制度合宪性基础的关键

对于传统英国宪法而言,议会监察专员是一个"新事物"。前文扼要介绍的三种典型理论反映了理论界对这一"新事物"进行概念

---

① See Ann Abraham, "The Ombudsman as Part of the UK Constitution: A Contested Role?", *Parliamentary Affairs*, Vol.61, No.1(January 2008), pp.208-215; Ann Abraham, The Ombudsman and Individual Rights, *Parliamentary Affairs*, Vol.61, No.2(March 2008), pp. 370-379; Ann Abraham, "The Ombudsman and the Executive: The Road to Accountability", *Parliamentary Affairs*, Vol.61, No.3(May 2008), pp.535-544; Ann Abraham, "The Future in International Perspective: The Ombudsman as Agent of Rights, Justice and Democracy", *Parliamentary Affairs*, Vol.61, No.4(July 2008), pp.681-693.

化的努力。所不同者,经典的分权理论者在恪守经典宪法教义的基础上,试图将这一"新事物"内化至现有理论框架中来,将其视为次于立法、行政和司法三大机构的"低阶"机构。鉴于议会监察专员机构随着时势发展呈现出"升阶"趋向,修正的分权论者在分权制内认可了议会监察专员的地位,但议会监察专员是否"升阶"至与传统三大权力机构"平阶"的地位,英国学者并未给出确定答案。独立价值说表现出跳出分权制论证框架的特征,从议会监察专员机构本身、广义的行政正义体制以及宪法变迁等方面思考其合宪性基础,代表了一种新的研究趋向。

总的说来,经典的分权理论所给出的阐释在现代英国政治发展中越来越不具有说服力,修正的分权理论和独立价值说成为当前英国学界的主流理论。但问题是,修正的分权理论纵然表现出给议会监察专员"升阶"的趋向,却没有明确该机构在宪法体制内的妥当地位,而英国政治现实中复杂的责任机制"网络"又有使议会监察专员湮没在其中之虞。毕竟,无论是"垂直责任"和"水平责任"机制的"二分法",还是"上行责任"、"下行责任"和"水平责任"的"三分法",议会监察专员仅是众多责任机制的一个表现。如果再从科林·斯科特(Colin Scott)关于福利国家的责任机制模型、监管型国家责任机制模型(一般模型)、相互依存与制约模型(interdependence model,修正模型之一)、冗余备份模型(redundancy model,修正模型之二)的区分来审视,则议会监察专员在宪法体系中的位阶可能更会有所降低。① 与之相对,独立价值说在论证目标上旨在证成议会监察专员的独立宪法价值,但因为

---

① See Colin Scott,"Accountability in the Regulatory State",*Journal of Law and Society*,Vol.27,No.1(March 2000),pp.38-60.

学者群体和论证方式的宽视域,使得其理论证成显示出浓郁的"综合性"色彩,使人不易一目了然地看出议会监察专员机构在宪制框架中的独特性。

为此,"语境"或许成为我们转换思路的一个立足点。从前文论述可知,英国议会监察专员机构在 50 余年的发展中,其功能经历了若干大的变化,而这些变化又与同时期英国宪法的变化密切相关。既然议会监察专员制度是英国宪法的"固有之物",那么我们首先应在变迁的英国宪法语境下寻找其合宪性基础。还需注意的是,本书既是历史追寻,又是现状研究,英国当前的政治样态(即监管型国家及其责任机制)便无可回避,故探寻议会监察专员制度的合宪性基础还需着眼于这一层面。此外,从制度本身而言,督促政府负责和保障人权是英国议会监察专员在实践中"自发"拓展的职能,这一职能在现代英国政治生活中越来越重要,而且关于议会监察专员制度改革的历次争论均围绕着更好地问责、更好地保障人权两个方面展开,故从公民拥有良好行政的权利视角出发,有助于深入地探寻议会监察专员机构的宪法地位。综上所述,将"微观"的议会监察专员制度本身、"中观"的现代监管型国家和"宏观"的宪法变迁相结合,是对议会监察专员制度进行合宪性证成的妥当出发点。

二、议会监察专员制度合宪性基础的三个维度

第一,变迁的英国宪法是议会监察专员制度的"宏观"层面的合宪性基础。虽然英国 1997 年以来的宪法变革以一种激进变革的面目示人,但在科林·特平和亚当·汤姆金看来,英国传统宪法及其所确定的政治框架仍没有发生根本性的变化,即便与 1997 年之前的那

些变革相比也不具有根本性。① 与此同时，安东尼·金（Anthony King）在解读"新"英国宪法正在形成的趋势时将这一源头溯及至20世纪60年代，从而间接地否认了1997年以来宪法变革的根本性。② 但无论这些学者对"新"英国宪法提法的反对程度如何，英国宪法确实已经发生了不小的变化。

如果我们将目光投向第二次世界大战后的英国，随着福利国家思潮的兴起，政府在提供社会服务和经济管理方面的职责得到大幅度扩充，这跟第二次世界大战前形成鲜明对比。于是，在战后的第一个十年中，直接影响公民人身和财产权利的新公共管理领域（如医疗保健服务、家庭津贴、职业年金等）广泛存在着，形成了一个无所不包的"国家服务"。需要注意的是，在建立这样一个无所不包的"国家服务"体制时，相关立法均规定，对公民和此类公共机构间的纠纷由行政裁判所或者部长经过法定调查后裁决，而非由法院裁断。随着此类纠纷解决机制的大量使用，特别是在一些影响巨大的案件（如克里切尔高地事件，Crichel Down Case）发生后，对公共权力机构的侵权行为进行有效规制成为民众的普遍呼声。在这样的背景下，弗兰克斯委员会（Franks Committee）对英国的行政裁判所进行了一次系统审查，解决了行政裁判所的"裁判性"定性，明晰了裁判所处理纠纷时的标准（即公开、公正、不偏私），但这次审查活动并没有就不良行政和裁量行政侵权构想出一个正式的救济机制。

当北欧议会监察专员制度传播到英国时，在旷日持久的引介、评

---

①　See Colin Turpin and Adam Tomkin, *British Government and the Constitution* (7th *edition*), Cambridge：Cambridge University Press, 2012, p.36.

②　See Anthony King, *The British Constitution*, Oxford：Oxford University Press, 2007, chapter 14.

析和论辩中,议会监察专员制度最终成为一项重要的宪法制度安排。这个旨在填补议会监督和司法救济(包括行政裁判所)机制漏洞的制度,是救济不良行政的一把"利刃",也是宪法变迁的直接反映。此后,在议会监察专员制度发展历程中,宏观的宪法体制每发生重大变化,必然要反映到议会监察专员的职能变化上来。可以说,在20世纪60年代,当议会程序和司法审查在对不良行政救济"无能为力"时,议会监察专员机构便被创设出来去开展个案救济;当20世纪90年代监督和审计文化流行时,议会监察专员的审计和监督职能便有了用武之地;当拥有良好行政权的文化勃兴之际,议会监察专员的正向引导职能便得以彰显。由此可见,作为宪法体制的"嵌入物",议会监察专员制度本身的变化即是变迁的英国宪法的直接反映,而英国宪法的其他变化也会引起议会监察专员制度的进化。

第二,现代监管型国家责任机制的变化构成了议会监察专员制度的"中观"层面的合宪性基础。英国首位女性议会监察专员安·亚伯拉罕在回首《怀亚特报告》时从议会监察专员制度本身、作为行政正义体制的构成部分、作为宪法"游戏"的重要"选手"、与人权保障的关系四个方面回应了该报告,并强调议会监察专员已然是一个"公正的"替代机制,而非"仅仅是"一个替代机制。[①] 这正说明了:在对不良行政进行个案救济时,由于其不良行政概念、调查程序和后续处理的弹性,议会监察专员表现出比司法审查程序和议员处理程序的优越性;在纠正行政系统弊端时,因为与议会的紧密关系、自身调查活动和改正建议的权威性,议会监察专员显示出在促进行政机关人性化以及行政正义方面的独特贡献;在督促行政机关负责方面,

---

① See Ann Abraham, *The Parliamentary Ombudsman and Administrative Justice—Shaping the next 50 years*, JUSTICE Tom Sargant memorial annual lecture, 13 October 2011.

议会监察专员所进行的正向引导实践对行政机关及其内设申诉处理机构具有引领和示范作用;因为议会监察专员在实践中发挥出来的卓越作用,公民获得良好行政的权利正作为一种新的权利而生成。

安·亚伯拉罕关于议会监察专员功能的全方位分析,揭示了议会监察专员机制在现代监管型国家复杂责任机制"网络"中的独特性。申言之,在福利国家体制下,行政机关及其他公共机构直接站在"前台",就其提供公共服务的行为接受议会、法院、监察专员及审计机构的监督;在监管型国家体制下,政府就其政策行为接受议会、法院、监察专员及审计机构的监督,非民选监管机构就其行政行为接受法院、监察专员、审计机构和社会上相关的第三方的监督,公共服务提供者就其提供服务的行为接受监管机构和社会上相关的第三方的监督,从而形成一个复杂的责任机制"网络"。如果按照科林·斯科特的思路把责任机制进一步拓展,政府部门、监管机构、公共服务提供者、公共服务的竞争者、相关的第三方、消费者,再加上股东,它们之间就公共服务供给形成了一个相互依存而又相互制约的多向度、复杂的责任体系。① 在这样一个复杂的责任体系中,议会监察专员首先作为一个非民选机构而成为新分权体制的构成要素,从而获得了修正的分权理论下的合宪性证成;进而,因为在广义的申诉处理机制和监督机制中发挥着督促政府部门及其他公共机构负责的引领和示范作用,议会监察专员遂成为宪法"游戏"中的重要"选手"。置身于监管型国家的复杂责任体系之中而又表现出一定的超然性,是议会监察专员作为宪法上的一个核心责任机制的根本原因。

第三,议会监察专员制度的"微观"层面的合宪性基础源于捍卫

---

① See Colin Scott,"Accountability in the Regulatory State",*Journal of Law and Society*,Vol.27,No.1(March 2000),pp.38-60.

民众对公共权力预期的价值。修正的分权理论的其中一个动向是从宪法的"廉政分支"角度诠释议会监察专员的宪法地位。"廉政分支"所关注的并非官员个人品行,而是政府机构的忠诚、廉洁、妥当履职。因此,对议会监察专员而言,重要的问题是被授予执行权力的政府部门在做出决定时是否契合了宪法或法律授予该权力之目的(或授予该权力时的内嵌价值)。于是,从消极面而言,当政府部门以一种反于该目的或价值的方式做出决定时,这一决定过程(甚至特定情形下的决定本身)便被定性为不良行政,如果导致不公正结果,便会在议会监察专员的干预下得到纠正。从积极面而言,"预防始终是优于救治的",为此,英国议会监察专员在 2007 年的《良好行政之原则》中给出了"良好行政"的标准:摆正自己的位置(Getting it right)、以顾客为中心(Being customer focused)、公开而负责(Being open and accountable)、公正而合理的行为(Acting fairly and proportionately)、让事情各归其位(Putting things right)、不断寻求改进(Seeking continuous improvement)。这个标准不仅明确了议会监察专员审查行政过程的标准,而且是政府部门行为的重要指引。在实践中,当《良好行政之原则》发布后,绝大多数政府部门在其内部指引中强调要把它作为制定工作手册的重要参考。在这个意义上,议会监察专员机构不仅因为契合了民主、人权、法治、责任制等宪法精神而"间接地"获得了其宪法地位,而且促成了一种新型权利——获得良好行政权利的萌生和发展。

正如安·亚伯拉罕所指出的那样,在新的"权利法案"起草之际,是时候考虑把获得良好行政的权利作为一项新权利载入其中了;这项新权利的内容可通过议会监察专员发布的《良好行政之原则》而获得明确;这项新权利应当被赋予法律效力,但其实现方式并不在于法院严格适用法律，而是依赖于议会监察专员的日常实践。[①] 在获得良好行政的权利尚处于"自然权利"时期，通过适用良好行政的那些原则，议会监察专员在促进公民和国家保持有效、和谐关系中发挥着核心作用；一旦获得良好行政的权利成为"法定权利"，那么议会监察专员在优化公民和国家关系方面的作用会得到进一步强化。

综上所述，从消极面上来讲，议会监察专员因监督不良行政而"间接地"捍卫了民众对公共权力的预期；从积极面上来讲，议会监察专员因促进获得良好行政之权利而"直接地"捍卫了民众对公共权力的预期。这是议会监察专员制度成为英国宪法"固有之物"的价值基础。

---

① See Ann Abraham, "Making Sense of the muddle: the ombudsman and administrative justice(2002-2011)", *Journal of Social Welfare & Family Law*, Vol.34, No.1(March 2012), pp.91-103.

第三章　英国议会监察专员制度的确立

直到 20 世纪 50 年代中期,瑞典议会监察专员制度的影响力仍局限于斯堪的纳维亚半岛,英国政治精英和普通民众对该制度几乎是一无所知。但从 1957 年开始,议会监察专员制度逐渐为英国政治精英和普通民众所认知。随后,在国内外多种因素作用下,英国议会监察专员制度在 1967 年正式确立,英国民众有了救济不良行政的新渠道,英国议会(尤其是下议院)有了监督中央政府部门的新机制、议员们有了处理选民申诉的新帮手。鉴于英国在英语世界国家的影响力,英国官方和民间关于议会监察专员制度的移植可能性、制度设计构想、最终的制度安排等问题的论辩,对该制度在英语世界国家的扩展起到了重要作用,推动着议会监察专员制度从一个地区现象向世界现象转变。

本章以 1961 年《怀亚特报告》、1965 年《议会监察专员(白皮书)》和 1967 年《议会监察专员法》为时间节点,将议会监察专员制度在英国的形成分为三个阶段,即萌发阶段(1957—1961 年)、奠基阶段(1962—1965 年)和确立阶段(1966—1967 年)。其中,萌发阶段主要探讨的是理论界关于议会监察专员制度引介和移植可能性的讨论;奠基阶段主要探讨当移植北欧制度变成一种可行选择时,政府、两大政党对该问题的态度；确立阶段主要分析的是由"法案"到"法"过程中议会论辩的焦点问题。此外，本章还对《议会监察专员法》进行规范分析，探究议会监察专员制度确立的主客观因素。

第一节　议会监察专员制度的萌发

一、议会监察专员制度的思想铺垫

理念是行动的先导。一个国外制度要想被移植入英国，离不开英国学者的引介、论证与推崇。在这个意义上，学者通常扮演着政策革新者的角色。具体到议会监察专员制度为何能在英国确立的问题，唐纳德·C.罗瓦特（Donald C.Rowat）和威廉·B.格温分别提供了一般说明和专门阐释。罗瓦特指出，地理隔绝和语言障碍是制约监察专员制度向外扩展的主要因素，但更深层次原因是社会条件的变化。第二次世界大战后，在福利国家思潮影响下，国家在公共服务和经济管理中职能大为扩张，建立监察专员制度的社会条件趋于成熟。[①] 但在格温看来，国家职能的扩张或许是设立监察专员的一个重要原因，但却不是唯一原因。监察专员制度要想在一国确立，还须具备其他条件：1.国家的积极活动导致行政权力滥用；2.现有机制不足以保障个人免受这种权力滥用之苦，从而催生了新的保障机制需求；3.人们知道有监察专员这么一个机构；4.在有监察专员的那些国家，人们认为该机构是预防或救济不良行政的有效手段；5.人们认为这种制度是可移植的；6.如果还存在其他救济机制，人们有理由相信

---

① See Donald C.Rowat, "The Spread of the Ombudsman Idea", in Stanley V.Anderson ed., *Ombudsmen for American Government?*, Englewood Cliffs, N.J.: Prentice-Hall, 1968, p.15.

监察专员优于这些机制,是值得推荐的;7.人们愿意提出设立监察专员的建议供他人讨论。按照这种说法,英国在 1957 年之前缺乏这些条件。当时即便有少数比较法和行政法学者提到了瑞典监察专员制度,但绝大部分学者对该制度几乎是一无所知。直到 1957 年,英国才基本具备格温所提出的那些前提条件。

在客观条件方面,行政权力滥用而现有救济机制存在严重不足。这在 20 世纪 50 年代初的克里切尔高地事件中得到集中体现。第二次世界大战期间,英国政府强制征购了多塞特郡的克里切尔高地以供空军训练之用。政府和该土地所有者当时约定的条件是,一旦不使用时,土地所有者有权购回。战争结束后,英国航空部将该土地交给农业部,农业部准备公开出售。此时,原土地所有人已经去世,他的女儿和女婿(马顿夫妇)在临近地段经营一个农场,遂要求回购。但最终结果是,农业部把该块土地卖给了王室土地管理局(the Crown Lands Commission),并由该局出租给另一租户经营。马顿夫妇对农业部相关官员的这一处理决定不服,并通过各种途径(包括给其议员写信)来抗争。后来,农业大臣任命皇家法律顾问安德鲁·克拉克(Andrew Clark)就农业部出售土地和另选租户的行为是否妥当进行调查。克拉克的调查报告在 1954 年发布,报告严厉批评了英国农业部相关官员在该起事件中的不负责任态度,但同时又指出他们的行为并不违法。① 这起事件的最终结果是,农业大臣在种种压力之下辞职。

克里切尔高地事件揭示了行政裁量的滥用以及不良行政的危害,引起人们的深深忧虑。为此,英国政府专门成立了弗兰克斯委员

----

① See J.A.Griffith,"The Crichel Down Affair",*Modern Law Review*,Vol.18,No.6(November 1955),pp.557-570.

会来调查英国行政裁判所的组织构成和运行状况（特别是涉及土地强制征购程序）。该委员会在 1957 年发布调查报告，明晰了行政裁判所的"特殊司法机构"定位①，并推动建立行政裁判所委员会以加强对这些特定领域的行政监督。因调查范围所限，弗兰克斯委员会对滥用行政裁量以及不良行政如何救济没有给出回答。以克里切尔高地事件和《弗兰克斯报告》为标志，人们对行政权力滥用的担忧日渐加深。

在 1957 年的英国，格温所提到的后五个条件（主观条件）也逐渐具备。匈牙利裔英国教授米特拉被认为是提出在英国设立监察专员的第一人。1957 年 8 月 6 日和 7 日，米特拉两次在《曼彻斯特卫报》上刊文呼吁设立监察专员，并强调英国的学习对象是瑞典。大约同一时期，F.H.劳森教授在《公法》杂志上也发表文章，思考如何克服《弗兰克斯报告》中提到的那些短板。针对不良行政，他给出的建议是学习瑞典，分别设立民事和军事领域的行政监察长。米特拉虽然首倡设立英国的监察专员，但他的研究志趣后来转向他处，故对英国设立监察专员起实质推动作用的是劳森。由于劳森本身是国际法学家协会英国分会的成员，他建议国际法学家协会英国分会就监察专员问题展开研究，这成为著名的《怀亚特报告》的起因。

除了这两位学者之外，呼吁英国设立监察专员的先驱还有 J.A.格里菲斯和诺曼·马什。格里菲斯是《公法》杂志的编辑，因一个丹麦朋友偶然提及丹麦新宪法中设立的监察专员而对它产生兴趣；1957 年，格里菲斯与丹麦首任议会监察专员史蒂芬·赫维茨接触，而后邀请他撰文介绍这一机构；与此同时，格里菲斯本人也发表了一

---

① See Geoffrey Marshall, "The Franks Report on Administrative Tribunals and Enquiries", *Public Administration*, Vol.15, No.4(December 1957) , pp.347-358.

系列关于监察专员的文章,呼吁在英国建立类似而非等同的机构。马什是 1953 年成立的国际法学家协会(International Commission of Jurists,ICJ)的秘书长,正是马什推动着 JUSTICE 成为国际法学家协会的英国分支。1957 年春,在代表国际法学家协会出访斯堪的纳维亚半岛时,马什与赫维茨会面并收到他所撰写的关于丹麦议会监察专员的介绍性文章。借助其在国际组织中的地位,马什有力地推动了监察专员制度在世界范围内的扩展。

还要指出的是,丹麦首任议会监察专员赫维茨在推动英国建立议会监察专员制度过程中也扮演着重要角色。除了在英国杂志上发表文章外,赫维茨还于 1958 年和 1960 年两次到访英国,通过讲座、访谈等形式吸引着英国政治和法律精英、乃至普通民众对议会监察专员制度产生兴趣。[①]

正是英国所面临的国内问题及国外发生的事件,让英国学者对议会监察专员制度产生浓厚兴趣,推动着英国建立议会监察专员制度从"空想"变成"设想"。

二、议会监察专员制度的民间智慧结晶——《怀亚特报告》

经过学者们的研究与鼓动,设立议会监察专员已经不是要不要的问题,而是如何跟英国的政治传统对接的问题。在全方位介绍北欧监察专员制度并设计英国自己的议会监察专员制度方面,国际法学家协会英国分会的研究着手最早,成效也最为突出,1961 年发布的《怀亚特报告》可谓是民间智慧的结晶,也成为 1967 年英国《议会

---

① See William B. Gwyn, "The Discovery of the Scandinavian Ombudsman in English-speaking Countries", *West European Politics*, Vol. 3, No. 3 (September 1980), pp.317–338.

监察专员法》的摹本。

根据时任国际法学家协会英国分会理事会主席的肖克罗斯勋爵（Lord Shawcross）的说法，国际法学家协会英国分会对议会监察专员问题的关注源于F.H.劳森教授的建议。1957年，F.H.劳森在给理事会秘书汤姆·萨甘特（Tom Sargant）的一个备忘录中提到了瑞典监察专员，并建议国际法学家协会英国分会应该把这一机构纳入研究范围中。随后，理事会接受了这项建议，并成立了由F.H.劳森担任主席的委员会。该委员会举行了几次会议，搜集了大量关于斯堪的纳维亚半岛监察专员的信息，但没有就英国建立类似机构的可能性以及该机构的具体覆盖范围展开进一步研究。1958年夏，国际法学家协会在其刊物中刊发了丹麦首任议会监察专员史蒂芬·赫维茨的署名文章；同年11月，国际法学家协会英国分会邀请赫维茨访问英格兰并在伦敦、曼彻斯特、牛津、诺丁汉、布里斯托进行巡回演讲，但未能引起媒体的注意。1959年春，国际法学家协会英国分会的一名成员L.J.布洛姆-库珀（L.J.Blom-Cooper）造访了瑞典监察专员官署和丹麦监察专员官署，并在《观察家》报纸上撰写了一系列相关文章，引起人们的浓厚兴趣与激烈讨论。在1959年6月召开的国际法学家协会英国分会的年会上，理事会主席肖克罗斯勋爵宣布国际法学家协会英国分会准备对监察专员制度进行全方位的调查。与此同时，议会与媒体就监察专员问题展开进一步讨论。1959年11月，关于监察专员问题，唐纳德·约翰逊（Donald Johnson）议员向时任首相哈罗德·麦克米伦（Harold Macmillan）提出质询，得到的答复是政府将视国际法学家协会英国分会调查活动的结果而定。在得到一项民间资金的资助后，国际法学家协会英国分会调查活动正式启动，并成立了由肖克罗斯勋爵担任主席（后来由诺曼·马什担任）、约翰·怀亚特(John Whyatt)担任研究主任的小型委员会。1961年10月,作为该项调查活动结果的《怀亚特报告》正式公布,旨在引导公众讨论、政府研究并为最终的议会行动提供指引。①

国际法学家协会英国分会此项调查活动的"受权范围"是:1.对于那些不存在行政裁判所或其他法定救济程序的行政行为、政府部门或其他公共机构的决定,查明现有调查手段是否充分;2.考虑改进这些手段的可能办法,特别是引入称作"监察专员"的斯堪的纳维亚机构的可能性。为此,在阐明了本项调查是从《弗兰克斯报告》未予处理的问题处着眼的研究主旨后,怀亚特分别就行政裁量如何救济、不良行政如何救济展开了细致论述。在认真审视英国政治现实和比较域外制度基础上,怀亚特建议扩充行政裁判所委员会的职权,以对那些目前无法上诉的行政裁量决定进行审查,并在适当时候将其纳入行政裁判所体系中;同时,建议设立一个一般性的行政裁判所,以处理那些专业性的行政裁判不受理的行政裁量决定。② 对于不良行政,怀亚特建议设立一个类似于财政监督审计长的"议会专员"来调查政府部门的此类行为。在这个机构成立初期,议会专员只能接受议会两院议员转交的申诉;五年以后,当议会专员的管辖权牢固树立并广为人知后,应考虑扩充其职权,使其能够直接受理社会公众的申诉;在开展调查活动前,议会专员应通知相关国务大臣,而该国务大臣有权否决这项调查活动;在调查活动中,议会专员有权调阅政府部门文档,但其内部的备忘录不在此限;议会专员的调查活动应以尽可

① See JUSTICE, *The Citizen and the Administration: The Redress of Grievances*, London: Stevens & Sons Limited, 1961, pp.XIV-XV.

② See JUSTICE, *The Citizen and the Administration: The Redress of Grievances*, London: Stevens & Sons Limited, 1961, pp.79-80.

能非正式方式为之,以期给政府部门的日常工作带来最小影响;议会专员应就调查的重要案件向议会提交年度报告,并针对特别案件提交特别报告,而且形式上应当效仿财政监督审计长工作报告(即可以批评政府部门但不应指名道姓)。①

　　确实如国际法学家协会英国分会所预想的那样,《怀亚特报告》一经发布便引起了社会公众、政府部门和议会内部的激烈讨论。以《怀亚特报告》的发布为标志,议会监察专员机构在英国的设立已经呼之欲出。

第二节　议会监察专员制度的奠基

一、议会监察专员制度的政治争议及其后果

　　在国际法学家协会英国分会就是否设立议会监察专员进行紧锣密鼓地调查之际,英国议会内部的讨论也十分激烈。1961年5月19日,唐纳德·约翰逊议员成功地推动了下议院就一项动议进行休会辩论,该动议要求政府推动任命一个议会专门委员会以便审议设立一名议会专员,就公民针对公共机构的申诉进行调查,并在调查结束后公开调查报告。而公民之所以提起申诉,原因是其名声、生计和福利因公共机构的行政(或执行性)行为而受损。下议院议长把该项动议作为首要的动议来讨论。该项动议得到了议员们的广泛支持。② 与此同时,保守党政府的副检察总长乔斯林·西蒙(Jocelyn

―――――――――

　　① See JUSTICE, *The Citizen and the Administration*: *The Redress of Grievances*, London: Stevens & Sons Limited, 1961, pp.79, 80-81.

　　② See Frank Stacey, *The British Ombudsman*, Oxford: Oxford University Press, 1971, p.32.

Simon)爵士也表达了对设立一名类似于财政监督审计长的议会专员观点的支持。① 1961 年 10 月,《怀亚特报告》正式发布,引起了人们的广泛关注与激烈讨论。但即便如此,麦克米伦政府仍然在 1962 年 11 月 8 日全面否定了《怀亚特报告》中所提出的建议。麦克米伦政府给出的理由是:"政府认为有严肃的理由来反对这两项建议,认为它们无法与内阁责任原则保持协调。政府认为,对行政裁判所的任何实质扩权都会给行政管理带来僵化和拖延的后果,而任命一名议会专员会严重影响公共事务处理的迅捷与效率。在政府看来,我国宪法和议会实践中已然存在一个对不良行政进行救济的有效机制,即公民通过诉诸于议员的方式。"②这一官方回应,对国际法学家协会英国分会及其拥护者而言无疑是"一记重拳"。对于麦克米伦政府的这种消极反应,弗兰克·斯特西认为原因不是出在政府的高级职员身上,而是与内阁有关。斯特西认为,麦克米伦政府对国际事务的关心远甚于国内事务,从而导致了它对国内的机构变革一点也不热心。③

当保守党政府对设立议会监察专员一事漠不关心时,工党接过了鼓吹议会监察专员的大旗。设立议会监察专员成为工党 1964 年大选的竞选纲领之一。同年 4 月 20 日,哈罗德·威尔逊(Harold Wilson)给劳工律师协会(the Society of Labour Lawyers)作了题为《法律改革与公民》的演讲,强调:"我们考虑下面一个建议有一阵子了,

---

① See Frank Stacey, *The British Ombudsman*, Oxford: Oxford University Press, 1971, p.33.

② See Frank Stacey, *The British Ombudsman*, Oxford: Oxford University Press, 1971, p.34.

③ See Frank Stacey, *The British Ombudsman*, Oxford: Oxford University Press, 1971, p.35.

即设立一个类似于财政监督审计长的议会专员,而且他向一个类似于公共账目委员会那样的议会专门委员会报告工作。对这样的议会专门委员会有切身体会的人而言,这些想法被公开游说之前,他们就已经考虑过其可能性。虽然困难重重,但我希望我们能把这样的建议向前推进。"①显然,工党在其竞选承诺中已经把设立议会监察专员作为其政纲的一项重要内容。1964年7月3日,在另一场广为报道的演讲中,哈罗德·威尔逊许诺,如果工党上台执政,政府将任命一名基于国际法学家协会英国分会所提出建议的议会专员②,而向该议会专员提交的申诉应当通过议员为之。③ 随着工党在1964年10月大选中获胜,这个经过民间多年鼓吹的想法终于迎来了"曙光"。

二、工党政府赢得大选与《议会监察专员(白皮书)》

工党政府赢得执政权后,作为其竞选纲领之一的设立议会监察专员的问题也步入了细节讨论阶段。道格拉斯·霍顿(Douglas Houghton)是内阁内政委员会主席,也是该委员会下设的专门讨论议会监察专员法案的次级委员会主席。在讨论议会监察专员如何设置的细节问题上,议会监察专员的管辖范围、职权和是否给予民众"直

---

① See Harold Wilson,"The New Britain:Labor's Plan Outlined by Harold Wilson", in *Selected Speeches*,London:Penguin,1964,p.87.

② 当工党在其竞选承诺中表现出对设立英国议会监察专员的兴趣时,JUSTICE 再度召集了 Whyatt Committee,并要求该委员会起草一个法案草案,这个草案比 Whyatt Report 更进一步,但在"直接入口"问题上仍坚持了由两院议员作为"门禁"(gatekeeper)。因此,哈罗德·威尔逊在此处提到设立议会监察专员时并未说明是哪个版本的 JUSTICE 的建议。

③ See Roy Gregory and Alan Alexander,"Our Parliamentary OmbudsmanPart I:Integration and Metamorphosis", *Public Administration*, Vol. 50, No. 3 (September 1972), pp.313-331.

接入口",成为讨论的三个焦点。以"直接入口"为例,国务大臣和工党议员们担心,如果给予民众"直接入口",可能会侵蚀议员处理选民申诉的传统角色,也可能会让议会监察专员"淹没"在海量的申诉案件之中。随着 1965 年 10 月工党政府《议会监察专员(白皮书)》的发布,英国议会监察专员制度的基本框架得以确定,它成为 1967 年《议会监察专员法》的基本指引。

在这个提交给议会审议的白皮书(共 17 段)中,工党政府首先阐释了白皮书的发布目的(即解释设立议会监察专员的原因,第 1 段)、现有的对中央政府行政行为的救济机制(公共调查、诉诸行政裁判所、起诉至法院,第 2 段)、现有制度安排的不足(未涵盖对"有错误的"行政管理所导致的不公正如何救济的问题,第 3 段)。

在第 4 段和第 5 段中,白皮书首先强调,在英国,议会仍是疏导选民冤屈的主要机制,因此,设立议会监察专员并不是要侵夺议员处理选民申诉的传统角色,也不是要取代宪法规定的现行救济机制(如议会质询、休会辩论等),而是要对其作进一步拓展,给议员们保护公民权利提供一个更好的手段。进而,白皮书对议会监察专员进行了"定性",它是一个地位和职权由法律确定的独立专员,由国王任命、其薪俸和退休金从固定基金中支付、非经议会决议不得被解职,每年向议会提交年度报告,而且应议会要求提供其他报告。

在第 6 段中,白皮书概括性地阐述了议会监察专员的职能,即只能处理下议院议员转交的申诉,但选民没有被限定在只能向本选区议员提交申诉;除了自然人外,公司或其他组织(法定情形除外)也可以提出申诉;对于空间管辖,采取属地主义和属人主义相结合的方式。

在第 7 段和第 8 段中,白皮书从正反两个方面对议会监察专员的管辖范围进行了规定。几乎所有的中央政府部门都被纳入议会监察专员的管辖范围之内，而且这个目录得因政府机构的改革而有所修正；对于涉及国防、外交、殖民地管理、刑事犯罪、由司法机关和行政裁判所管辖处理的案件、赦免、人事争议、行政合同等方面的事项，则被排除在议会监察专员的管辖范围之外。

在第9—15段中，白皮书勾勒了议会监察专员的具体工作方式或程序，例如，尽可能采用非正式的方式、有权查阅政府部门文件（内阁及其委员会文件除外）、对是否展开调查具有裁量权、调查的对象是"有错误的"行政管理行为、议会建立一个专门委员会来审查其工作报告、调查活动不会自动影响行政行为效力，等等。而且，设置议会监察专员并不意味着是对政府部门行政管理的一概否定，相反，它旨在对个案进行救济，并促进提高行政管理标准和效率。

在最后两段中，白皮书重申了建立此项制度的两个原则：强化宪法关于个人保护的现有安排、议会监察专员制度的内容须尽可能地清晰（第16段）。进而，白皮书对现有安排与未来安排给出意见：议会监察专员的职权应当随时间发展而扩充，但现阶段该制度所要解决的问题是民众与中央政府部门的纠纷。①

第三节　议会监察专员制度的初创

1965年工党政府白皮书的发布，标志着英国议会监察专员制度开始进入了由"法案"到"法"的议会立法阶段。由于该制度的原型是丹麦模式，是否要设立一个类似于丹麦那样的"真正的"监察专

---

① See HMSO, *The Parliamentary Commissioner for Administration* (*White Paper*), Cmnd.2767, London: October, 1965.

员,以及该专员的监督对象、职权等问题便成为《议会监察专员法
(草案)》审议的焦点问题。

一、《议会监察专员法》的立法时间轴

工党政府的《议会监察专员(白皮书)》发布后,《泰晤士报》和
《卫报》对白皮书中的设想表示了谨慎欢迎。在下议院内部,白皮书
也没有引起辩论。不过,1965 年 11 月 10 日,前保守党政府的检察
总长莱昂内尔·希尔德(Lionel Heald)爵士在下议院就政府建议提
出了自己的看法,认为应就白皮书内容展开一场充分而自由的议会
辩论。尽管他认为监察专员制度在北欧发挥着重要作用,但英国的
情形却有所不同。在引述律师学院保守党协会(Inns of Court Con-
servative Society)的研究成果后,他更倾向于在英国建立类似法国行
政法院那样的机制,而非监察专员制度。[1] 在弗兰克·斯特西看来,
莱昂内尔·希尔德爵士的论述逻辑是"脚踩两只船的,这是保守党
当时对此问题陷入困境的反映:究竟它是从头到尾地反对政府设立
议会监察专员的建议,并主张设立法国行政法院作为替代机制呢?
还是它认为政府的建议不够深入呢?"[2]这是法案起草前的一个
插曲。

政府的法案起草活动如期开展,这项任务交到了财政大臣尼
尔·麦克德莫特(Niall MacDermot)手中。1966 年 2 月 14 日,《议会
监察专员法(草案)》正式公布并送交下议院一读;2 月 28 日,哈罗

---

[1] See Frank Stacey, *The British Ombudsman*, Oxford: Oxford University Press, 1971,
pp.61-64.

[2] See Frank Stacey, *The British Ombudsman*, Oxford: Oxford University Press, 1971,
p.65.

德·威尔逊首相向女王提请解散议会并决定在 3 月底举行大选。①
在工党 1966 年的竞选宣言中,设立议会监察专员仍是其众多改革纲
领之一。7 月 20 日,新的《议会监察专员法(草案)》公布并送交下
议院一读。新草案与之前的草案相比,没有大的变化,只是将议会监
察专员的职能进一步向类比财政监督审计长的方向靠拢。② 8 月 4
日,在下议院二读程序启动前,威尔逊首相提名埃德蒙·康普顿爵士
为首任议会监察专员,并决定埃德蒙·康普顿爵士从 9 月 1 日起开
始履职,但在《议会监察专员法》正式生效前不得受理申诉案件。这
一举动遭到了反对党的批评。10 月 18 日,《议会监察专员法(草
案)》开始下议院的二读程序(历时 6 小时 27 分钟)。从 10 月 27 日
开始,《议会监察专员法(草案)》正式进入下议院专门委员会的审查
阶段。在 11 月 15 日前,下议院专门委员会举行了第一至五次会议;
自 11 月 15 日开始,下议院专门委员会举行了第六至十次会议。
1967 年 1 月 24 日,下议院专门委员会就法案的审议情况向下议院
作报告(历时 4 小时 42 分钟),随后下议院三读通过法案(历时 15
分钟)。

　　1967 年 2 月 8 日,《议会监察专员法(草案)》进入了上议院二读
程序(历时 5 小时)。从这一阶段开始,媒体对该法案的关注度开始
大为增加。2 月 21 日,上议院专门委员会开始对该法案进行审查。
3 月 7 日,该委员会就其审查情况向上议院作报告;3 月 9 日,上议院

---

　　①　在 1964 年 10 月的大选中,工党获得了微弱多数,比其他政党加起来仅多 4
席。当 1966 年 2 月民调显示出对政府更大的支持率时,威尔逊准备通过提前大选来增
加工党的议席。1966 年 3 月大选的结果是,工党获得了比其他政党加起来多 97 席的巨
大优势。这说明了民众已经做好接受议会监察专员制度的准备。
　　②　新的草案有所增加的内容是,规定议会监察专员应妥当履职,只能由下议院的
决定而被解职。

三读程序(历时 10 分钟)通过《议会监察专员法(草案)》。3 月 15
日,下议院就上议院对《议会监察专员法(草案)》的修正意见进行审
议,用时不足 1 小时就通过了上议院的所有修正意见。① 至此,《议
会监察专员法》完成了所有的立法程序,并从 1967 年 4 月 1 日起开
始正式实施。为有效监督议会监察专员的工作,下议院议会监察专
员委员会于 1967 年 11 月 23 日正式成立。② 从 1957 年算起,经过
10 年的思想铺垫与观点论辩,议会监察专员制度终于在英伦三岛建
立起来。

二、议会立法程序中的核心问题

在《议会监察专员法》的立法过程中,哪些政府部门应当被纳入
议会监察专员的职权范围之内、哪些事由应当被排除在外、议会监察
专员能够调查什么样的行为、议会监察专员与议员、选民及议会究竟
是什么关系等问题,是政府和反对党论辩的焦点问题。经过多轮论
辩与妥协,对议会监察专员的监督对象采用明示列举方式,涉及国家
主权、人事争议和行政合同等事项被排除在外,议会监察专员只能调
查不良行政行为(所谓的"克罗斯曼目录")而不能调查行政裁量行
为,这些问题一一得到明确。需要强调的是,在英国建立议会监察专
员制度时始终无法绕开的一个问题是:英国是要建立北欧那样的
"真的"监察专员制度,还是要建立一个下议院尤其是议员的辅助机
制? 如果要完全效仿北欧模式,那么民众对这个新设立的机构有

---

① See Frank Stacey, *The British Ombudsman*, Oxford:Oxford University Press, 1971,
chapter VI–XIII.

② See Frank Stacey, *The British Ombudsman*, Oxford:Oxford University Press, 1971,
p.259.

"直接入口",而且民众申诉的行为对象并不限于不良行政行为,议会监察专员甚至还拥有主动调查权。如果是后者,议会监察专员就只能是"议会(尤其是下议院)的勤务员"。为此,尽管工党政府在其竞选宣言和白皮书中都对议会监察专员的"议会"属性作了充分说明,但在立法程序中,这一问题还是引起各方的较多讨论。因此,本节关于议会立法程序中核心问题的分析,主要集中在议会内(尤其是下议院二读程序中)各方关于"直接入口"问题的争辩上。

理查德·克罗斯曼是下议院工党领袖,也是力促《议会监察专员法》通过的内阁大臣。在下议院二读程序中,克罗斯曼首先驳斥了"英国议会监察专员制度是从其他国家借来的,是将已经存在了一百五十多年的瑞典议会监察专员制度强行楔入英国宪制安排的一个尝试"的观点,他强调:英国建立此项制度的初衷虽然与瑞典相同,但因为两国宪制架构有差异,英国议会监察专员与瑞典议会监察专员并不相同。在克罗斯曼看来,瑞典议会监察专员是一个独立的调查员和法官,他独立于媒体和社会公众。在议会程序外对行政机关侵害公民权利进行保护,这是瑞典议会监察专员的职责,但这项职责在英国已经由议会质询、休会辩论和行政裁判所的调查活动所实现。因此,英国议会监察专员的调查活动,绝非要取代传统的救济机制,而是要给后座议员提供一件新的且强有力的武器——对被诉的不良行政进行全面且不偏私的调查。① 基于此,工党政府的法律草案显示出对《怀亚特报告》的偏离:在《怀亚特报告》中,议员过滤机制是临时的,当五年试验期结束,民众应当拥有"直接入口";而在工

---

① See Roy Gregory and Alan Alexander, "Our Parliamentary Ombudsman Part I: Integration and Metamorphosis", *Public Administration*, Vol. 50, No. 3 (September 1972), pp.313-331.

党政府的法律草案中,议员过滤机制是永恒的,是强化议会对行政权力控制的有力机制。在详细阐释了议会监察专员的职权范围后,克罗斯曼强调议会监察专员对议员工作的重要性,但他也同时指出,要想让议会监察专员的作用得到充分发挥,议员们要充分使用这一"新武器"。①

在克罗斯曼就《议会监察专员法(草案)》进行总体说明后,作为草案的起草小组召集人,财政大臣尼尔·麦克德莫特详细阐释了设置议员过滤机制的理由:1. 只有议员才知道对于具体的申诉采用何种渠道才是最妥当的。法律草案设置议员过滤机制即在于鼓励议员发挥一种审查作用,即根据具体申诉的情形之不同,采用不同的处理办法。如果一个申诉由议会监察专员处理最为妥当,那么议员可将它交给议会监察专员处理;如果一个申诉通过其他渠道(如给国务大臣写信)处理更为合适,那么议员便会提笔给相关的国务大臣写信。2. 英国的宪制传统是,议员才是选民冤屈的最佳处置人,议会才是监督政府的最有效机制。如果不设置议员过滤机制,而是由民众直接向议会监察专员提起申诉,那么议员和议会的传统角色就会受到侵夺。因此,政府法律草案中规定的只能由议员把申诉转交给议会监察专员,是极为契合英国宪法原则的。②

政府的这种立场得到了多数议员(包括不少保守党议员)的赞成。但也有少数议员对此有异议。例如,保守党议员约翰·福斯特

---

① See Roy Gregory and Alan Alexander, "Our Parliamentary Ombudsman Part I: Integration and Metamorphosis", *Public Administration*, Vol. 50, No. 3 (September 1972), pp.313-331.

② See Roy Gregory and Alan Alexander, "Our Parliamentary Ombudsman Part I: Integration and Metamorphosis", *Public Administration*, Vol. 50, No. 3 (September 1972), pp.313-331.

(John Foster)爵士认为,议员过滤机制是一种不必要的资源浪费。他的理由是,既然议会监察专员是为了对不良行政导致的不公正进行救济的,那么当这个机构设立后,可以预想,人们会直接给议会监察专员写信或申诉,而法律草案却规定此时议会监察专员只能退回申诉人的材料并告诉他要通过一名议员来转交,这显然是一种不必要的资源浪费。况且,直接向议会监察专员申诉并不会大量增加其工作负担。

与"直接入口"相关的另一个问题是,民众是否只能向他所在选区的议员提出请求,并由他把申诉转给议会监察专员?对此问题,保守党议员昆廷·霍格(Quintin Hogg)的看法是,既然议员要充任"过滤器"角色,那么主张民众并非只能向其选区议员提出请求无疑会让议员的设定角色大打折扣。另一名保守党议员休·芒罗-卢卡斯-图斯(Hugh Munro-Lucas-Tooth)爵士赞同这一说法。在他看来,法律草案这样规定会让议员们备受压力(或备受诱惑)来转交案件给议会监察专员。如果议员们确实这么做了,其结果要么是,议会监察专员会大量否定转交给他的申诉,从而带来大量的失望反应,进而让社会公众和议员们对议会监察专员官署产生怀疑;要么是,对议会监察专员机制的不当使用,造成了议会监察专员不得不处理大量没有经过适当考虑的申诉,从而造成了议会监察专员官署工作人员队伍的过度膨胀。

在下议院专门委员会审议阶段,这个问题再度引起部分议员的担忧。保守党议员琼·维克斯(Joan Vickers)爵士担心法律草案这样规定会让议员与其选区选民的私人关系堪忧,特别是考虑到政党竞争的因素;另一名保守党议员克兰利·昂斯洛(Cranley Onslow)认为法律草案这样规定会让议员们沦为"选民申诉的收集员"。在这样的担忧下,部分议员力图对政府的法律草案做出修正,要求选民只能向其选区议员提交申诉请求。对于反对党的这些意见,克罗斯曼给出的回应是:尽管议员们在实践中只转交本选区选民的申诉案件,但在宪法上,选民有权向任何一名议员提交申诉请求,选民保留这一权利是十分重要的;麦克德莫特给出的回应是:议员们不像所设想的那样脆弱,他们能够胜任有效的审查者之角色。况且,政府在法律草案中建议成立一个专门委员会来监督议会监察专员的工作,对此问题的担忧可通过该专门委员会形成一个令各方都满意的惯例。①

从工党政府1966年2月14日提出《议会监察专员法》的第一个草案,到1967年3月15日议会立法程序完成,英国议会监察专员制度在议会内经过了充分的观点论辩,聚集了广泛的民意基础。1967年4月1日,这个英国民众饱含希望、存有担忧、抱有预期的议会监察专员制度在英国正式开始运转。

第四节　议会监察专员制度的规范分析

一、《议会监察专员法》的结构

1967年《议会监察专员法》由序言、正文、附则和附件构成。

《议会监察专员法》的序言极为简短,说明了本法的目的与功能,即本法旨在对受权调查以国王名义所做出行政行为的议会监察专员的任命、职能,以及其他与此目的相关的内容作出规定。

---

① See Gavin Drewry and Carol Harlow, "A 'Cutting Edge'? —The Parliamentary Commissioner and MPs", *The Modern Law Review*, Vol. 53, No. 6 (November 1990), pp.745–769.

《议会监察专员法》正文由 11 条组成,分为两大部分:议会监察专员的组织和调查活动。申言之,在议会监察专员的组织方面,本法第 1 条对议会监察专员的任命方式和职位作出规定。根据本条,行使本法规定调查权的专员,其名称是议会监察专员(第 1 款);女王以特许状的形式任命议会监察专员,被任命之人应品行端正(第 2 款);议会监察专员可基于自身请求而卸任,或者被两院同时做出解职决定而卸任,一旦年满 65 周岁,无论何种情况,均应卸任(第 3 款);议会监察专员不得为下议院议员,也不得为北爱尔兰上议院或下议院议员(第 4 款);议会监察专员得基于其职务而成为行政裁判所委员会成员,以及该委员会下属苏格兰分会的成员(第 5 款)。本法第 2 条对议会监察专员的薪俸标准及其来源(固定基金)作出规定。第 3 条规定,议会监察专员得在财政部同意的数量和条件内任命下属(第 1 款);议会监察专员的职权得由其的官员为之(第 2 款);议会监察专员经财政部核准的开支不列入政府预算之中(第 3 款)。在议会监察专员的调查程序方面,本法第 4 条规定了议会监察专员可予调查的主体;第 5 条规定了可予调查的行为;第 6 条规定了申诉主体资格;第 7 条规定了调查程序和效力;第 8 条规定了调查过程中的取证手续;第 9 条规定了阻碍调查活动的后果;第 10 条规定了议会监察专员调查结束后如何进行报告;第 11 条规定了调查活动中的保密义务。

《议会监察专员法》的附则由 3 个条文构成。其中,第 12 条是关于本法术语如何解释的规定。根据本条第 1 款,"行为"包括作为和不作为,"专员"指的是议会监察专员,"法院"指的是英格兰和威尔士高等法院、苏格兰上诉法院、北爱尔兰高等法院,"制定法(en-actment)"包括北爱尔兰议会的制定法,以及制定法的实施细则(instrument），"官员"包括雇员，"控诉人（person aggrieved）"包括申诉人和本法第 5 条第 1 款第 1 项中规定的其他遭受不公正的人；本条第 2 款规定，本法中提到的制定法包括该制定法的修正案；本条第 3 款规定，本法未授权或要求议会监察专员质疑政府部门或机构依其法定裁量权做出的、不属于不良行政的决定本身。第 13 条是关于本法对北爱尔兰的适用问题。第 14 条是关于本法名称、生效时间和时间效力的规定。根据本条，本法的名称叫 1967 年《议会监察专员法》（第 1 款）；本法由女王以枢密院命令的方式确定生效日期（第 2 款）；本法生效前所发生行为在符合本法相关规定时可以提出申诉（第 3 款）。

《议会监察专员法》还包括 3 个附件。附件 1 是关于议会监察专员职业年金和其他福利待遇的规定。被任命为议会监察专员的人可选择是按照司法官员，还是按照公务员身份享受职业年金和福利待遇；如果未做选择，他将被按照公务员身份享受职业年金和福利待遇（第 1 条）；第 2、3 条是关于议会监察专员如何适用司法年金或公务员年金项目的规定；第 4 条是关于财政部可通过制定实施细则的方式做出进一步细化规定；第 5 条规定下议院有权废止根据本附件制定的相关实施细则。附件 2 首先明确列举了议会监察专员可予调查的政府部门或机构，进而对部分所列政府部门或机构进行了解释。例如，作为可予调查之主体的邮政局，只有在行使国民储蓄、公共广播频道管理、无线电管理这些职能和作为本附件所列其他政府部门或机构的代理人时，才能成为议会监察专员的调查对象。附件 3 列举了议会监察专员进行调查活动时的"排除事由"，该附件共有 11 个条文，所涵盖的"排除事由"主要包括：外交行为（包括英国与国际组织、英联邦成员国家、自治领的关系），引渡或政治避难法中规定的行为,调查刑事犯罪的行为,正接受民事、刑事审判或仲裁的行为,赦免行为,地方医院理事会的管理行为,行政合同(但强制征购土地合同除外),行政或军事人事争议,授予荣典的行为。

二、议会监察专员制度的核心要素

从《议会监察专员法》所规定的内容看,下述要素是英国议会监察专员制度的核心要素。

第一,议会监察专员的性质与地位。在工党 1964 年和 1966 年大选的竞选宣言中,让行政管理更加人性化是其核心政纲之一,进而,议会监察专员被认为是落实这一政纲的重要制度安排。1965 年《议会监察专员(白皮书)》首次系统地阐释了工党政府对议会监察专员的定位——强化而非取代现有的议会监督机制,《议会监察专员法》进而明确了议会监察专员的"下议院勤务员"的地位。既然议员在英国宪制传统中是处理选民申诉的不可替代机制,保持并强化这一机制就是题中应有之义。通览《议会监察专员法》全文,这种精神得到了充分贯彻:1. 议会监察专员应就其职权行使情况向议会两院提交年度报告,并在它认为合适的情况下提交其他报告(第 10 条第 4 款)。2. 当议会监察专员发现导致不公正的不良行政确实存在,而被调查对象并不准备做出补救措施,此时,议会监察专员有权向议会两院提交特别报告(第 10 条第 3 款)。3. 议会监察专员与下议院议会监察专员委员会存在着一种特殊关系,专门委员会既监督又保障议会监察专员的工作。① 4. 议会监察专员与议会之间的关系

---

① 《议会监察专员法》中没有对专门委员会作出规定,但 1965 年工党政府白皮书提出要设立这样一个专门委员会,后来下议院通过相关程序成立了议会监察专员专门委员会。

通过议员过滤机制而得到强化(第 5 条第 1 款)。从这些内容可以看出,议会监察专员在本法中的初始设定是一个由议会通过立法设立、职权相对独立、对议会负责并报告工作的督促政府负责的公共机构,其本质是议会的"附属机构"。

第二,议会监察专员的职权保障制度。作为一个强化议会监督行政的责任制机构,议会监察专员拥有相对于行政机关的独立性,这由《议会监察专员法》的一系列规定加以保障:1.组织人事的独立性。本法规定,议会监察专员由君主任命,虽然首相掌握提名权,但在实践中一般要征求反对党领袖和议会专门委员会主席的意见。而议会监察专员一旦被任命,非经法定程序不得被解职(第 1 条)。关于选任工作人员,议会监察专员拥有自主权,得在财政部同意的数量和条件内自主任命工作人员(第 3 条第 1 款)。2.财政的独立性。本法规定,议会监察专员的薪俸从固定基金中支出(第 2 条),议会监察专员官署的预算单列,由财政部核准其开支(第 3 条第 3 款)。除了正文外,本法附件 1 详细规定了议会监察专员及其工作人员的职业年金和福利待遇。3.行使职权时的保障。在调查活动中,议会监察专员官署工作人员的行为与议会监察专员本人所做出的行为同等效力(第 3 条第 2 款);议会监察专员有权调阅政府部门信息(第 8 条第 1 款)、有权要求证人出席与质证(第 8 条第 2 款),无合法理由妨碍议会监察专员调查活动的任何行为构成藐视法庭罪(第 9 条)。

第三,议会监察专员的管辖制度。管辖制度包括议会监察专员可予调查的主体、可予调查的行为、阻却事由及申诉主体资格。根据本法规定:1.能够成为议会监察专员调查对象的政府机构只能是附件 2 中所列的那些中央政府部门或机构(第 4 条第 1 款)。进而,虽然是附件 2 所列的中央政府部门,但也只有这些机构在实施行政管理时才能成为调查对象,如前文提到的邮政局。由此可见,本法的此项规定与英国的内阁责任的政治传统密切相关。既然议会监察专员是议会的"辅助机构",那么它所能调查的只能是那些国务大臣要向下议院承担内阁责任的中央政府部门或机构。2. 议会监察专员可予调查的行为首先只能是前述主体行使其行政职能的行为,进而只能是不良行政行为(第 5 条第 1 款);对于什么是不良行政行为,本法并没有给出明确界定,实践中通常把理查德·克罗斯曼在议会立法程序中提到的那些行为——偏见、疏忽、漠不关心、拖延、不称职、不适当、任性、腐败、专断等作为指引。① 此外,仅有不良行政行为发生还不够,只有它同时给申诉人带来了不公正后果时才有可能成为议会监察专员的调查对象。3. 关于阻却事由,有三方面的规定:一是议会监察专员不能质疑政府部门依其法定裁量权做出的不属于不良行政的行政决定本身(第 12 条第 3 款),这就意味着行政决定的内容不能成为议会监察专员的调查对象;二是议会监察专员不能调查那些当事人可通过法院或行政裁判所程序寻求救济的行政行为(第 5 条第 2 款),但本款包含了一个"但书",即如果可以预见当事人无法通过前述程序得到救济,议会监察专员可以介入;三是对列入附件 3 的那些行为或事项(参见本节前文所述),议会监察专员没有管辖权。4. 关于申诉主体资格,有三项限制性要求:一是地方政府或公营机构不得成为申诉人;二是时效限制(12 个月的申诉时效);三是属人(定居在英国之人)与属地要求(不良行政行为发生在英国、英国的船舶或航空器上)(第 6 条)。

第四,议会监察专员的调查程序。议会监察专员调查程序的第

① See Mark Elliott and Robert Thomas, *Public Law* (2nd *edition*), Oxford: Oxford University Press, 2016, p.592.

一个环节是审查环节,即由议会监察专员审查相关申诉可否由他来处理,主要包括:申诉人的申诉是否由下议院议员转来,该申诉是否涉及不良行政行为所导致的不公正情形,被申诉对象是否属于议会监察专员的管辖主体,该项申诉是否存在阻却事由。第二个环节是行政应诉环节,当议会监察专员准备实施调查活动时,他要给被申诉的政府部门或机构的主管官员、具体办事人员一个回应申诉状中各项控诉的机会。需要指出的是,对于提交至其面前的行政申诉,议会监察专员拥有裁量权。一旦议会监察专员决定开展调查,便步入了调查程序的第三个环节——正式的调查。在这一环节,需要阐明的问题是:1.调查活动私下进行,可询问相关人等,也可要求相关主体出席作证或提供证据(第7条第2款);2.调查活动中有权调阅政府部门文档(第8条第1—3款),但内阁及其委员会文档除外(需要内阁大臣出具证明)(第8条第4款);3.调查活动中应保守公务秘密(第11条);4.调查活动的开展不影响相关政府部门或机构行为的效力,也不影响它们就处于调查中的事项采取进一步措施(第7条第4款)。等到正式调查环节完成,接下来的一个环节便是告知调查结果环节。对于具体的个案,议会监察专员无论是决定调查,还是决定不调查,他都应向转交申诉给他的下议院议员出具一份报告,告知相关结果或原因(第10条第1款);议会监察专员还应向被申诉的政府部门或机构的主管官员、具体办事人员出具一份报告,告知调查结果(在其中会包含改正的建议)(第10条第2款)。至此,议会监察专员的调查程序完结。

第五,议会监察专员的报告制度。《议会监察专员法》除了规定常规的调查与个案报告程序外,还就一般报告和特别报告做出专门规定。本法的制度设计初衷是,通过议会监察专员的监督,政府部门或机构的行政管理活动更加人性化。故立法者预想的是,议会监察专员的调查结果或建议一般会得到相关政府部门或机构的接受。但如果真的发生了不良行政所带来的不公正无法或没有得到补救的情形,议会监察专员有权向议会两院提交一份特别报告(第10条第3款)。此外,议会监察专员每年有义务向议会两院就其职权行使情况提交一份总报告(年度报告),他也可在其认为合适的时候提交其他报告(such other reports)(第10条第4款)。至于说"其他报告"所指的是什么,本法没有给予说明。从日后议会监察专员的实践来看,此类报告大多关于重大案件或主题性问题,故有学者认为此类报告属于"特殊报告"。① 为了与第10条第3款的特别报告作出区分,本书将第10条第4款的报告称为"专门报告"。此外,尽管议会监察专员在调查活动中要保守公务秘密,但在制作年度报告或特别报告(以及与被申诉人沟通、告知相关议员或被申诉人调查结果)时,披露相关信息不违法。

作为英国第一个公共机构监察专员,《议会监察专员法》的内容规定显得较为弹性,而且本法在涉及调整被调查主体范围(第4条第2款)、调整阻却事由(第5条第4款)等方面均指明了将来可通过制定法的实施细则来修正,因此,在《议会监察专员法》正式实施以后,这些问题(包括语焉不详的"不良行政行为""不公正")势必成为实践中的焦点问题。这即是说,《议会监察专员法》在这些问题上给出了指引,但它也会在议会监察专员的实践中被修正,从而在本法的"表达"和实践之间表现出适度的张力。

---

① See Richard Kirkham, "Auditing by Stealth? Special Reports and the Ombudsman", *Public Law* (Winter 2005), pp.740-748.

第五节　议会监察专员制度的确立动因

威廉·B.格温在评价学者作为政策革新者在促进英国议会监察专员制度建立过程中的作用时指出:如果这一想法是在 20 世纪 70 年代而非 60 年代提出,那么,英国政府(工党政府)对这一想法是否积极回应是让人怀疑的。在 20 世纪 70 年代,无论是保守党还是工党,其关注的焦点是如何应对严峻的经济形势。而且,即便在这一时期政府对这个问题有所关注,但 1970—1974 年的保守党政府所想出的应对之策也是行政法院制度而非议会监察专员制度;而 1974 年重新执政的工党政府对不良行政没有那么大的兴趣。因此,时机对鼓吹议会监察专员制度的学者们是具有决定性影响的。① 由此,在梳理完英国议会监察专员制度萌发、奠基和确立历程之后,我们需要进一步阐释的问题是:英国为什么在 20 世纪 60 年代需要确立并能够确立议会监察专员制度?

首先,福利国家建设导致行政集权,对于急剧扩张的行政权,现有救济机制严重不足,催生了英国宪法体制变革的需求。正如《怀亚特报告》第二章中所揭示的那样,虽然在第二次世界大战前英国政府在经济活动中发挥着越来越大的作用,但政府在公共服务和经济管理中职能的全方位扩张却是第二次世界大战后才发生的现象。在福利国家思潮影响下,政府在医疗保健、职业年金、保险、家庭津贴等公共服务和经济规划中所承担的责任越来越大,对公民生活的影

---

① See William B. Gwyn, "The Discovery of the Scandinavian Ombudsman in English-speaking Countries", *West European Politics*, Vol. 3, No. 3 (September 1980), pp.317-338.

响也越来越大。① 在 20 世纪 50 年代,扩张的行政权力在使公民享受到了福利国家的好处的同时,也给公民权利带来威胁或者造成一定损害,克里切尔高地事件让人们对行政权力的滥用有切身体会。面对这样的新情况,议会传统的救济机制显示出严重的不足:一是在委托立法激增的情势下,议会对行政立法的监督"有心无力";二是议员质询因时间(较短)和目的(并非问责而是询问)的限制而成效有限;三是休会辩论在多数党政府体制下启动的可能性较低;四是议会公共调查活动针对对象的有限性和临时性。与此同时,司法机关因自我束缚而对行政行为尤其是裁量行政行为监督不力,行政裁判所因管辖范围和分散性特征而作用有限。一个常设的、能够对"有错误的"行政行为进行救济的机制,成为时代需求。

其次,北欧的监察专员制度因成效显著而产生强大的示范效应。英国素有"司法国"之传统②,但在司法能动性不高的 20 世纪五六十年代,人们不得不在法院程序外寻找一个新机制。当时摆在政治和法律精英面前的选择有两个:一是向法国学习,建立独立的行政法院系统;二是向瑞典和丹麦学习,建立议会监察专员制度。对于行政法院,无论是《弗兰克斯报告》还是《怀亚特报告》都指出了它与英国政治"语境"之不合。法国行政法院不仅是监督行政行为的司法救济机制,而且是正向影响行政管理的政府顾问机制。正如 C.J.哈姆森(C.J.Hamson)所指出的那样,法国行政法院在监督行政方面所发挥

① See JUSTICE, *The Citizen and the Administration*: *The Redress of Grievances*, London:Stevens & Sons Limited,1961,p.5.

② 参见[德]卡尔·施密特:《宪法的守护者》,李君韬、苏慧婕译,商务印书馆2008 年版,第16—17 页。

出的卓越作用,与它的司法职能和咨询职能之"一体两分"关系密切相关。在英国内阁责任和司法独立二分的体制下,设立一个机构来形成类似关系,不具有可行性。① 为此,英国政治和法律精英的目光转向了北欧。通过学者们的引介,官学两方赴瑞典、丹麦的实地考察,以及丹麦首任议会监察专员史蒂芬·赫维茨的现身说法,北欧制度被认为成效显著,而且经过改造后能较好地契合英国宪制传统,于是便成为英国确立类似制度的模板。

再次,学者作为政策革新者发挥着巨大的推动作用。在本章前文中,笔者详细阐释了学者们在议会监察专员制度萌发阶段的重要贡献。除了学者们的个体研究外,在英国政治和法律界具有较大影响力的社会组织——国际法学家协会英国分会发布了引起广泛社会反响的《怀亚特报告》。自该报告发布后,无论时任政府和各政党的政治立场如何,设立议会监察专员的问题都是它们需要回应的政治话题。例如,在国际法学家协会英国分会宣布成立专家组对此问题进行调研时,就有议员向保守党首相麦克米伦询问他对该问题的看法。虽然麦克米伦政府最后对《怀亚特报告》彻底拒绝,但在当时,麦克米伦首相表示说要静待这个研究报告的发布而定。至于说当时处于在野党地位的工党,更是将设立议会监察专员作为其1964年大选的政纲之一。对于引入一项在国外运行良好的制度,学者作为政策革新者,发挥着思想启蒙与制度鼓吹的作用。

最后,政治态度变化与政党轮替的决定性作用。政治危机催生应对方案,再到最终的制度,其历程不会是一片坦途。再有效的应对

---

① See C.J.Hamson, *Executive Discretion and Judicial Control: An Aspect of the French Conseil d' Etat*, London: Stevens, 1954, p.94.

危机方案,也不能保证它就一定会被最终的决策者所接受。正如安东尼·金所指出的那样,英国传统宪法的核心特征之一是它的极其简单而直率的政治安排,人民与政府的二分是其建构基础。① 在这样的政治安排下,选民负责投票,政府实施治理。"时任政府总是知道事情该怎么办",成为英国政治的一个基本信条。在这个意义上,是否设立议会监察专员制度,决定权在时任政府。这就不难理解,为了获取当时的保守党政府的支持,纵然《怀亚特报告》是以一种极其谨慎的方式写就的,但它仍然被保守党政府所拒绝。直到赞成该制度的工党上台执政,该制度才最终得以设立。还需注意的是,保守党政府反对该制度而工党支持该制度,这并非它们对这个制度的内容有重大争议,而是说它们的政治态度从 20 世纪 60 年代开始发生了转变。在传统政治游戏中,无论是保守党还是工党,其政纲虽有差异,但在经济和社会政策这些本质性的问题上没有大的差别。从 20 世纪 60 年代后期开始,工党正在向一个"真正的革命党"转变(向左转),而保守党则向另一个方向(向右转)发展。于是,两大政党几乎在所有重大问题上形成尖锐对立。② 正是在变化的政治态度的基础上,议会监察专员才成为一方反对而另一方赞成的革新性的制度。此外,在《议会监察专员法》立法过程的辩论中,工党政府不赞成"直接入口"而设立了议员过滤机制,保守党提出了诸多质疑的意见。正如罗伊·格雷戈里和艾伦·亚历山大所指出的那样,部分保守党议员提出这些质疑,并不是因为他们赞成"直接入口",而是因为他

① See Anthony King, *The British Constitution*, Oxford:Oxford University Press, 2007, pp.39-47.

② See Anthony King, *The British Constitution*, Oxford:Oxford University Press, 2007, pp.70-76.

们对政府所坚持的就会质疑的政党立场。① 因此,英国政治态度的变化和政党轮替才是议会监察专员制度最终能够确立的决定性因素。

① See Roy Gregory and Alan Alexander,"Our Parliamentary Ombudsman Part I:Integration and Metamorphosis", *Public Administration*, Vol. 50, No. 3 (September 1972), pp.313-331.

第四章　英国议会监察专员制度的发展

　　《议会监察专员法》于 1967 年 4 月 1 日起正式生效,从而在一个人口高达数千万的大国中首次设立了类似北欧国家的议会监察专员制度。由于对侵夺议员处理选民申诉的传统角色的担心和出于防范议会监察专员被海量的案件所"淹没",英国在引进北欧制度时进行了适合英国宪制传统的改造,使得制度设计上的议会监察专员成为一个"纯粹的"议会专员,其管辖范围和职能大受限定。因此,当该制度正式开始实施时,多数英国学者和媒体记者对《议会监察专员法》所作的限制性内容表示批评,而且不看好这个新设置机构在实践中的效用。例如,1967 年 3 月 31 日出版的《每日镜报》首次提出这样的问题:英国的这个新机构究竟是"监察之虎(ombudstiger)",还是"监察之鼠(ombudsmouse)"? 根据该报记者的观察,议会监察专员管辖范围和职权颇为受限,它显然属于"监察之鼠"。这种论调得到了主流媒体的认可,《泰晤士报》提出了类似说法。在议会监察专员机构的初期运行中,媒体的质疑一直不断。这可以从媒体对议会监察专员的称谓中窥得端倪,这些称谓包括"注定失败的监察专员"(ombudsflop,《星期日镜报》)、"被戴上笼嘴的批评家"(muzzled critic,《每日电讯报》)、"纸老虎"(paper tiger,《星期日邮报》)、"无齿之虎"(toothless tiger,《每日邮报》)、"残废的骑士"(hamstrung knight,《每日电讯报》)、"戴上锁链的看门狗"(watchdog in chains,《太阳报》),等等。①

需要注意的是,尽管《议会监察专员法》对议会监察专员的角色设定是"完全的议会工具",但从该制度的运行实践看,并非如此。议会监察专员或许不是一个"真正的"监察专员,但它也不仅仅是议会机制的另一片段,即完全在公众视线外运作,除了下议院议员外,不跟任何人接触。② 尽管《议会监察专员法》施加了不少限制,但由于该法在诸多关键用语上"语焉不详",再加上该法对议会监察专员裁量权的确认,以及实践中下议院专门委员会的鼓励性举动,历任议会监察专员通过其能动性,推动着议会监察专员制度的稳定"进化"。

第一节　议会监察专员制度变迁的分期标准

对于一项专门史研究而言,阶段划分是首要的问题。从 1967 年设立至今,英国的议会监察专员制度已经走过了 50 余年历程,如何对这一崭新而历时稍长的制度进行恰当"断代",是一个前置性问题。

本书是在变迁的英国宪法"语境"下审视议会监察专员制度,故一个恰当的时间"断点"应当与英国宪法的重大变化有关。虽然学

---

① See William B. Gwyn, "The British PCA: Ombudsman or Ombudsmouse?", *The Journal of Politics*, Vol.35, No.1(February 1973), pp.45-69.

② See Roy Gregory and Alan Alexander, "Our Parliamentary Ombudsman Part I: Integration and Metamorphosis", *Public Administration*, Vol. 50, No. 3 (September 1972), pp.313-331.

者们对能否以 1997 年作为英国新旧宪法的分界点存有争议,但不可否认,1997 年以来,英国宪法以令人印象深刻的方式在改革。而且,从学者们(包括议会监察专员)对监管型国家、人权法、分权制等问题的解读来看,20 世纪 90 年代特别是新工党政府上台执政的 1997 年确实是英国宪法改革中的一个重要节点。① 此外,笔者通过多种途径搜集的英国学者关于变迁的英国或新宪法的专著、教材及讲义中,1997 年都是一个重要的标志性年份。为此,本书对作为变迁的英国宪法中的一个"次级制度"的变迁历程找出的第一个时间界点是 1997 年,据此将议会监察专员制度的发展分为两大阶段:"旧"宪法(并未根本性地变化)框架下的议会监察专员制度和"新"宪法(正在成长中)框架下的议会监察专员制度。

在解决了大的历史分段后,本书将视角聚集在议会监察专员制度本身的变化。对于一项具体制度发展的分段,通常做法是将其与机构负责人的任期挂钩。从 1967 年至今,英国议会监察专员机构先后迎来了 10 位专员,他们的出身背景、任职期限各有不同。《议会监察专员法》没有对议会监察专员的任期限制作出明确规定,但作出一个硬性规定:年届 65 岁必须退休。虽然英国在 2006 年为了适应欧盟指令的需要而规定了议会监察专员的任期最长不超过 7 年,而且不得连任,但实践中议会监察专员们的任期曾经是变动不居的。例如,任职时间短者如伊德瓦尔·普格爵士,其任期不足 3 年;任职时间长者如安·亚伯拉罕,她的任期超过了 8 年;不过,议会监察专

---

① See Philip Norton, "Regulating the Regulatory State", *Parliamentary Affairs*, Vol. 57, No.4(October 2004), pp.785–799; Ann Abraham, "The Ombudsman as Part of the UK Constitution: A Contested Role?", *Parliamentary Affairs*, Vol. 61, No. 1 (January 2008), pp.208–215.

员的任期一般为 5 年左右。此外,并非所有议会监察专员对发挥能动性很热心。在这样的情形下,纯粹以任期作为制度演进的时间界点,固然能让读者对每任议会监察专员的做法有所了解,但对制度本身却有支离破碎之感。因此,一个恰当的阶段划分应当是"非属人"的,应当着眼于制度本身的兴革之上。于是,另一个阶段划分的标准便显现出来。

大抵来说,对一个制度的发展历程而言,最初的十年是一个妥当的评估时间点。十年既不太长也不太短,有助于对该制度的初期运行情况进行评估。但是,纯然这样划分并不足以服人,有说服力的标准还得进一步追寻。在这里,三个典型文件的发布提供了证据。首先,提出《怀亚特报告》的社会组织(国际法学家协会英国分会)在1977 年又发布了一个影响甚大的评估报告——《我国备受掣肘的监察专员》。① 其次,下议院专门委员会在 1977—1978 年度议会会期内也发布了一个对议会监察专员"入口"和管辖权的审查评估报告②,对已经运行了十年的议会监察专员制度进行评估。最后,还值得注意的是,时任议会监察专员伊德瓦尔·普格爵士在其 1977 年的年度报告中提到了一项重要的制度创新——"绕行"议员过滤机制。在此之前,议会监察专员对社会公众直接提交至其面前的行政申诉,只能退回并告知该申诉人去找其选区议员,并由该议员来决定是否转交;1977 年,伊德瓦尔·普格爵士试行了一个新办法,他收到社会公众直接提交的行政申诉后,并不是像往常那样处理,而是给相关的

---

① See JUSTICE, *Our Fettered Ombudsman*, London: JUSTICE Educational and Research Trust, 1977.

② See Fourth Report of PCASC, *Review of Access and Jurisdiction of PCA*, Session 1977-78.

议员写信询问其是否愿意将该申诉转交过来。① 这从申诉人的角度而言,减少了繁文缛节;从议会监察专员的角度而言,是一种"绕行"议员过滤机制的新尝试。从实践中看,议员们对这种询问一般都会同意。此外,前三任议会监察专员的任期时间跨度十年左右,而且他们三位均为高级公务员出身,从第四任开始发生了变化(由一名律师出任该职),这也是阶段划分的一个考量因素。基于这些考虑,英国议会监察专员制度发展的第一个时期便以 1977 年为时间界点。

于是,1977—1996 年便为议会监察专员制度的第二个发展阶段。还需说明的是,第二个时期的时间跨度是 20 年,在这 20 年中也有重要的事件发生,如 1993 年第六任议会监察专员威廉·里德爵士对不良行政内涵的扩充等,但基于"入口"问题的核心地位,这样的创新属于次一层级的。综上所述,出于行文结构的考虑,第二个时期的时间跨度定格在了 20 年。

当英国宪法迈入"新"阶段时,议会监察专员制度也随之发生变化。建立分权制的议会监察专员(苏格兰、威尔士、北爱尔兰)、强调议会监察专员在人权保障中的功能、强调议会监察专员在行政正义体制乃至宪法体制中的独特性,成为人们的关注点和期望点。正是从这一时期开始,议会监察专员的监督功能才与救济功能真正等量齐观,甚至有盖过之势。那么,为何将 1997 年以来制度变迁的时间界点选在 2007 年? 这与正向引导行政的"三部曲"有关。长期以来,议会监察专员虽然在制度设计上被当成了纯粹的议会工具,但在实践中人们(包括议员)并不这么想,而是把它认为是一个替代机制,尤其是法院和行政裁判所的替代机制。"小额赔偿法院"是人们

---

① See Second Report of PCA, *Annual Report for* 1977, Session 1977–78.

对议会监察专员的心理定位。在这样的情况下,议会监察专员的个案救济功能得到了官、学、民各方的一致强调。20 世纪 90 年代以来,议会监察专员抽象层面的审计或监督职能得到了人们的强调。例如,这一时期议会监察专员首次就群体申诉选择模板案例,通过发布主题调查报告引起议会对该问题的重视,这一做法被卡罗尔·哈洛和理查德·罗林斯认为是启动"大公共调查"的创新做法。① 但是,议会监察专员在这样情形下所采用的手段仍然是偏"消极的",是一种抽象层面的事后救济。2007 年,第八任议会监察专员安·亚伯拉罕发布了《良好行政之原则》,随后又发布了《良好的申诉处理之原则》《救济之原则》,这标志着议会监察专员的功能从事后救济、消极防控向正向引导的转变。因此,对于 1997 年以来的议会监察专员制度的发展,本书确定的一个妥当的时间界点是 2007 年,以此为界,将议会监察专员制度分为第三个时期(1997—2006 年)和第四个时期(2007 年以来)。

第二节　初步发展期的议会监察专员制度
(1967—1976 年)

一、制度初步发展期的议会监察专员

(一)首任议会监察专员:埃德蒙·康普顿爵士

1966 年 8 月 4 日,在《议会监察专员法(草案)》进入下议院二读程序前,时任首相哈罗德·威尔逊就提名前财政监督审计长埃德

---

① See Carol Harlow and Richard Rawlings, *Law and Administration* (3rd *edition*) , Cambridge: Cambridge University Press, 2009, pp.549-551.

蒙·康普顿爵士为首任议会监察专员。尽管这一任命方式被反对党认为是违反了法治原则,但对于康普顿爵士出任该职,反对党倒没什么意见。其个中缘由在于,在财政部的长期供职生涯中,康普顿爵士以通晓公共财政知识和履职妥当而著称。① 威尔逊首相提名康普顿爵士出任该职,并希望他能够充分利用自己在公共财政监督方面的远见卓识给这个新成立的机构探明航向。

康普顿爵士的任职时间是 1967 年 4 月 1 日(时年 61 岁)至 1971 年 3 月 31 日(时年 65 岁)。作为首任议会监察专员,康普顿爵士通过其实践型塑了这一新机构的工作流程和外观。例如,议会监察专员官署的工作人员大多从其他政府部门临时调任而来;严守《议会监察专员法》对其功能定位,尽量不向社会公众曝光这一新机构的活动;除特殊情况外,每年就其履职和对行政申诉的处理情况发布一份总报告。更为重要的是,康普顿爵士在实践中确立的"三步走"调查程序和关于管辖范围的"十项测试",为后来历任议会监察专员所遵循。

在其四年的任期内,康普顿爵士提交了 4 份年度报告(1967、1968、1969、1970 年),以及若干其他报告。在其他报告中,比较著名有 1967—1968 年度议会会期的第一份报告(在其中提出了管辖权的"十项测试")、第二份报告(航空噪声案,Aircraft Noise Case)、第三份报告("萨克森豪森集中营案"),这些均根据《议会监察专员法》第 10 条第 4 款而提出,它们比普通的个案报告篇幅更长、内容更详细,关涉的是那些具有巨大影响性的案件。在其任期内,康普顿爵士没有提交依据第 10 条第 3 款的特别报告(基于

---

① See Tam Dalyell, Obituary: Sir Edmund Compton, *The Independent*, 14 March 1994.

被调查人否认其调查结论或拒绝接受其改正建议的情形而提出的报告)。

(二)第二任议会监察专员:艾伦·马尔爵士

当埃德蒙·康普顿爵士因年届 65 岁而退休之时,艾伦·马尔爵士继任为新一任的议会监察专员。马尔爵士的任期是 1971 年 4 月 1 日(时年 57 岁)至 1976 年 3 月 31 日(时年 62 岁)。马尔爵士就任时遇到的首要难题是议会监察专员官署受案量的大幅下降,即从 1968 年的 1120 件逐年递减至 1971 年的 548 件。为此,马尔爵士通过在报纸、杂志、广播和电视节目中积极回应人们的疑问,以及接待来访群众等形式增加人们对议会监察专员机构的认知度。经过这些努力,议会监察专员机构的受案量逐年递增,到其任期结束的前一年(1975 年),议会监察专员机构的受案量已达 928 件。

在马尔爵士的任期内,有四项变化值得注意:第一,因为下议院会期和议会监察专员人事变动之故,马尔爵士的首份年度报告(1971 年)中涵盖了前任议会监察专员在本年前 3 个月中的工作。在接下来的 4 份年度报告(1972、1973、1974、1975 年)中,仍遵照先例,在每年的 2 月提交给议会两院。第二,从 1972 年开始,马尔爵士定期发布季度报告,及时回应民众的关切,以增加人们对议会监察专员工作的认知度。① 第三,马尔爵士也根据《议会监察专员法》第 10 条第 4 款之规定,提交了 2 份专门报告,分别涉及"重复颁发电视牌照案(Overlapping TV Licenses)"和"科特航运集团公司倒闭案(Court Line)"。其中,在"科特航运集团公司案"中,马尔爵士改变了其前

---

① See JUSTICE, *Our Fettered Ombudsman*, London: JUSTICE Educational and Research Trust, 1977, p.28.

任不审查国务大臣公开声明的做法,为议会监察专员赢得了独立运行和敢于批评国务大臣的好名声。① 第四,在这一时期,1973 年《国民医疗保健服务重组法》开始生效,新设立了医疗保健服务监察专员。虽然这一机构的管辖范围、职能和调查程序与议会监察专员不同,但从马尔爵士开始,历任议会监察专员也同时担任英格兰、苏格兰、威尔士的医疗保健服务监察专员。从这一时期起,议会监察专员的简称从 PCA 变成了 PHSO。

(三)第三任议会监察专员:伊德瓦尔·普格爵士

在艾伦·马尔爵士之后,伊德瓦尔·普格爵士继任为第三任议会监察专员,他的任期是 1976 年 4 月 1 日(时年 58 岁)至 1978 年 12 月 31 日(时年 60 岁)。② 与前两任不同,普格爵士来自威尔士,既拥有公务员经历,又拥有军功。或许正是基于此,他在就任议会监察专员期间无所畏惧地批评政府部门的不良行政行为。在他的短暂任职时间里,普格爵士提交了两份年度报告(1976、1977 年),一份依据第10 条第 3 款提出的特别报告("罗切斯特道路案",Rochester Way Case),以及其他报告若干份(包括依据第 10 条第 4 款提出的专门报告,如 1978 年的"战争赔偿金不公正补偿案(War Pensions Injustice Remedied Case)"。

①　See Roy Gregory and Philip Giddings, *The Ombudsman, the Citizen and Parliament: A History of the Office of the PCA and HSC*, London: Politico's 2002, pp.191-198.

②　需要指出的是,1977 年是本书进行阶段划分的时间界点,按照这一说法,伊德瓦尔·普格爵士的任期实践应该在第二个历史时期进行阐释。但普格爵士与前两任议会监察专员一样,均出身于公务员。这就给本书的行文带来一定的难题:从人的角度而言,普格爵士应该放在第一个历史时期;从事件的角度而言,普格爵士应该放在第二个历史时期。对此,本书的解决办法是:在介绍议会监察专员及其贡献时,遵照人的标准,将普格爵士放在第一个历史时期;在解读年度报告时,选择事件标准,将普格爵士任职期间的各种数据放在第二个历史时期。

普格爵士最大的贡献是找到了"绕行"议员过滤机制的办法,这与他对议会监察专员机构的认识有关。他认为,这个机构不能止于纯粹的议会工具这样的职能设定,而应是"社会公众的勤务员"。为此,他不仅通过各种活动增加议会监察专员机构的曝光率,而且还对议员过滤机制做出修正。申言之,如果发现一个行政申诉是可调查的,议会监察专员便会询问该申诉人的所属议员是否愿意将这个案件转交,以便进行全面调查。通过其积极努力,在人们的心目中,不仅从术语上 PCA 为 Ombudsman 所取代,而且议会监察专员机构的受案量显著提升。例如,在其任期即将结束的 1978 年底,议会监察专员机构新受理的案件达到了创纪录的 1259 件,而且向其转交案件的议员数量也达到了创纪录的 461 名。① 与此同时,也正是在普格爵士担任议会监察专员期间,对该机构的首次全方位评估得以展开,形成了两份影响力深远的报告:一份来自国际法学家协会英国分会,另一份来自下议院专门委员会。

二、初步发展期的制度运行:以年度报告为中心

(一)一般性分析:议会监察专员的受案、处理与制度效用

对年度报告进行规范解读是洞察议会监察专员制度整体运行情况的基础性工作。本书以统计学方法对此一时期的制度运行作出量化分析。

---

① See Roy Gregory and Philip Giddings, *The Ombudsman, the Citizen and Parliament: A History of the Office of the PCA and HSC*, London: Politico's 2002, pp.200-202, 212.

表4-1　议会监察专员的受案情况

受案情况 年份	民众直接提交的案件数量(件)	通过议员转交的案件数量(件)	上一年度结余案件数量(件)	年度总工作量(件)	转交案件的议员数量(名)	因在管辖范围外而被拒绝调查的案件数量(件)	被拒绝调查的案件占年度总工作量的比率(%)
1967[1]	743	1069	—	1069	428	561	52.5
1968	808	1120	220	1340	—[2]	727	54.2
1969	814	761	159	920	—[3]	445	48.4
1970	645	645	130	775	—[4]	362	46.7
1971[5]	505	548	124	672	305	295	43.9
1972	661	573	156	729	306	318	43.6
1973	676	571	133	704	306	285	40.5
1974	724	704	168	872	359	374	42.3
1975	1068	928	219	1147	381	576	50.2
1976[6]	882	815	231	1046	375	492	47.0

数据来源:1967—1976年议会监察专员的年度报告。关于[1],1967年4月1日,议会监察专员官署才开始正式运行,故本年度的统计时间是1967.4.1—1967.12.31,表4-2中的情况同此;关于[2][3][4],该年的年度报告中没有提到转交案件的议员数量;关于[5]和[6],该年是议会监察专员人事变动之年,本年度的工作量包含了前任议会监察专员前三个月的工作量,表4-2中的情况同此。

通过表4-1,我们可以看出:在议会监察专员制度运行的第一个十年,在绝对数量上,1.议员转交案件数量最多的年份是1968年(1120件),数量最少的年份是1971年(548件);同样地,这两年也是议会监察专员官署年度工作量最大(1340件)和最小(672件)的年份。2.向议会监察专员转交案件的议员数量最多的年份是1967年,该年中有428名下议院议员转交了案件;数量最少的年份是1971年,该年中仅有305名下议院议员转交了案件。3.下议院议员所转交案件经议会监察专员官署工作人员的初步审查而被认为是其管辖范围之外的案件,数量最多的年份是1968年,有727件,达到年度总工作量的54.2%;数量最少的年份是1973年,有285

件,达到年度总工作量的 40.5%。4. 社会公众通过书面形式直接向议会监察专员官署提交行政申诉案件,数量最多的年份是 1975年,达到 1068 件;数量最少的年份是 1971 年,仅有 505 件,不足 1975 年的一半。

对于表 4-1 各项数据,我们从中可以形成的初步认识是:第一,对于案件转交数量最多但被拒绝调查的比率也最高的年份(1968年),合理的解释是,经过第一年的试运行,议会监察专员官署逐渐形成了关于管辖范围的基本认识,埃德蒙·康普顿爵士的管辖权测试标准进入了常态化运行阶段。由于康普顿爵士对其自身角色和受案范围的严格限定解释①,大量行政申诉案件被拒绝调查。第二,在议会监察专员制度运行的第一年,下议院议员对该制度抱有较大的期望,转交案件的态度较为积极。其根由在于,在《议会监察专员法》的立法过程中,工党政府反复强调该制度给议员们提供了一把监督政府的新武器。或许,议员们想要尝试这把新武器的效用究竟如何。纵然 1968 年由议员转交的案件数量最多(1120 件),而 1967年稍少(1069 件),但考虑到 1967 年的案件转交量是在 9 个月中实现的,我们有理由相信:如果 1967 年是个完整的年份,则转交案件数量最多的年份肯定是这一年。第三,1971 年这个年份占到了三个"最少":转交案件的议员数量最少、通过议员转交的案件数量最少(以及附带的年度总工作量最少)、民众直接提交的案件数量最少。这反映出人们对议会监察专员制度信心的某种程度消减。这一年份又是新任议会监察专员的初次履职之年。为此,增加人们尤其是议员对其官署和工作的认知度,便成为艾伦·马尔爵士的首要任务。

---

① See Karl A.Friedmann,"Commons, Complaints and the Ombudsman", *Parliamentary Affairs*, Vol.21, No.1(January 1968), pp.38-45.

经过多方努力,自 1972 年起,转交案件的议员数量、通过议员转交的案件数量、民众直接提交的案件数量逐年提升。此外,从议会监察专员官署正式受理行政申诉案件之日起,始终有民众直接把自己的申诉状交到议会监察专员及其官署的工作人员面前,这说明人们对议会监察专员的认识(可直接向其提交申诉请求)与《议会监察专员法》的设计初衷(纯粹的议会工具)并不一致。① 更进一步的分析,需要考虑议会监察专员官署对于所受理案件的调查与支持申诉人的情况,这从表4-2 中可以找到答案。

表 4-2　议会监察专员的调查及对申诉的支持情况

年份 调查与支持	年度总工作量(件)	予以调查的案件数量(件)	调查案件占年度总工作量的比率(%)	支持申诉人的案件数量(件)	获得支持的案件占予以调查的案件数量的比率(%)
1967	1069	188[1]	17.6	19	10.1
1968	1340	374	27.3	38	10.2
1969	920	302	32.8	48	15.9
1970	775	259	33.4	59	22.8
1971	672	182	27.1	67	36.8
1972	729	261	35.8	79	30.3
1973	704	239	33.9	88	36.8
1974	872	252	28.9	94	37.3
1975	1147	244	21.3	90	36.9
1976	1046	320	30.6	139	43.4

数据来源:1967—1976 年议会监察专员的年度报告。[1]的数量是指正式进行调查的案件数量,不包括经过部分调查后决定不再调查的案件数量,下面年份的情况与此相同。

————————

① See Roy Gregory and Alan Alexander, "Our Parliamentary Ombudsman Part 2:Development and the Problem of Identity", *Public Administration*, Vol.50, No.3(March 1973), pp.41-59.

通过表 4-2,我们可以看出:1. 在绝对数量上,议会监察专员予以调查的案件数量最少的年份来自 1971 年(182 件);而相对比例最低的年份是 1967 年(17.6%)。从前面表 4-1 中的分析可知,1971年是议会监察专员受案量最少的年份,既然总受案量少,则在表 4-2中的绝对数量上也会随之减少。但表 4-2 中相对比例最低的年份是 1967 年而不是 1971 年,一个合理的解释是:总受案量数量巨大,但予以调查的案件数量极少(仅略多于 1971 年),故造成了相对比例最低。此外,首任议会监察专员对《议会监察专员法》的严格解释立场,是造成予以调查的案件数量少的核心原因。2. 在绝对数量上,议会监察专员予以调查的案件数量最多的年份是 1968 年(374 件);而相对比例最高的年份是 1972 年(35.8%)。对于这两个数据的分离(即不在同一年),表层的原因是,作为分母的年度总工作量的峰值出现在 1968 年(1340 件),而 1972 年的年度总工作量仅为(729件);与此同时,作为分子的 1968 年和 1972 年数据分别为 374 件和261 件。分母相差甚巨而分子相差较小是造成绝对数量和相对比例不一致的原因。深层的原因是,在议会监察专员制度运行的前两年人们的热情较高,但经过首任议会监察专员的任期实践后,人们的期待值有所下降。此外,第二任议会监察专员上任后通过各种途径增加人们对这个新机构的认知,与其上任的首年(1971 年)相比,予以调查的案件量有了显著提升,而且与 1968—1970 年的稳步下降趋势形成鲜明对比。3. 在那些进行了调查的案件中,绝对数量最少、相对比例最低的年份保持了一致,均为 1967 年;而绝对数量最多、相对比例最高的年份也保持了一致,均为 1976 年。对于这一现象,合理的解释是,两任议会监察专员对于其官署的职能范围解释的宽严程度、对强化社会认知的重视程度等方面存在差异。① 如果再结合其他监督政府部门的议会手段进行比较(表4-3),我们会进一步加深对议会监察专员官署在实践中角色的认识。

表4-3　下议院议员解决行政申诉的手段及其使用频率(%)

手段 频率	议会监察专员	议会质询	接触相关官员	与国务大臣面谈	给国务大臣写信
从不或极罕见	10.9	4.3	18.2	0.7	—[1]
较少	80.8	60.0	27.3	52.7	—[2]
经常或常常	8.3	35.7	46.9	45.9	67.6[3]
总是	—	—	7.6	0.7	32.5[4]
总计	100.0	100.0	100.0	100.0	100.0

数据来源:罗伊·格雷戈里和艾伦·亚历山大在1973年的文章。② [1]和[2]中的"—"是指给予回复的受访议员没有选择此项答案;[3]和[4]两项比例,原文即是如此。

通过表4-3,我们可以看出:1. 在解决选区民众的申诉时,给国务大臣写信是下议院议员最经常采用的手段。在给予回复的77名受访议员中,67.6%的议员经常或常常(often,or very often)采用这种手段,32.5%的议员总是(always)采用这种手段。这与下议院议员与国务大臣年均5万件的信件来往的实践保持了一致。③ 2. 除了经

---

① See Edmund Compton,"The Parliamentary Commissioner for Administration",*Society of Public Teachers of Law*,Vol.10(1968),pp.101-113;Alan Marre,"Some Reflections of an Ombudsman",*Social Policy & Administration*,Vol.9,No.1(March 1975),pp.3-12.

② Roy Gregory 和 Alan Alexander 的此项统计表源于1970年7月对下议院议员的一项随机的问卷调查。这个问卷调查发给了220名议员,包括1966年大选时就已经是议员的人,也包括1970年大选新选出的议员。最终,调查者收到了77份回复。See Roy Gregory and Alan Alexander,"Our Parliamentary Ombudsman Part 2:Development and the Problem of Identity",*Public Administration*,Vol.50,No.3(March 1973),pp.41-59.

③ See D.N.Chester and N.Bowring,*Questions in Parliament*,Oxford:Oxford University Press,1962,p.104.

常给国务大臣写信外,议员们与国务大臣面谈或接触相关官员也是常用的手段。在给予回复的77名受访议员中,46.9%的议员经常或常常接触相关官员来处理问题,而45.9%的议员经常或常常通过与国务大臣面谈来解决问题。还需注意的是,超过半数的议员却极少(rarely)通过约见国务大臣来解决问题。3.关于议会质询,在77名议员中,60.0%的人极少使用这一手段,35.7%的人则经常或常常使用这一手段。这说明,尽管议会质询是监督行政机关的有效手段,但大多数后座议员仍然不倾向于使用它,如果再加上从不或极罕见(never, or very rarely)使用这一手段的比例,那么接近三分之二的议员极少使用议会质询的方式。这与议会质询的询问性、说明性特征密切相关。4.尽管《议会监察专员法》的拥趸们在推动该法通过时强调它对于强化议员监督行政手段的重要性,从受访议员的回复情况看,80.8%的议员较少使用这一手段,如果再加上从不或极罕见使用这一手段的比例,那么91.7%的议员是从不或极罕见使用或较少通过议会监察专员来处理选民申诉的。这显示出议会监察专员机制的低使用率。要了解议员们的低使用率,还需要在比较的框架下揭示议员们对议会监察专员机构效能的认知情况,这从表4-4中可以找到答案。

表4-4 下议院议员对议会手段的效用认知情况(议员数量比率%)

手段 \ 效用	议会质询	给国务大臣写信	休会辩论	议会监察专员	接触相关官员	与国务大臣面谈
没效果或基本上没效果	3.9	0.0	5.2	13.0	2.6	1.3
有时没效果	18.2	1.3	11.7	16.9	5.2	2.6
有点效果	35.1	20.8	36.4	19.5	22.1	18.2
很有效	23.4	71.4	29.9	22.1	36.4	61.1

续表

效用 手段	议会质询	给国务 大臣写信	休会辩论	议会监 察专员	接触相 关官员	与国务 大臣面谈
不清楚	19.4	6.5	16.8	28.5	33.7	16.8
总计	100.0	100.0	100.0	100.0	100.0	100.0

数据来源:罗伊·格雷戈里和艾伦·亚历山大在1973年的文章。[①]

通过表4-4,我们可以看出:1.在传统的监督行政机制中,给国务大臣写信和与国务大臣面谈被认为比较有用。在给予回复的77名受访议员中,71.4%的议员认为给国务大臣写信很有效(effective, or highly effective),如果再加上认为有点效果(moderately effective)的比例,超过90%的议员认为这一手段很奏效。这与表4-3中议员们遇到问题首先想起来的就是提笔给国务大臣写信的实践保持了一致。与此同时,61.1%的议员认为与国务大臣面谈也很有效,如果加上认为有点效果的比例,80%左右的议员对与国务大臣面谈能够解决问题充满信心。既然内阁责任是英国宪法的核心精神,议员们通过写信或约见那些对议会负责的国务大臣们,不啻为一个好的办法。2.对于其他传统机制,如议会质询、休会辩论、接触相关官员,在77名给予回复的受访议员中,认为这些机制很有效或有点效果的比例加起来也都超过了半数,远高于认为有时没效果(somewhat ineffective)和没效果或基本上没效果(highly ineffecitve, or ineffecitve)加起来的比例。这反映出,在议员们的观念中,传统的议会监督机制仍然十分奏效。3.当我们转向议会监察专员机制,情况便非常不同了。首先是认为该机制很有效的比例不高,仅为22.1%,还不如不

See Roy Gregory and Alan Alexander, "Our Parliamentary Ombudsman Part 2:Development and the Problem of Identity", *Public Administration*, Vol.50, No.3(March 1973), pp.41−59.

清楚(unclassified)这个机制效果的比例(28.5%)高;即便加上认为有点效果的比例(19.5%),对议会监察专员机制的效用持肯定或部分肯定观点的比例也不过40%,不仅低于与国务大臣面谈或给他写信的单项指标,也仅比对议会监察专员机制持否定或部分否定观点的比例高出10个百分点左右;而且,在对所有议会监督机制的否定性评价中,议会监察专员的比例最高(13.0%),远高于其他机制的比例(5%或远低于5%)。如果再结合表4-3中的使用频率数据,我们可以推断出议会监察专员机制的低使用频率与议员们对其功效不明显的认知有密切关系。

以上各表是从较为宏观的层面进行数据统计和分析的,如果我们将目光聚集在某一届议会,则更能发现问题。在这方面,威廉·B.格温提供了一个可供分析的统计情况。① 表4-5反映了一届议会会期内议员们转交案件的情况。

表4-5　下议院议员转交申诉案件的情况统计(1967.4—1970.5[1])

转交申诉请求的 案件数量(件)	转交申诉请求的 议员数量(名)	占全部议员的 比例(%)
0	47	7[2]
1—6	411	65
7—9	74	12
>9	98	16
	630	100[3]

数据来源:威廉·B.格温在1973年的文章。关于[1],新一届议会在1966年大选后组成(工党是多数党),而议会监察专员官署从1967年4月才开始运转,1970年为新的大选之年(保守党在此次大选中获胜),故本表中统计年份是工党政府的一届议会会期。[2]和[3]中数据在原文中有错误,分别为8%和101%,笔者将其改正了过来。

---

① See William B. Gwyn, "The British PCA: Ombudsman or Ombudsmouse?", *The Journal of Politics*, Vol.35, No.1(February 1973), pp.45-69.

通过表4-5,我们可以看出:在议会监察专员官署运行的前三年,本届议会的630名议员中有583名转交过案件;但65%的议员转交的案件在6件以下,如果加上一个案件也没转交的议员,接近四分之三的议员在三年中转交的案件低于7件。这一现象进一步强化了我们关于议会监察专员机制在议员们监督工作中较低使用的认识。进而,如果我们把《议会监察专员法》的制度设计初衷与本节5个统计表的情况做一对比,就会发现:政府当时想给议员们一把"利刃",但实践中这把"利刃"不仅被雪藏(利用率不高),而且议员对这把"利刃"的效用也存有质疑,从议员们关于议会监察专员机制效能的认识中我们甚至可以推导出不是"利刃"而是"钝刀"的结论。

(二)样本分析:代表性年度报告中的焦点问题

对议会监察专员制度的运行进行深入分析,需要总体描述和个案分析相结合。本书选择两份原始材料进行微观剖析:一份是埃德蒙·康普顿爵士的首份年度报告(1967年),一份是艾伦·马尔爵士的最后一份年度报告(1975年)。

1968年2月28日,康普顿爵士根据《议会监察专员法》的第10条第4款之规定提交了首份年度报告,对1967年的受案与处理情况做出说明。除了前文关于受案量、处理结果等情况统计外,在这份报告中我们还可以看出:1.在被拒绝进行调查的561个案件中,申诉针对的主体不当(第4条第1款,41%)、涉及人事争议之阻却理由(附件3第10条,24%)、申诉人有其他救济途径(第5条第2款第1项,11%)、超过时效(第6条第3款,9%)是主要原因。除了直接被拒绝进行调查的案件外,还有100件(占总受案量的9.5%)经过部分调查后决定不再继续调查下去,其主要原因有:不涉及行政管理行为(第5条第1款,24%)、超过时效但无正当理由(第6条第3款,

24%)、申诉人有其他救济途径(第 5 条第 2 款第 1 项,22%)、非附件 2 中的政府部门(第 4 条第 1 款,13%)。2. 就被调查对象而言,附件 2 中所列 44 个政府部门中有 33 个被提起申诉,其中被提起申诉最多的政府部门是社会保障部(占总受案量的 19%,被拒绝调查的比率为 41%),其他被提起申诉较多的政府部门依次是住房与地方政府部(占总受案量的 10%,被拒绝调查的比率为 23%)、税务总署(占总受案量的 8%,被拒绝调查的比率为 34%)、国防部(占总受案量的 7%,被拒绝调查的比率为 85%)、内政部(占总受案量的 5%,被拒绝调查的比率为 32%)。3. 予以调查的 188 个案件涉及 24 个政府部门,其中被调查较多的政府部门是住房与地方政府部(占调查案件总量的 25%)、社会保障部(占调查案件总量的 20%)、税务总署(占调查案件总量的 11%)、贸易部(占调查案件总量的 7%)、劳动部(占调查案件总量的 5%)。在经过调查后认为存在不良行政的 19 个案件中,税务总署以 6 件居首,其他依次为社会保障部(5 件)、劳动部(3 件)、住房与地方政府部(2 件)、海关总署、外交部、交通部均为 1 件。4. 在对受案量与调查结果进行统计后,该份年度报告还扼要介绍了议会监察专员官署的工作流程、对涉及管辖范围的焦点问题的解释。①

1976 年 2 月 5 日,马尔爵士提交了其任期内的最后一份年度报告。与议会监察专员的首份年度报告(1967 年)相比,马尔爵士的 1975 年的年度报告内容更翔实、层次更分明。该报告在导论中除了阐明报告依据外,还对本年度工作的总体情况进行了扼要介绍(这在 1967 年的年度报告中没有)。紧接着,该报告像 1967 年的年度报

---

① See Fourth Report of PCA, *Annual Report for* 1967, Session 1967–68.

告一样给出了年度总工作量及处期理情况的统计数据。接下来,在管辖范围这一部分,该报告也对一般性问题进行了阐释。继而,在调查这一部分,该报告按照政府部门的顺序择要列举出存在不良行政的案例。该报告的其他部分依次是政府部门的整改情况、议会监察专员增强公开性的做法、与其他监察专员机构的关系、接访与出访情况。由于该报告是马尔爵士的最后一份年度报告,他最后对其任期的工作进行了总结:经过他的任期努力,议会监察专员官署的受案量显著增加;受案量的显著增加与公开其官署的服务事项和吸引媒体关注密切相关;每一个受理的案件,无论调查与否,都经过了认真的审查;由于前述工作方式,一个案件从受理到完结耗时日久,但这是达致最佳结果的必要代价;政府部门虽被经常叨扰,但总体上配合态度良好;除了个案救济外,议会监察专员在优化行政服务方面起到了积极作用,进而使更大范围的人们受益。此外,马尔爵士还罕见地在年度报告中就改进议会监察专员制度提出了个人看法,在监察专员机构越来越多的情况下,他强调应以"便民"原则为中心建立一个更加协调的监察专员制度体系。①

从这两个样本报告中,我们可以看出:第一,年度报告以一种简单(极精简地谈及相关案例)而中立(不发表个人看法)的态度为之。第二,年度报告的基本内容是数据统计、管辖问题阐释、精选调查案例、工作公开度情况。第三,与民众生活密切相关的政府部门(如社会保障部、劳动部、税务总署等),承载了议会监察专员官署的主要工作量。第四,议会监察专员的调查活动及改正建议一般得到了政府部门的配合,此一时期尚未有依据《议会监察专员法》第 10 条第 3

---

① See Second Report of PCA, *Annual Report for* 1975, Session 1975–76.

款规定提交特别报告的情形。第五,年度报告篇幅越来越长、规范性程度越来越高,而且议会监察专员官署的工作公开度问题越来越受重视。

三、初步发展期的制度效能:典型个案解读

个案分析是对一项具体的宪法制度进行严谨分析的重要手段。通过个案分析,有助于发现法律文本的"表达"和实践之间的关系,也有助于揭示一般与特殊的关系。当《议会监察专员法》生效之时,人们看到该法所施加的各种限制性条件,便作出断言,这个新机构不过是个"纸老虎"。前文关于年度报告的一般解读也揭示出议会监察专员机制在议员们中的使用率比较低,而且议员们也认为这一机制并不那么有效。但在初创期的议会监察专员制度实践中,确实有议会监察专员发挥"真老虎"作用的典型个案。1967年的"萨克森豪森集中营案"和1975年的"科特航运集团公司倒闭案"便是这样的典型个案。

(一)"萨克森豪森集中营案"

1964年,英国和联邦德国(西德)签订了一份协议,由联邦德国出资100万英镑,以赔偿那些曾经在纳粹集中营受迫害的英国战俘。为此,英国外交部指定外务办(Foreign Office)具体办理该项事务。在实际操作过程中,一批申请人的申请被拒绝了。外务办给出的理由是:英德赔偿协议的针对对象是那些因德国违反《日内瓦公约》规定而受到迫害的战俘,而非那些在常规的监狱中受到虐待的被关押人。考虑到萨克森豪森这个地方分为集中营区域和非集中营区域,故没有被关押在集中营区域的战俘无权获得赔偿。对此决定,部分申请人不服,通过艾雷·尼夫(Airey Neave)议员将该案转交给议会监察专员。

经过充分的调查取证,埃德蒙·康普顿爵士得出下面的结论:"(1)外务办做出 Sonderlager A 和 Zellenbau 这两个地方不属于集中营的构成部分的决定过程有瑕疵,因为这一决定是建立在片面和极不相关信息的基础之上的,且这一决定没有考虑到额外的信息与证据(特别是关于 Zellenbau 的)。(2)我并非质疑集中营赔偿计划的一般规则之内容,即没有被认为是关押在集中营区域的申请人须证明他也受到了与关押在集中营区域的人相当之迫害。我将这个记录在案意在表明,在非集中营区域关押的申请人应比在集中营区域关押的申请人接受更为严格的测验,而这确实在'萨克森豪森集中营案'上发生了。(3)我批评外务办对待申请人提交的那些证据的方式,这些证据用以证明关押在 Zellenbau 区域的受害人与身处在集中营区域的受害人所遭受的迫害情况相似。"在确定不良行政存在后,康普顿爵士接下来要考虑的是它是否导致了不公正的后果。根据《议会监察专员法》的相关规定,仅有不良行政而无不公正后果的话,申诉人不能得到救济。为此,康普顿爵士进一步阐释道,外务办决定过程及对待申请人所提交证据的方式,对申请人的地位和名声是一种损害。理由在于,对于那些在战争中被关押在集中营并遭受纳粹迫害的人而言,外务办的不当区分及拒绝关押在非集中营区域的赔偿申请,对他们的名声是一种损害。在这样的基础上,康普顿爵士提出:虽然具体赔偿多少不是由议会监察专员机构来决定,"但我建议外务办重新审查当事人提交的补充证据并重新作出决定,……后续的赔偿也要以这个重新审查为基础"。

当康普顿爵士发布这个专门报告时,外务办已经通知议会监察专员准备重新审查这些被拒绝的案件。在 1968 年 2 月的下议院辩论中,外交大臣乔治·布朗(George Brown)对外务办的立场进行了辩护,强调外务办的行为算不上"拙笨"(bungling)或"粗心"(blundering),这是一个裁量的问题。不过,他也同时表示将支付赔偿金(稍少)给那些申请人。外交大臣布朗的吝啬赔偿计划并没有得到议员们的支持,议会专门委员会也明确表示支持议会监察专员的调查结论。康普顿爵士在本案中敢于批评外务办并帮助申诉人获取赔偿金的做法,为这个新成立的机构赢得了敢于且能够纠正政府部门不良行政行为的名声。①

(二)"科特航运集团公司倒闭案"

科特航运集团公司从其成立之日起业务范围不断扩大。到1974年夏,该公司已成长为业务范围涉及航运、造船、航空、包价旅游等领域的庞大的集团公司。但是当时坊间有传言,该公司资不抵债、即将破产。在这样的情况下,1974年6月26日,时任工业大臣安东尼·本(Anthony Benn)作出声明说人们在该公司预订的包价旅游是安全的,政府正想办法帮助该公司度过危机。7月1日,该工业大臣在议会质询中对政府如何挽救这家公司做了进一步说明。8月15日(即前述声明的六周之后),科特航运集团公司宣告破产。

从1974年8月15日起,到1975年1月22日止,先后有60名下议院议员把相关申诉请求转交给时任议会监察专员艾伦·马尔爵士,申诉的理由是,工业大臣在1974年7月1日所做的声明对社会公众起到了误导的作用。当马尔爵士决定进行调查时②,该工业大臣表示热烈欢迎并宣称会积极配合。经过调查,马尔爵士认为工业

---

① See Third Report of PCA, *Sachsenhausen*, Session 1967-68.

② 这与其前任埃德蒙·康普顿爵士在稍早的 Duccio 案件(1969)中的态度形成对比。在 Duccio 案件中,康普顿爵士认为国务大臣的声明不是可予调查的行政管理行为。See Third Report of PCA, *Duccio*, Session 1968-69.

大臣的声明确实误导了民众,而且,对于包价旅游的预订者所遭受的损失,政府不能完全免责。对于这样的调查结论,支持政府的议员批评说马尔爵士越界了,他调查了"政策"问题,这违背了《议会监察专员法》对其范围限定在"行政管理"问题上的精神。相应地,政府也拒绝认可该调查结论,主要理由是内阁委员会关于此问题的真正意思是安抚科特航运集团公司,并由该公司向其顾客提供保证。当议会监察专员在调查过程中想要调阅相关文件时,政府以《议会监察专员法》第 8 条第 4 款之规定拒绝了这一要求。议会监察专员的"特别报告"发布后,在专门委员会介入前,下议院就该问题展开辩论并进行了表决。结果,下议院议员以政党阵营为界形成对立,支持政府的一方最终以 24 票的优势(180 VS 156)获胜。这一事件的重要意义还在于,它是首个涉及调阅内阁信息的案件,且引发了议会监察专员职权问题上"政策"与"行政"之争。[1] 尽管该事件最终以政府部门获胜而终结,但议会监察专员因马尔爵士的所作所为再度赢得了好名声——它能独立地行使职权,能够且敢于批评国务大臣。

四、小结:制度初创与备受掣肘

当英国的议会监察专员制度迎来十周年庆典之际,国际法学家协会英国分会再度发布了一个影响深远的评估报告——《我国备受掣肘的监察专员》。该报告肯定议会监察专员制度在英国宪法上具有重要地位,并对这个制度从确立到初期运行所取得的成就给予充分肯定,强调议会监察专员在涉及民众日常生活的社会保障、家庭津

---

[1]　See Fifth Report of PCA, *Court Line*, Session 1974-75;Roy Gregory,"Court Line, Mr Benn and the Ombudsman", *Parliamentary Affairs*, Vol.27, No.3(May 1974), pp.269-292.

贴、劳动就业权等方面提供了个案救济,在纠正行政系统弊端上发挥着突出作用。但是,要想让这个机构真正成为公民权利的有力保护者,现有制度在提名机制、管辖范围、阻却事由、"入口"等方面存在着重大不足,这需要通过修改立法来实现。因此,初创期的议会监察专员机构,无论是从受案量、认知度,还是从管辖权和效能方面来说,都备受掣肘。① 这份评估报告在官、学、民各界引起广泛反响,促使伊德瓦尔·普格爵士和议会专门委员会分别在年度报告和年度审查报告中予以回应。这不禁引发我们的思考:如何评价初创期的议会监察专员制度?

从积极面来说,第一,救济不良行政的机制从"纸面"走向了现实。当《议会监察专员法》开始实施时,人们对新成立的议会监察专员机构低眼相看,认为它不会发挥什么作用。10 年之后,人们普遍承认这个机构在救济不良行政上带来了显著不同,并开展了一系列卓有成效的调查活动。即便此时人们仍有批评,但批评的方向已经不是说这个制度存在值不值得,而是转向了对其公开性、社会认知度和使用率低这些方面。对于英国这样一个人口众多的大国而言,能够移植并改造一个国外制度,而且能让这个制度有效运行,已经是难能可贵的了。从更宽泛和更高层级上来讲,这个制度本身也反映了英国宪法对变化社会的一种适应。第二,议会监察专员官署的工作范式得以形成。经过初创期的十年实践,管辖权测试的"十标准"、"三步走"工作程序、"充分而彻底的"调查方法、纠问制工作方法、规范化的年度报告、确实启动的"特别报告"程序等内容,成为议会监察专员官署区别于法院、行政裁判所及行政机关内设申诉处理机构

① See JUSTICE, *Our Fettered Ombudsman*, London:JUSTICE Educational and Research Trust,1977.

的典型特征。第三,个案救济与纠正系统弊端相得益彰。虽然由于立法规定和议会监察专员个人风格所限,大量申诉案件被认为是不在管辖权之内,而且在进行调查的案件中获得支持的比例不高,但从前文表4-2中数据可见,议会监察专员予以调查的案件、支持申诉人的案件总体上是逐年提高的。通过调查个案,议会监察专员对行政系统弊端进行了揭露,相关政府部门相应地修改了内部规则,从而使更大范围的民众受益。

当然,初创期的议会监察专员制度也存在着若干不足:第一,在管辖权方面,附件2尽管列出了几乎所有的中央政府部门,但仍有大量影响公民生活的中央级别的机构没有列入其中。进而,附件3所规定的阻却事由范围过于宽广,特别是民众和议员们批评激烈的行政人事争议、行政合同等事项;不良行政的概念过于抽象,一方面它所针对的行为范围较窄(与行政过程相关);另一方面它又让民众无从把握,造成了民众关注的焦点只能集中于不公正之结果上。第二,在"入口"方面,议员过滤机制在实际中呈现出两种样态:一是确实发挥了过滤作用,从而减轻了议会监察专员的工作量;二是没有发挥出功效,当问题出现时,议员们极少使用这一机制,或者,议员们对申诉不加过滤,即便是那些不属于议会监察专员范围的案件,议员们也转交过来,以求获得议会监察专员的一个确认或证明。此外,《议会监察专员法》并没有限制选民只能向其选区议员申诉,但在实践中却形成了只能向本选区议员提交申诉请求的惯例。第三,在实践中,议会监察专员的功能更多地被强调在"小额赔偿法院"上,其纠正行政系统弊端的功能无法与个案救济功能等量齐观。在这一时期,不仅"预防员"功能无从提起,根据群体性申诉发布主题性报告并进而就某一制度提出改进建议的"审查员"功能也效果不彰。此外,在调查工作的公开性和增强人们的认知度方面,此一时期的议会监察专员机构仍做得不够。

为了更好地发挥议会监察专员机构的作用,专门委员会在1977—1978年度议会会期的评估中给出如下建议:第一,在"入口"方面,既然伊德瓦尔·普格爵士在其1977年的年度报告中已经找到了一个替代办法,议员过滤机制无须移除;此外,议会监察专员对议员(尤其是他选区议员)转交申诉案件的抑制性惯例应予改正。第二,在减少阻却事由方面,议会监察专员应该对针对外事机构或驻外机构的申诉、针对行政合同或其他商事交易的申诉、针对公务部门人事争议(有例外)的申诉、针对王室机构的申诉有管辖权。第三,在可予调查的行为方面,不良行政之术语无须更改。第四,在职权扩充方面,议会监察专员应能就立法所带来的不公正向议会提出;在得到专门委员会同意的前提下,议会监察专员应能对其职权范围内的机构调整进行检查;议会监察专员还应有权查阅内阁文件,除非检察总长证明该查阅行为会危及国家安全或损害公共利益。第五,在公开性和职权保障方面,议会监察专员应通过加强与议员的联系来增强他们对其工作的认知;议会监察专员的年度报告和专门委员会的年度审查报告每年应至少进行一次议会辩论;议会监察专员应依据第10条第4款之规定更多地发布临时报告。① 在未来的发展中,这些建议提供了制度改进的出发点。

---

① See Fourth Report of PCASC, *Review of Access and Jurisdiction of PCA*, Session 1977-78.

第三节　深入发展期的议会监察专员制度
（1977—1996 年）

一、制度深入发展期的议会监察专员

处于议会监察专员制度发展期的议会监察专员，除了前文提到的伊德瓦尔·普格爵士外，还有两位出庭律师（塞西尔·克洛蒂尔爵士和安东尼·巴罗克拉夫爵士），以及一位高级公务员（威廉·里德爵士）。

（一）第四任议会监察专员：塞西尔·克洛蒂尔爵士

塞西尔·克洛蒂尔爵士担任议会监察专员的时间是 1979 年 1 月 3 日（时年 60 岁）至 1984 年 12 月 31 日（时年 65 岁）。克洛蒂尔爵士是首位具有法律背景的议会监察专员，在担任该职前他曾任马恩岛上诉法院法官，也是王室法律顾问。克洛蒂尔爵士参加过第二次世界大战并拥有军功。在他的任期内，除了定期发布年度报告（1978、1979、1980、1981、1982、1983 年）和季度报告外，克洛蒂尔爵士也依据《议会监察专员法》第 10 条第 4 款的规定提交了专门报告，其中比较著名的有 1979 年的"吉卜赛人非法占有国有土地案"①、1984 年的"政府部门拖延审查谋杀罪嫌疑犯申诉请求案"。②

在履职期间，他奉行"萧规曹随"的原则，但也注意发挥自身能

---

① See Third Report of PCA, *Investigation of a Complaint about the Occupation by Gypsies of Surplus Government Land*, Session 1979-80.

② See Fourth Report of PCA, *Investigation of a Complaint about Delay in Reviewing a Conviction for Murder*, Session 1983-84.

动性。为增加社会公众对其官署的认知,他积极接受邀请去各地给不同的人群作报告,呼吁人们不要对其机构保持距离,也不能冷漠视之,并强调人们应把议会监察专员制度作为英国宪法的基本特征。①也正是在他的任期内,议会监察专员的法定管辖权经历了第一次扩充,将附件3中阻却事由减少一部分,即英国驻外机构在为英国公民提供服务时的履职行为属于议会监察专员的管辖范围。更重要的是,作为一名律师出身的议会监察专员,在那些是否予以调查存疑的情形下,克洛蒂尔爵士倾向于进行调查。当然,如果申诉人无法提供被诉政府部门存有不良行政的证据,他也会毫不犹豫地拒绝这一申诉。在其离任之际,克洛蒂尔爵士对其任期内未能实现的下列目标表示遗憾:主动调查权、管辖权扩展至人事争议和商事交易问题、"直接入口"。② 不过,当他离任之际,媒体对他的贡献予以充分肯定,认为他是一个卓有成效的议会监察专员(《苏格兰人报》)、一个不知疲倦推销其机构的"超人"(《泰晤士报》)、为小民提供抗衡白厅(即政府)的有力臂膀的人(《卫报》)。

(二)第五任议会监察专员:安东尼·巴罗克拉夫爵士

在塞西尔·克洛蒂尔爵士之后,安东尼·巴罗克拉夫爵士是又一名出身于律师的议会监察专员。巴罗克拉夫爵士同样拥有从军和实战经历,在出任议会监察专员之前,他在内殿律师学院担任过职务,并担任王室法律顾问。巴罗克拉夫爵士的任职期间是1985年1月1日(时年61岁)至1989年12月31日(时年65岁)。在他的任

---

① See Roy Gregory and Philip Giddings, *The Ombudsman, the Citizen and Parliament: A History of the Office of the PCA and HSC*, London: Politico's 2002, pp.232-237.

② See Roy Gregory and Philip Giddings, *The Ombudsman, the Citizen and Parliament: A History of the Office of the PCA and HSC*, London: Politico's 2002, pp.248-249.

期内,巴罗克拉夫爵士提交了五份年度报告(1984、1985、1986、1987、1988 年)、若干份季度报告,以及《议会监察专员法》第 10 条第 4 款的专门报告,其中最著名的是 1989 年发布的"巴洛·克洛斯公司案(Barlow Clowes)"报告。[①]

在巴罗克拉夫爵士任期内,比较重大的变化有两个:一个变化是议会监察专员法定管辖权的再度扩充。1987 年议会对《议会监察专员法》进行了修正,大幅增加了附件 2 中的可予调查之主体,把 50 个半官方的公共机构添加到其中。另一个变化是受案量和进行调查的案件量的持续性的"双降"。例如,议员新转交的案件数量从 1985 年的 759 件降至 1989 年的 677 件,议会监察专员进行调查的案件数量从 1985 年的 177 件降至 1989 年的 120 件。考虑到此一时期其管辖的主体范围的扩充,这一持续性的"双降"现象耐人寻味。这一现象主要与议会监察专员官署所采用的"劳斯莱斯式"工作方法有关。对于每一提交的申诉案件,巴罗克拉夫爵士及其工作人员都会进行充分而彻底的审查,无论该案最终是否要进行调查,而一旦决定调查,这个案件将会经历充分的取证、质证过程,由此造成了所调查的每一个案件的平均处理时间长达 15 个月。这种费时费力的活动,遭到了议员们的批评,也引起了下议院专门委员会和内阁办公室的高度重视,但巴罗克拉夫爵士的回应是《议会监察专员法》要求其本人对每一个案件都要参与其中,且他要保证所有经过他手的案件的处理都无懈可击。当然,他也想出了诸如增募人员、在工作人员中移交案件(从手头案件多的人手中转向手头案件少的人手中)等办法来缩短调查时间,但直到他离任的 1989 年底,每一个案件的平均

---

① See First Report of PCA, *The Barlow Clowes Affair*, Session 1989—90.

处理时限仍长达 15 个月。对于巴罗克拉夫爵士任期内的议会监察专员机构,媒体的评价是"他的所有调查活动都无懈可击"(《每日电讯报》)。①

(三)第六任议会监察专员:威廉·里德爵士

在经历了两任律师出身的议会监察专员后,这个官署迎来了又一名高级公务员出身的议会监察专员——威廉·里德爵士。里德爵士来自苏格兰,有从军经历,担任该职前的身份是苏格兰内政与卫生部大臣。里德爵士的任期是 1990 年 1 月 1 日(时年 59 岁)至 1996 年 12 月 31 日(时年 65 岁)。在他的任期内,里德爵士遵循先例提交了 7 份年度报告(1989、1990、1991、1992、1993、1994、1995 年)、若干份季度报告和《议会监察专员法》第 10 条第 4 款的专门报告,其中比较著名的有"捕杀家禽补偿案"②"儿童保障机构不良行政案"。③值得特别注意的是,里德爵士还根据《议会监察专员法》第 10 条第 3 款之规定提交了议会监察专员机构历史上第 2 份特别报告——"英吉利海底隧道铁路线案(Channel Tunnel Rail Link and Blight)"。④

正是在里德爵士任职期间,议会监察专员制度取得了巨大进步,这与他个人的努力密不可分。除了新受理案件数量和予以调查的案件数量大幅提升外(如新受理案件数量从 1990 年的 704 件逐渐递增至 1996 年的 1933 件),议会监察专员的管辖权得到再度扩充,法院

---

① See Roy Gregory and Philip Giddings, *The Ombudsman, the Citizen and Parliament : A History of the Office of the PCA and HSC*, London : Politico's 2002, pp.257-273.

② See Fourth Report of PCA, *Compensation to Farmers for Slaughtered Poultry*, Session 1992-93.

③ See Third Report of PCA, *Investigation of Complaints against the Child Support A-gency*, Session 1994-95.

④ See Fifth Report of PCA, *The Channel Tunnel Rail Link and Blight : Investigation of Complaints against the Department of Transport*, Session 1994-95.

行政人员的行为被纳入进来,数量众多的行政裁判所也被置于其管辖范围内,众多非民选的监管机构如全国福彩局、能源局、铁路监督局等也被纳入进来。里德爵士还对不良行政的概念进行了扩充,极大地拓宽了对申诉人的保护。在履职期间,里德爵士以其自身实践表明了:不良行政的概念不是用来让申诉人难堪的,相反,通过扩充这一概念的内涵,议会监察专员期望行政机关能够做得更多更好。①

二、深入发展期的制度运行:以年度报告为中心

(一)一般性分析:议会监察专员的受案、处理与制度效用

本节对年度报告的整体解读主要从三个方面展开:一是议会监察专员机构的工作量与管辖权测试后的结果;二是议会监察专员机构予以调查的案件数量及支持申诉人的情形;三是借用加文·德鲁里和卡罗尔·哈洛对1986年转交案件的议员数量的个案统计来探明议员们对议会监察专员机构的使用情况。

表4-6　议会监察专员的受案情况

受案情况 年份	民众直接提交的案件数量(件)	通过议员转交的案件数量(件)	上一年度结余案件数量(件)	年度总工作量(件)	转交案件的议员数量(名)	因在管辖范围外而被拒绝调查的案件数量(件)	被拒绝调查的案件占年度总工作量的比例(%)
1977	868	901	183	1084	401	504	46.5
1978	1777	1259	238	1497	461	927	61.9
1979	822	758	192	950	368	541	56.9
1980	1194	1031	149	1180	401	686	58.1

① See Roy Gregory and Philip Giddings, *The Ombudsman, the Citizen and Parliament: A History of the Office of the PCA and HSC*, London: Politico's 2002, pp.349-351.

续表

受案情况 / 年份	民众直接提交的案件数量(件)	通过议员转交的案件数量(件)	上一年度结余案件数量(件)	年度总工作量(件)	转交案件的议员数量(名)	因在管辖范围外而被拒绝调查的案件数量(件)	被拒绝调查的案件占年度总工作量的比例(%)
1981	870	917	253	1170	387	694	59.3
1982	1002	838	241	1079	389	574	53.1
1983	952	751	资料欠缺	无法统计	462	605	无法统计
1984	901	837	资料欠缺	无法统计	386	658	无法统计
1985	935	759	资料欠缺	无法统计	373	606	无法统计
1986	838	719	资料欠缺	无法统计	387	549	无法统计
1987	1097	677	资料欠缺	无法统计	379	509	无法统计
1988	1132	701	资料欠缺	无法统计	359	527	无法统计
1989	1012	677	资料欠缺	无法统计	361	502	无法统计
1990	1039	704	298	1002	371	535	53.4
1991	1045	801	278	1079	432	580	53.8
1992	1154	945	310	1255	460	661	52.7
1993	953	986	398	1384	429	715	51.7
1994	资料欠缺	1332	458	1790	资料欠缺	870	48.6
1995	资料欠缺	1706	651	2357	资料欠缺	1226	52.0
1996	资料欠缺	1933	883	2816	556	1413	50.2

数据来源:1977—1996 年议会监察专员的年度报告。需要说明的是,笔者虽经多方查找,但在 1983—1989 年的数据中,仍"欠缺"上一年度结余案件数量,由此造成同一时段年度总工作量、被拒绝调查的案件占年度总工作量的比例"无法统计";1994、1995 年中缺乏的资料是民众直接提交的案件数量,以及同一时段转交案件的议员数量;1996 年中缺乏的资料是民众直接提交的案件数量。

通过表4-6,我们可以看出:在这20年中,1.1996年既是议员转交案件最多的年份(1933件),附带性地造成了本年度总工作量的最大(2816件),转交案件的议员数量也创下了历年之最(556名);当然,从绝对数量上看,本年度也是因申诉请求在管辖范围外而被拒绝调查的案件数量最多的年份(1413件)。从被拒绝调查的案件占年度总工作量的比例看,1996年与以往年份并无太大差异,仍在50%

上下浮动,反倒是 1978 年创下了此一时期被拒绝调查案件占年度总工作量的峰值(61.9%)。从前文关于议会监察专员的简介中,我们能发现些许端倪。伊德瓦尔·普格爵士和威廉·里德爵士是此一时期处于一头一尾的议会监察专员,也都是公务员出身,前者因敢于批评政府部门而著称(例如他在 1978 年发布了首个真正的特别报告),后者因对不良行政的内涵进行扩充而闻名。而且,他们都十分强调议会监察专员机构在英国宪制中的重要性,并看重人们对该机构的认知与使用情况。为此,他们在促进议员和民众了解议会监察专员官署的职能和工作流程方面作出重大贡献。这就导致了议会监察专员官署新受理案件的两个高峰期出现在他们两位的任期内。因为受理案件数量巨大,很自然地就会导致拒绝率的上涨。2. 与之相对,法律背景出身的议会监察专员或许更重视案件调查的"质量"(向司法程序靠拢,强调充分的取证、质证过程),这就造成了个案平均处理时限的延长,或许对受理案件的数量造成影响。在前文中,笔者曾提到安东尼·巴罗克拉夫爵士任职期间曾因"奢华的"调查程序所带来的时耗而被议员们乃至专门委员会所批评。于是,我们在表 4-6 中看到议会监察专员官署新受理案件的两个谷值(677 件)均出现在巴罗克拉夫爵士任职期间,与之相应,转交案件的议员数量最少(359 名)的年份也在这一时期。由于资料欠缺之故,我们对巴罗克拉夫爵士任职期间的上年案件结余量、拒绝率无法确定精确数据,但从前后的相关数据比对看,此一时期的拒绝率不会超出表 4-6 中标出的峰值和谷值。3. 如果不考虑 1983—1989 年资料欠缺的情况,相对的拒绝率的两个端点出现在里德爵士任职期间。如果说拒绝率较高的原因与受案量大幅增加有关,那么拒绝率较低的原因或许与该年度的特殊情况有关。4. 虽然此一时期议员过滤机制仍然存在,但得益于里德爵士所发明的"绕行"机制,民众对于直接进入议会监察专员工作流程的"殿堂"有了现实的办法。所以,民众通过书面形式直接提交申诉状到议会监察专员及其下属面前的情况在1978年达到了峰值。此后,民众直接提交申诉状的数量有所起伏,但如果我们考虑到民众也可通过电话、面谈等形式来表达诉求,总体上这一数量是逐年递增的。要进一步了解议会监察专员机构在这一时期的实践成效,我们还需要看看议会监察专员对所受理案件的调查和支持情况,这在表4-7中得到了集中展示。

表4-7 议会监察专员的调查及对申诉的支持情况

年份 / 调查与支持	年度总工作量(件)	予以调查的案件数量(件)	调查案件占年度总工作量的比例(%)	支持申诉人的案件数量(件)	获得支持案件占予以调查的案件数量的比例(%)
1977	1084	312	28.8	111	35.6
1978	1497	341	22.8	131	38.4
1979	950	223	23.5	84	37.7
1980	1180	225	19.1	107	47.6
1981	1170	228	19.5	104	45.6
1982	1079	202	18.7	67	33.2
1983	无法统计	198	无法统计	83	41.9
1984	无法统计	183	无法统计	81	44.3
1985	无法统计	177	无法统计	75	42.4
1986	无法统计	168	无法统计	82	48.8
1987	无法统计	145	无法统计	63	43.5
1988	无法统计	120	无法统计	59	49.2
1989	无法统计	126	无法统计	61	48.4
1990	1002	177	17.7	74	41.8
1991	1079	183	17.0	87	47.5
1992	1255	190	15.1	103	54.2
1993	1384	208	15.0	127	61.1
1994	1790	226	12.6	131	17.9

续表

调查与支持 年份	年度总工作量(件)	予以调查的案件数量(件)	调查案件占年度总工作量的比例(%)	支持申诉人的案件数量(件)	获得支持案件占予以调查的案件数量的比例(%)
1995	2357	245	10.4	资料欠缺	无法统计
1996	2816	260	9.2	189	72.7

数据来源:1977—1996年议会监察专员的年度报告。需要说明的是,本表中的"资料欠缺"和"无法统计"与表4-6原因相同。

通过表4-7,我们可以看出:在这一时期,1.从绝对数量上看,在年度总工作量中,议会监察专员予以调查的案件数量的峰值出现在1978年,为341件;谷值出现在1988年,为120件,为1978年数量的三分之一左右。从相对比例来看,予以调查的案件数量的比例最高的年份是1977年,为28.8%;比例最低的年份是1996年,仅为9.2%。对于欠缺资料的1983—1989年,从表4-6关于年度总工作量的估算和这些年份的绝对调查数量看,大体会在这两个比例之间浮动,一如其他年份。如果我们做进一步分析会发现,予以调查案件比较多的年份的绝对值和相对比例大体保持一致,这与伊德瓦尔·普格爵士的个人性格和"绕行"机制的效应有关。至于说相对调查率的谷值出现在1996年,则与该年度总工作量过于庞大有关,毕竟,从绝对数量上看,1996年予以调查的案件数量是仅次于普格爵士任职的1977年和1978年的,但1996年的年度总工作量则是这两年的两倍。予以调查的案件数量的峰值出现在普格爵士和里德爵士任职期间,不仅印证了有学者关于"有法律背景的人并不见得比没法律背景的人在推动议会监察专员制度发展中的作用大"的论断[1],而且

① See William B.Gwyn,"The Ombudsman in Britain:A Qualified Success in Government Reform",*Public Administration*,Vol.60,No.2(June 1982),pp.177-195.

与他们任期内的个人能动性有关。例如,在安东尼·巴罗克拉夫爵士任职期间的 1987 年,议会对《议会监察专员法》的附件 2 中的可予调查之主体进行了大幅扩充,按理说这会增加受案量和调查案件量,但如表 4-7 中所显示的那样,议会监察专员予以调查的案件数量反而在这两年处于最少的位置。这不能不说,法定权限内的能动性对议会监察专员机构的实践具有决定性影响。2. 从绝对数量上看,议会监察专员支持申诉人诉求的情形也多发生于普格爵士和里德爵士任职期间,其中峰值即在 1996 年(189 件),相对比例也是历年之最(72.7%);与之相对,议会监察专员支持申诉人的案件数量比较少的情形也主要发生在巴罗克拉夫爵士任职期间,其中谷值是在 1988 年,仅有 59 件申诉得到了支持,其他比较少的年份分别是 1987 年(63 件)、1989 年(61 件)和 1982 年(67 件,该年也占据了支持率的谷值位置)。这再度说明了,问题的关键不是出身背景,而是法定权限内的能动性。

对于英国这样一个人数远多于瑞典和丹麦的国家而言,在这一时期,议员们仍不太愿意使用这一机制。如果说表 4-6 和表 4-7 中的各项数据从宏观上反映了发展期的议会监察专员制度的运行情况,表 4-8 则从更微观的层面来揭示问题。

表 4-8　下议院议员转交申诉案件的情况统计(1986 年)

转交申诉请求的 案件数量(件)	转交申诉请求的 议员数量(名)	占全部议员的 比例(%)	占转交案件的 议员的比例(%)
0	263	40.5	—
1	200	30.8	51.7
2	102	15.7	26.4
3	43	6.6	11.1
4	30	4.6	7.8

续表

转交申诉请求的 案件数量（件）	转交申诉请求的 议员数量（名）	占全部议员的 比例（%）	占转交案件的 议员的比例（%）
5	7	1.0	1.8
6	4	0.6	1.0
7	1	0.2	0.2
	650（总数）	100.0	100.0

数据来源：加文·德鲁里和卡罗尔·哈洛在1990年的文章。①①

通过表4-8，我们可以看出：在650人的下议院议员中，有263名（占全部议员数量的40.5%）在1986年没有转交过一个案件，200名（占全部议员数量的30.8%）仅转交过一件申诉请求，另有102人（占全部议员数量的15.7%）转交过2件案子。换句话说，有接近90%（实际比例为87%）的议员在本年度提交的案件是3件以下（不包括3件）。如果我们将这一数据与第二节中加以对比，就会发现，这个已经运行了20多年的制度，其使用率仍然跟最初的几年差不多（1967—1970年的年平均转交案件在2件及以下的议员比例接近四分之三），甚至还要低得多。当然，选择某一特定年份有结论"武断"之危险，但考虑到一个被议员和人们所认可的制度已经运行了如此之久，1986年的数据足以说明这个制度不仅是没有被充分使用，而且是远未尽其用。至于说议员们为何不愿使用这一机制，第二节中的那些原因（如给国务大臣写信更有效）依然适用。除了这一点外，议员们对时任议会监察专员安东尼·巴罗克拉夫爵士"劳斯莱斯式"调查方法与每一个案件均亲力亲为的做法颇有微词，耗时甚巨

---

① See Gavin Drewry and Carol Harlow, "A ' Cutting Edge ' ? —The Parliamentary Commissioner and MPs", *The Modern Law Review*, Vol. 53, No. 6 (November 1990), pp.745-769.

的调查过程也让议员们和社会公众望而却步。既然《议会监察专员法》规定了议会监察专员机制的法定启动主体是议员,如果议员们都不倾向于使用这一机制,纵然它在查明问题方面无懈可击,受案量缩小也限制了该机构在议员和社会公众中的认可度。不过,板子也不能总打在议会监察专员身上,此一时期特别是 20 世纪 70 年代末以来的经济状况趋紧,也使得政府和议员们的精力都被牵扯到这个问题上,无形中也减少了议会监察专员机构在国家政治生活中的重要性。

（二）样本分析：代表性年度报告中的焦点问题

本节选择的年度报告样本是 1977 年和 1993 年的。选择这两份年度报告的理由是：在 1977 年的年度报告中,伊德瓦尔·普格爵士发明了著名的"绕行"议员过滤机制的办法,并随后在下议院专门委员会的十年评估审查报告中得到了认可；在 1993 年的年度报告中,威廉·里德爵士扩充了不良行政的内涵,并就议会监察专员首度被司法审查的"戴尔案（Dyer Case）"作出回应。

1977 年的年度报告由导论、职权与管辖、不良行政再审视、对冤屈的救济、管辖范围、案例选编、数据统计 7 个部分构成。除了导论、职权与管辖这两个部分外,普格爵士对其他部分的处理,遵循了其前任们所形成的表述风格,只是在年度数据和实际处理的案件情况略有不同。正如本章第二节关于普格爵士的简要介绍中提到的,普格爵士十分重视向议员和社会公众推广其官署所能提供的服务。在这份年度报告中,普格爵士对该问题的重视得到了集中体现：首先,他认为议会监察专员官署的职能和其所提供的服务并不为那些要使用它的人所熟知。为此,他强调本年的主要任务便是公开性的问题。其次,普格爵士通过获取中央信息办（the Central Office of Information）支持的方式,参与了一系列媒体和广播访谈节目,并做了多次公开讲座,以增强人们对其官署职权和所能提供服务的认知。此外,他还通过在季度报告中公布案例选编的形式让人们对其官署所能处理的案件有更清楚的认识。正得益于普格爵士孜孜不倦地推进公开工作,议会监察专员的官方称谓 PCA 获得了其非正式称谓 PO,进而走进了人们的心田。

在 1977 年报告的第二部分,普格爵士回应了国际法学家协会英国分会所发布报告(1977 年)对其"入口"和管辖范围的批评,阐释了实践中其官署的创新性努力:1. 关于"入口"问题。普格爵士强调是时候由议会对议员过滤机制的必要性进行重新审查评估了。在立法修改前,他的建议是:如果他和他的工作人员发现民众直接提交的申诉具有可调查性,他将直接把该申诉状和附带材料交给相关议员,并告知他将准备开展调查,只要该名议员同意。这一做法对传统办法进行了修正。在传统办法下,对于民众的直接申诉,议会监察专员只能将该申诉退回,并告知他向其选区议员提出,再由该名议员视情况来转交。这一做法,得到了下议院专门委员会的肯定。在议会没有通过立法废除议员过滤机制的情况下,它实际上是一种减少麻烦和繁文缛节的"绕行"办法。2. 关于不良行政。国际法学家协会英国分会一直批评这一术语的内涵过窄,建议将其内涵扩充至不合理、不公正或专横的行政行为。对此,普格爵士的回应是,无论是他本人,还是其前任们对这个术语的理解都是极富弹性的,不仅审查行政过程,有时候甚至对"十足坏的决定""明显错误的决定"也进行审查。从学理上讨论不良行政内涵的宽窄或有必要,但实践中却并非如此。3. 对于附件 3 中的阻却事由特别是公务人事争议、商事或契约问题,普格爵士建议由专门委员会进行审查它们的必要性。① 正

---

① See Second Report of PCA, *Annual Report for* 1977, Session 1977–78.

是由于这些超出年度报告常规内容的阐释,让 1977 年的年度报告成为开启新的时代的标志。

1993 年的年度报告由导论、年度工作评估、对外交往、数据统计四个部分构成,从形式上看,具有新的年代特征,如彩色打印、各种直观的数据统计图、工作流程图等。从内容上看,除了常规性的年度数据、对外交往等问题外,也具有部分非常规性的内容,这在导论中得到集中体现。由于下议院专门委员会在 1994 年 1 月发布的第一份报告中就议会监察专员的权力、工作和管辖进行了新一轮的全方位审查,并提出了 36 项改革建议(其中 6 项由议会监察专员直接负责落实)①,故里德爵士在这个年度报告中首先对这些建议的落实情况进行了回应。进而,里德爵士扼要介绍了他在 1993 年所提出的 6 份特别报告,并就公开性等问题进行了扼要说明。导论中最具亮色的部分,一个是不良行政内涵的扩充。在 1967 年克罗斯曼目录的基础上,里德爵士把蛮横、不愿把申诉人当作权利主体、很明显地给出误导性或不充分的建议、不补救或补救明显不合理、程序瑕疵、对确保平等对待的指导方针冷漠视之、不愿消除僵化执行带来差别对待的纸面法律的效果等内容,添加到不良行政的概念中来。这一扩充是增强议会监察专员管辖权,进而提高对政府部门期望标准的重要举措。1993 年报告中另一个亮色的部分是关于议会监察专员的裁量权是否要接受司法审查的问题。虽然早在 1970 年就有人向法院提出对议会监察专员关于是否展开调查的裁量权进行司法审查,但当时法院拒绝受理这一案件,表现出对议会监察专员裁量权的充分尊重。在 1993 年的"戴尔案"中,戴尔女士对议会监察专员不调查其

---

① See First Report of PCASC, *The Powers*, *Work and Jurisdiction of Ombudsman*, Session 1993-94.

申诉的决定提起了司法审查,法院首次受理了这一审查要求,但最终表达了对议会监察专员裁量权的尊重。这即是说,尽管法院可以对议会监察专员的裁量权进行审查,但法院审查的重点是过程——除非议会监察专员以明显不合理的方式行使裁量权,否则,法院仍应保持克制。里德爵士在报告中评述了法院的做法,并表示将继续按照惯例来行使其裁量权。①

尽管从年度报告的整体解读上,作为行政救济重要机制的议会监察专员官署的使用率和效能仍然不那么高,但从这两个具体的年度报告中,我们看到了议会监察专员在《议会监察专员法》没有做出根本性修正的情况下充分发挥了其能动性,推动着这个制度的渐进发展。

三、深入发展期的制度效能:典型个案解读

自议会监察专员制度确立以来,每十年都有重大影响力的典型案件发生,而每一任议会监察专员在其任期内都会依据《议会监察专员法》第10条第4款之规定发布专门报告,批评政府部门的处理方式或在个案中支持申诉人的申诉请求。在1977—1996年期间,除了第10条第4款的专门报告外,伊德瓦尔·普格爵士和威廉·里德爵士还分别在1978年和1995年依据第10条第3款发布了特别报告。为保持个案解读的均衡,关于实践中的典型个案,笔者选取的是1988年的"巴洛·克洛斯公司案"和1995年的"英吉利海底隧道铁路线案"。

(一)"巴洛·克洛斯公司案"

巴洛·克洛斯公司由彼得·克洛斯(Peter Clowes)和伊丽莎

---

① See Third Report of PCA, *Annual Report for* 1993, Session 1993-94.

白·巴洛（Elizabeth Barlow）二人在1973年设立，其营业地最初在曼彻斯特，是英国政府金边债券的经纪商之一。20世纪80年代早期，由于新上台的保守党政府税收政策的改变，该公司因发明了一种避税的投资组合而大受小额投资者的欢迎，该公司规模开始迅速扩张，并在直布罗陀设立了巴洛·克洛斯公司（BCI）。到事发前，在该公司投资的民众已达1.8万人之多。然而，出乎广大投资者意料的是，他们的投资大部分被挪用，用以维持彼得·克洛斯本人的奢靡生活（如买游艇、买别墅）。1988年5月，在充分证据的基础上，曼彻斯特高等法院决定关停巴洛·克洛斯公司，而此时该公司已陷入严重的资不抵债状态，所欠外债已达1.9亿英镑。造成的后果是，大量投资人（多为退休人员）失去了他们的一生积蓄而陷于困境。彼得·克洛斯本人因犯有欺诈罪或盗窃罪而锒铛入狱，被判有期徒刑10年，但投资人的损失如何弥补成了大问题。

对于这一灾难性事件，媒体和社会公众对政府监管部门的监管不力予以严厉谴责，认为贸易与工业部早在1984年就知道巴洛·克洛斯公司是无照经营，但却在1985年给该公司颁发了许可证，并在1986年和1987年两次更新其许可证。当巴洛·克洛斯公司被高等法院关停后，时任贸易与工业大臣杨爵士（Lord Young）成立了由王室法律顾问戈弗雷·勒·奎纳（Godfray Le Quesne）爵士负责的调查组，对政府在本起事件中的履职情况展开调查。1988年10月20日，《勒·奎纳报告》发布。在此报告基础上，贸易与工业大臣杨爵士宣称，其部门在本起事件中履职妥当，故对投资者的损失不承担任何责任。这一立场不仅遭到了反对党谴责，连保守党政府的后座议员也极为不满。

1988年10月22日,12名议员将本案转交到时任议会监察专员安东尼·巴罗克拉夫爵士手中。当启动本案调查程序时,巴罗克拉夫爵士称本案是其官署所经历的最复杂、影响范围最广、最繁重的调查活动。在本案调查期间,超过150名议员通过接触议会监察专员官署表达了对本案的关心。1989年12月,巴罗克拉夫爵士发布了关于本起事件的长达170页的调查报告,确认了贸易与工业部的五处不良行政行为。对于报告中对其部门监管失当的批评,新任贸易与工业大臣尼古拉斯·雷德利(Nicholas Ridley)予以拒绝,但在政府补偿投资者方面转换了立场,宣布:政府同意弥补那些投资在5万英镑以下的投资者损失的90%。最终,政府支付了1.5亿英镑给投资者。与此同时,雷德利强调:政府之所以会如此,完全是"出于对议会监察专员的尊重"。虽然政府部门否认了议会监察专员所查明的事实及批评,在下议院专门委员会介入前,这起事件最终得到了解决。正是由于巴罗克拉夫爵士所进行的极其充分而彻底的调查,才保证"巴洛·克洛斯公司案"的受害者获取了正义并弥补了他们的绝大部分损失。①

(二)"英吉利海底隧道铁路线案"

在1992年末和1993年初之际,3名来自肯特选区的议员向时任议会监察专员威廉·里德爵士转交了申诉案件。在这些申诉状中,申诉人提请审查的情况是:由于交通部在英吉利海底隧道铁路线(以简称CTRL)工程中的所作所为,造成了申诉人无法出售其房产,

---

① See First Report of PCA, *The Barlow Clowes Affair*, Session 1989–90; Gavin Drewry and Roy Gregory, "Barlow Clowes and the Ombudsman: Part 1", *Public Law* (Summer 1991), pp.192–214; Gavin Drewry and Roy Gregory, "Barlow Clowes and the Ombudsman: Part 2", *Public Law* (Autumn 1991), pp.408–442.

从而带来了不公正。里德爵士经过审查后受理了 5 个这样的案件,不过鉴于还存在为数众多的其他类似案件,里德爵士决定以这 5 个案件为样本,对交通部在 CTRL 工程中的所作所为进行总体审查。一般而言,议会监察专员不会审查政策问题,但里德爵士认为本案属于特殊情形,不仅因为 CTRL 工程是英国在 20 世纪兴建的首条主要铁路线,还因为人们对该工程的效果无法确定。在社会公众心中,这个工程是特殊的,并且让人们产生了额外的担心。这一情形又因交通部在规划 CTRL 工程具体线路时的迁延时日(1990 年 6 月—1994 年 4 月)而加剧。

经过调查,里德爵士认为:对于那些无法通过常规补偿计划获得补偿的人,交通部应当视其特殊情况而提供补救措施。里德爵士如此认定的理由在于,"良好行政意味着政府应时刻将公民放在心头,不仅仅是将政府和纳税人放在心中,而且还应将个体公民放在心头"。在这次事件中,交通部未考虑额外补偿计划的行为,对个体公民而言是一种僵化的行政管理表现,它给申诉人带来了不确定和损害。为此,应当受到批评并予以改正。对于议会监察专员的调查结论,时任交通大臣帕特里克·布朗(Patrick Brown)爵士否认 CTRL 工程的特殊性并认为其部门在该起事件中的履职行为没有任何失当之处。这就迫使里德爵士依据《议会监察专员法》第 10 条第 3 款规定向下议院专门委员会提交了一份特别报告。经过审查,专门委员会认为交通部应当接受议会监察专员的调查结论,并就申诉人因该工程所致的特殊困难是否应予额外补偿做出制度上的安排。在专门委员会介入的情况下,交通部屈服了,并考虑设立一个新的补偿计划。不过,交通部也强调,政府做出这样的决定"是出于对专门委员会和议会监察专员的尊重,而不是说政府有过错或负有责任"。最终,28 名申诉人获得了 1 万英镑的补偿。①

在这两起事件中,政府部门虽然对议会监察专员的调查结论不认同,但最终或出于对议会监察专员的尊重,或在下议院专门委员会介入的情形下,事实上对相关问题进行了补救。这说明,议会监察专员在实践中确实发挥着救济不良行政的重要作用,它是一个常设的专司调查与纠正行政系统弊端的监督机制,1965 年工党政府《议会监察专员(白皮书)》对其"使行政管理人性化和提高行政效能"的职能设定得到了充分践行。还需注意的是,在 CTRL 工程案中,议会监察专员实质上行使了行政监督的职能,这一职能是下议院专门委员会在 1993—1994 年度议会会期的审查报告中所提出的建议。② 这就意味着,除了调查个案并进而发现行政系统弊端、提出改正建议外,对于为数众多而案情类似的群体性申诉,议会监察专员通过选择样本案例进行调查,进而就更广泛范围内的一类现象进行了审查评估,实际上发挥着启动"大公共调查"的"审查员"功能③,这相比单纯的"消防员"功能是一个重要的制度进步。

四、小结:法定权限内的能动性与制度发展

如果说在议会监察专员制度运行的第一个十年中,人们对该制度是否有必要存在存有疑问,那么在 1977—1996 年期间,人们关注

---

① See Fifth Report of PCA, *The Channel Tunnel Rail Link and Blight：Investigation of Complaints against the Department of Transport*, Session 1994-95；Diane Longley and Rhoda James, "The Channel Rail Link, the Ombudsman and the Select Committee", *Public Law* (Spring 1996), pp.38-45.

② See First Report of PCASC, *The Powers, Work and Jurisdiction of Ombudsman*, Session 1993-94.

③ See Carol Harlow and Richard Rawlings, *Law and Administration*(3rd edition), Cambridge：Cambridge University Press, 2009, pp.549-551.

的问题是如何更好地发挥该制度的效能,使它真正成为民众权利的捍卫者、议员监督政府的一把"利刃"。正如威廉·里德爵士所指出的那样,议会监察专员及其下属工作人员在实践中践行了下述理念:调查申诉时不感情用事;发现民众的申诉值得支持时,便要确保申诉人获得救济;推动行政系统弊端的矫正。① 在这一时期中,议会监察专员以其自身能动性的发挥,推动了英国议会监察专员制度的进一步发展。

(一)历史遗留问题的解决

在解决第一个时期遗留的问题上,第一,议会监察专员的管辖范围得到了大幅扩充。在这一时期,议会监察专员管辖的主体首先扩展至英国驻外机构的行政行为,进而增加了 50 个半官方的公共机构,司法行政行为和行政裁判所也被纳入进来。经过这些扩充,可以说附件 2 几乎涵盖了所有的中央级别的公共机构。对于附件 3 中的阻却事由,虽然有所减少(如驻外机构的行政行为),但总体上没有大的变化。值得注意的是,对于可予调查的行为,虽然法律没有进行修正,仍以不良行政冠之,但其内涵却得到了极大扩充,这与里德爵士的个人能动性密切相关。通过这一扩充,行政机关是否提供高标准的公共服务成为议会监察专员的关切问题。

第二,在"直接入口"方面,议员过滤机制进行了适度修正。在这一时期的实践中,民众的"直接入口"问题仍是议会监察专员、部分议员和民众关心的焦点问题。为此,在这一时期,政府、下议院专门委员会对这一问题进行了多次审议,但总体的态度是保留议员过滤机制。在立法机关和行政机关对该问题的立场没有根本性改变的

---

① See Third Report of PCA, *Annual Report for* 1993, Session 1993–94.

前提下,第三任议会监察专员伊德瓦尔·普格爵士发明了一种"绕行"机制,减少了处理民众直接申诉的传统办法的繁文缛节,客观上也起到了增加社会公众对其官署的认知和受案量的作用。

第三,议会监察专员的预防功能开始得到了更多强调。在20世纪90年代,群体性申诉经常在某一特定问题上爆发,为此,时任议会监察专员威廉·里德爵士通过选择样本案例进行调查,但又不仅止于此,而是着眼于更广范围的其他类似案件,进而提出了纠正行政系统弊端的建议,客观上发挥了启动"大公共调查"的作用。

第四,公开性问题取得了显著进展。从第三任议会监察专员伊德瓦尔·普格爵士就任之日起,除了处理好本职工作外,历任议会监察专员都对增强议员和社会公众对其官署的认知投入了极大的热情(唯程度有所不同)。例如,普格爵士在其1977年的年度报告中就把公开问题当作头等大事来抓,通过与中央信息办的协作和自身努力,极大地增强了人们的认知。在他任职期限内,新受案量有了明显提高,在1978年达到了1259件,为历年之最,并且在很长时间内均是如此。直到威廉·里德爵士任期的最后三年(1994—1996年),议会监察专员官署的新受案量才有所超出。也正是对公开问题重视程度的不同,导致了非法律出身的两位议会监察专员(普格爵士和里德爵士)比法律出身的两位议会监察专员(克洛蒂尔爵士和巴罗克拉夫爵士)在制度发展中扮演的角色更大一些。此外,法律出身的两位议会监察专员通过引入法院程序中的部分内容,让调查活动的质量得到了保证,几乎所有的调查结论都无懈可击。

(二)老问题与新挑战

当然,此一时期并非完美无缺。实际上,不仅第一个十年中的部分遗留问题没有得到解决,而且新的问题也逐渐凸显。

在遗留问题方面:第一,"直接入口"问题虽经多次审议,但议员过滤机制依然保留了下来。议员们赞成保留过滤机制的理由是,如果民众可直接向议会监察专员提出申诉,这会造成案件泛滥、耗时耗力、直面难缠的申诉人、削弱议会地位及弱化议员与选民关系等问题。① 正是由于议员们的这些担忧,再加上这一问题并非政府日程的头等议题,30 年过去了,议员过滤机制依然如旧。

第二,在管辖范围方面,虽然纳入议会监察专员可予调查的主体大幅扩充,但在减少附件 3 的阻却事由方面,这一时期的进展依然不大,特别是在申诉人和议员反映强烈的公务人事争议、行政性的契约和商事交易这些问题上,几乎没有什么变化。

除了遗留问题外,一些新问题也逐渐凸显出来。第一,首要的问题便是调查过程的时耗问题。固然,议会监察专员官署所进行的每一项调查,其最终的结果都是经得住时间考验的,但从首任议会监察专员埃德蒙·康普顿爵士创设"充分而彻底的"调查方法以来,这种"劳斯莱斯式"的奢华调查方法成为一项惯例而得到延续,这在两位拥有法律背景的议会监察专员任期内表现得极为充分。对案件不加区分地采用同一调查方法,造成了每一个案件平均时耗颇长,也造成了大量的案件堆积。例如,在安东尼·巴罗克拉夫爵士任职期间,每一个案件的平均处理时限是 15 个月,为此,他遭到了议员们的强烈质疑。

第二,此一时期首度出现了法院接受申诉人请求来审查议会监察专员裁量权的现象。例如,在 1993 年"戴尔案"中,面对法院的审

---

① See Gavin Drewry and Carol Harlow, "A 'Cutting Edge'? —The Parliamentary Commissioner and MPs", *The Modern Law Review*, Vol. 53, No. 6 (November 1990), pp.745–769.

查,议会监察专员提出的理由是它要对议会负责,所以不应受司法审查。但在一审中,这一理由为法院所拒绝。虽然最终本案以法院重申尊重议会监察专员的裁量权而终结,但在如何协调与司法审查的关系上,议会监察专员的准备显然不是很充足。

第三,因政府拒绝议会监察专员调查结论而触发《议会监察员法》第 10 条第 3 款的"特别报告条款"的情形,在 1978 年和 1995 年成为现实,这也是值得注意的新问题。

（三）下议院专门委员会的改革对策

对于实践中出现的诸多问题,负有审查评估议会监察专员工作之责的下议院专门委员会作出了回应。在这一时期,专门委员会再度对议会监察专员制度进行了一次全方位评估,并提出了 36 条改革建议,其中 30 条与政府相关,6 条与议会监察专员有关。专门委员会肯定了议会监察专员在英国宪法和行政法发展中的作用,强调应当在管辖范围、"入口"、公开性、质量与影响、经费和资源方面给予议会监察专员强有力的支持。

申言之,第一,在管辖范围方面,专门委员会的建议是:1. 原则上所有的政府部门都应当纳入议会监察专员的管辖权内,除非有更强的原因将其排除在外;2. 对于公务人事争议、行政性契约和商事交易这些核心问题,政府是时候在立法日程安排上予以考虑了。

第二,在"入口"方面,鉴于多数议员反对"直接入口"（58% VS 38%）,专门委员会认为议员过滤机制应予以保留,但应当采取进一步措施来优化当前的"入口"机制。

第三,在公开性方面,专门委员会的建议是:1. 相关立法应当对议会监察专员机构有所提及,以便让更多的人认识到这一机构的存在;2. 案例选编的简讯应当以更通俗易懂的方式编辑;3. 每一个议会会期对议会监察专员的工作应当进行一次辩论。

第四,在质量与影响方面,专门委员会认为:1. 在保证质量的前提下,调查时限应当缩减;2. 议会监察专员的选任,首相应在获得专门委员会主席和反对党领袖同意的情况下提名,由下议院决定,并由君主任命;3. 议会监察专员官署的开支应由一个新成立的"公共行政委员会"提出预算,由议会直接投票表决;4. 议会监察专员的工作应以个案调查为主,但也应当赋予其行政监督和审计的职能(预防职能),而且议会监察专员也应能发布关于良好行政的指引。

对于专门委员会的建议,议会监察专员全盘予以接受并准备在工作中加以落实。政府虽然拒绝了专门委员会的7条建议(包括每年一次的议会辩论、赋予议会监察专员预防职能等),但也接受了专门委员会的余下23条建议。

专门委员会的这个审查报告,以及议会监察专员、政府的回应,为英国新时期议会监察专员制度发展提供了一个新起点。①

---

① See First Report of PCASC, *The Powers, Work and Jurisdiction of Ombudsman*, Session 1993-94; See Roy Gregory, Philip Giddings and Victor Moore, "Auditing the auditors: The Select Committee Review of the Powers, work and jurisdiction of the Ombudsman 1993", *Public Law*(Summer 1994), pp.207-213; Roy Gregory and Philip Giddings, "Auditing the auditors: Responses to the Select Committee's review of the United Kingdom Ombudsman system 1993", *Public Law*(Spring 1995), pp.45-51.

第五章　英国议会监察专员制度的变革

在经历了保守党政府长达 18 年的执政后,英国在 1997 年再度发生了政党轮替。在 1997 年的"因为英国需要更好"(Because Britain Deserves Better)的竞选宣言中,工党就提出了让上议院议席和下议院议事程序更适应现代社会、信息自由立法、分权制、直选伦敦市长、强化人权的司法适用等改革纲领。工党政府成立后,这些改革构想以一种迅疾而猛烈的方式变成现实,对 300 年来英国的宪法传统带来重大冲击。对于 1997 年以来英国宪法的变化,不少学者甚至提出了"新"英国宪法正在形成的观点。虽然也有学者从宪法基本原则、宪制基本框架着眼时强调英国的宪法传统没有发生根本性变化,"旧"宪法依然存在,但宪法改革的构想和举措频出却是不争的事实。

作为英国不成文宪法的重要构成部分,在经历了 30 年发展历程后,议会监察专员制度也迎来了重大的变革契机。在分权制、监管型国家和《人权法》实施等宪法变革现象的促进下,议会监察专员的角色和功能也正发生着"安静"而重大的变化。长期以来,议会监察专员被视为一个填补议会程序和司法程序"空隙"的"替代机制","下议院的勤务员""小额赔偿法院"是人们对它的角色设定,个案救济是人们对它的功能设定。当然,在对个案申诉进行处理的前提下,议会监察专员也附带性对行政系统弊端进行纠正,但这一功能的行使被施加了诸多限制(如政府不赞成赋予议会监察专员行政监督职能),其一般性监督的效果有限。1997年以来,伴随着权利文化和监督文化兴起,议会监察专员的一般性监督乃至正向引导功能在实践中逐渐发展起来,议会监察专员作为人权保护的重要机制也逐渐得到了人们的认可。于是,我们看到:自1997年以来,议会监察专员的角色逐渐从一个附属性、替代性机构(议会附属机构)向一个独立的公共机构(社会公众权益的捍卫者)转变;其功能从"个案救济为主、消极防控为辅"向"救济与防控并重,正向引导与其相得益彰"转变。由于这一时期《议会监察专员法》仍未做根本性修改,仅是对附件2中的可予调查主体进行了删减,因此,从这个意义上讲,1997年以来的议会监察专员制度是"安静的";但在实践中,通过议会监察专员能动性的发挥,特别是第八任议会监察专员安·亚伯拉罕女士的卓越贡献,议会监察专员制度已然发生了重大变化。

第一节 "新"英国宪法与议会监察专员制度变革

一、"旧"宪法与宪制传统:危机、渐变与延续性

英国宪法学者安东尼·金指出,直到20世纪后半叶,英国的传统宪法仍然维持着。理由在于:1.极其简单而直率的政制安排依然如"旧"。表现为:人民投票,政府统治;公务员中立,只服务于时任

政府;不甚积极的议会;司法独立并确保人人守法。2. 中央集权的制度依然如"旧"。除了北爱尔兰以外,英国的政治中心只有一个,就是坐落于伦敦的威斯敏斯特宫和白厅。地方政府所拥有的权力来自中央的授予,名义上的地方(如苏格兰、威尔士、英格兰)或许存在,但在政治上它们是不存在的。在英国,政治系统如同铁路系统一样,其始发站和终点站均是伦敦。3. 行政集权的制度依然如"旧"。在英国,不存在共享政治的传统,简单多数的投票制度决定了谁才是"时任政府";在这之下,政府内部的权力分配或因时因人而异,但权力始终集中于"时任政府"(国务大臣和公务员们)手中。不仅"外部"机构如商业组织、社会组织、工会、压力团体始终被认为是"外面的",甚至连政府方的后座议员也被认为是"外面的"。4. 民主制度依然如"旧"。尽管英国人民的决定权受到限制(如没有全民公决权、只能每四到五年行使一次),但在需要作出决定的场合,人民确实能够决定谁才能够成为"时任政府"。

在传统宪法的规则背后,耸立着一系列价值。根据安东尼·金的分析,从否定意义上看,妥协(accommodation)、审慎(deliberation)、公民参与(participation)、回应(responsive),不是英国宪法所要促进的价值目标。理由在于:第一,19 世纪以来英国形成了竞争性政治文化,"赢者通吃"规则决定了权力只能是掌握在大选获胜的政党组织的"时任政府"手中,而非与其他政党、社会组织分享权力。第二,既然英国存在"人民——政府"的二分法,当需要作出决定时,内阁及相关国务大臣便被期望着能够迅疾而高效地作出决定,而不是跟议会、其他相关群体仔细论证后再行决定。第三,英国选举权的扩大是渐进的,最终扩展至所有成年公民,但这并不意味着英国政府期望选民积极行使选举权,或者说它认为政治参与是个好东西;相反,在英国,从来没有人建议说要把公民投票搞成强制性的。第四,英国政治理念否认政府纯粹是人民的代理人的说法,它认为政府应当符合人们的期望,但却不是纯粹的"迎合"。从肯定意义上看,英国传统宪法以促进政府效能和责任制政府为价值目标。正是在这个意义上,持续、稳定且一致的政府形式,及其所输送的"好产品"(如经济繁荣、自由、民主等),加上廉洁负责的政府,成为英国传统政治的标签,长久地为国外学者所赞赏。①

既然英国宪法以统治效能和良好的统治效应而著称,它们受质疑之日便是英国传统宪法产生变革需要之时。根据安东尼·金的研究,英国传统宪法及其给英国人带来的幸福美好时光在20世纪60年代开始发生变化。这可以从三个层面找到证据:第一,英国本身以及外部世界已然发生变化。在20世纪60年代,人们猛然间发现:英国不再是"最好的了",英国作为世界强权的地位风光不再,日不落帝国土崩瓦解,欧洲正走向统一(这种趋势令人不安),英国的抗议活动此起彼伏。这些现象有的直接影响了英国政治,有的则发挥着潜移默化的作用。第二,英国传统宪制的统治效能降低。英国传统宪法曾长久地提供了一个稳定的政府形式,但在20世纪六七十年代,英国政治越来越像第四共和国时期的法国,内阁变换极为频繁。例如,仅在1970—1979年期间,英国就先后举行了4次大选,并且组织过两届少数党内阁。除此之外,议席的多数和选民的多数出现分离,政党政纲形成尖锐对立,均发生在这一时期。这说明了英国人曾经引以为傲的宪制安排出现了问题,宪法变革成为人们的需求。第三,英国传统政治的统治效应减损。英国政局的不稳定使其统治效

---

① See Anthony King, *The British Constitution*, Oxford: Oxford University Press, 2007, pp.39-61.

应减损,带来了经济衰退、劳资关系紧张、北爱尔兰冲突加剧等"副产品",虽然它们并不直接决定英国宪法要如何变化,但这些因素累积起来却具有重要的政治意义,它使人们开始形成这样的认识:现行的宪制安排不能带来如同过去那样显著的统治效应,是时候考虑改变这种情况了。

于是,整体主义和具体主义两种宪法改革构想自 20 世纪 60 年代起便被不同的群体所提出。其中,前者着眼于彻底的变革,力图制定一部成文宪法;后者则寻求在具体层面(如法治、自由、权利、司法独立、增强统治效能)进行突破。整体主义的宪法改革构想在 20 世纪 80 年代末宣告失败,这与人们所担心的"选举专制"并未出现、英国政府仍然具有效能、整体主义变革者不能说服广大民众、宪法创制思想的缺失、整体主义变革者缺乏统筹的改革构想等原因密切相关。① 纵然如此,在安东尼·金看来,英国传统宪法在过去的 40 多年里还是发生了不少变化。例如,加入欧盟、司法机关更加能动、分权制、文官制度的作用衰退、人民在宪制中的作用更加突出。与这些变化相适应的是,传统宪法背后的部分价值也发生了变化。与过去相比,现在的英国宪法因分权制变得具有妥协性,特殊情况下也变得更具有审慎性,回应性也更强,这些均显示出与传统宪法价值目标的不同,预示着"新"宪法的成长。不过,鉴于现代英国的政制安排、效能政府和责任制政府价值目标没有发生根本性变化,而公民参与甚至表现得更加不积极,因此,"新"的英国宪法又仅是一种萌发或成长状态,远非长成形态。概言之,具体主义的改革路径,决定了英国宪法变革(包括 1997 年以来的改革)的不彻底性,也决定了"新"英

---

① See Anthony King, *The British Constitution*, Oxford: Oxford University Press, 2007, pp.63-90.

国宪法仍处于一种杂乱(mess)状态。①

二、1997 年以来的宪法改革与议会监察专员制度变革

从安东尼·金的研究中,我们似乎可以得出这样的结论:英国宪法的变革一直在发生,1997 年以来的宪法改革不过是 20 世纪 60 年代宪法变革历程的一部分,它并没有表现出与先前改革相比的"根本性"。这一说法与科林·特平和亚当·汤姆金的看法一致。② 不过,如果我们仔细研读"新"英国宪法的质疑者和拥护者的论证,就会发现他们的论说"语境"其实存有差异:质疑者们承认了整体主义宪法改革运动的失败,但又在整体主义视角下审视 1997 年以来的宪法改革,从而得出结论说新时期的宪法改革并没有这么大的变化;拥护者们显然是从具体主义出发,比较了 1997 年以来宪法改革和先前宪法上具体制度改革的力度和社会基础,从而得出结论说新时期的宪法改革预示着一种"新"宪法的成长。如果我们再联想到英国政治宪法学奠基人 J.A.格里菲斯关于宪法变革的论述③,那么 1997 年新工党政府上台以来所推行的宪法改革举措,如分权制、监管机构改革、通过《人权法》等,显然具有宪法意义。进而,由于 1997 年以来宪法改革的热议,不仅具体主义改革路径下的核心问题如上议院改革、投票制度改革、人权法的司法适用、分权制等得到了解决或部分解决,而且应否制定成文宪法也成为民间和议会内部的重要话题。

---

① See Anthony King,*The British Constitution*,Oxford:Oxford University Press,2007,pp.345-370.

② See Colin Turpin and Adam Tomkin,*British Government and the Constitution*(7th edition),Cambridge:Cambridge University Press,2012,pp.35-46.

③ See J.A.Griffith,"The Political Constitution",*Modern Law Review*,Vol.42,No.2(January 1979),pp.1-21.

因此,1997 年以来的宪法改革虽然从根本意义上说,或许不是全方位(whole)的宪法改革,但它也至少是彻底的(radical)或具有彻底倾向的,揭开了"新"英国宪法的成长序幕。

　　关于 1997 年以来的宪法改革,英国学者的研究成果极为丰富,不少作品也被翻译到国内。笔者仅在结合本书主题的情况下予以扼要介绍。第一,分权制是英国当代宪法改革的一个重要内容,根据不同的分权安排,苏格兰、威尔士组织了自己的议会和政府,北爱尔兰也重新选举了新议会和政府,对各自权限内的事务进行处理。与之相应,苏格兰和威尔士建立了"一站式"的公共机构监察专员,与英格兰分散的公共机构监察专员体系形成对比,促进了在英格兰建立统一的公共机构监察专员、将议会监察专员与英格兰公共机构监察专员区分开来的呼声走向高涨。第二,下议院组织机构、议事程序和投票制度也是 1997 年以来宪法改革的重要内容。与之相应,原来专司审查、监督议会监察专员工作的议会监察专员委员会被重新组合为公共行政委员会(PASC),并在 2015 年进一步重组为公共行政与宪法事务委员会(PACAC)。第三,英国当代宪法改革的另一个重要内容是监管机构改革,在这波改革浪潮中,议会监察专员和其他公共机构监察专员开展联合调查活动作为其成果之一确立起来。第四,随着《人权法》的公布实施,英国法院的司法审查权得到强化,司法能动性被进一步调动,其结果是,在涉及议会监察专员展开调查活动的案件中,议会监察专员既面临司法审查之规制,又能得到司法机关的支持。第五,其他宪法方面的改革。高登·布朗(Gordon Brown)时期的《英国之治(绿皮书)》(The Governance of Britain,2007)中勾勒的政府与议会再平衡的各项改革图景,间接地推动了议会监察专员人权保障功能的形成。戴维德·卡梅伦(David Cameron)时期的削减公共开支的机构改革,其结果是,砍掉了行政正义与裁判所委员会(AJTC),使得评估议会监察专员制度在行政正义体制内的恰当作用变得更为艰难。特蕾莎·梅(Therese May)时期起草的《公共服务监察专员法(草案)》(A Draft Public Service Ombudsman Bill,2015),为进一步捋顺英国尤其是英格兰的公共机构监察专员体系提供了新的出发点。

第二节　宪法深刻变革期的议会监察专员制度（1997—2006 年）

一、宪法深刻变革期的议会监察专员

（一）第七任议会监察专员:迈克尔·巴克利爵士

1997 年元旦,议会监察专员官署迎来了一位新的专员——迈克尔·巴克利爵士。巴克利爵士是一名退休的高级公务员,退休后还担任过一个医疗保健服务机构的主席。巴克利爵士在议会监察专员官署的任职期间是 1997 年 1 月 1 日(时年 58 岁)至 2002 年 11 月 3 日(时年 63 岁)。

在他任职期间,地方分权制已经开始施行,所带来的直接结果是:2002 年 10 月 23 日,他所兼任的苏格兰医疗保健服务监察专员职位被废除;此外,除了保留事项外,议会监察专员不再处理关于苏格兰公共机构的申诉请求,而是由新成立的苏格兰公共服务监察专员(SPSO)来处理。

在任职期间,巴克利爵士所面临的首要问题是案件积压。在他上任的第一年(1997 年),议会监察专员官署上年结余案件已达

1092 件之多,为历年之最。如何在不降低调查质量的情况下尽快消化掉这些上年旧案成为他的优先事项。通过简化调查程序(引入非正式调查方法)、目标考核(目标期限与实际处理期限相对比)、加大委托力度(这就保证了他和高级助手们不用事必躬亲)等方式,巴克利爵士成功地将每一个案件的调查时限从 1998—1999 年期间的 91 周缩减至 1999—2000 年期间的 45 周。考虑到这一进展是在每年1500 件左右的新受案量下完成的,巴克利爵士的贡献可谓巨大。此外,民众可通过邮件的方式进行咨询、提交申诉请求,对公开工作更为积极(如开通了议会监察专员机构的官网),搬迁到新址,也是巴克利爵士任职期间的重要事件。

还需指出的是,由于下议院决定议会监察专员的年度报告以后不按照自然年份,而是按照财政年度提交,故巴克利爵士的第二份年度报告的时间跨度是 15 个月(1997 年 1 月 1 日—1998 年 3 月 31日)。从此以后,议会监察专员年度报告的例行发布时间从每年的 2月改成了 7 月,其样式也从"Annual Report for 1996"改成了"Annual Report 1997-98"。

在任职期间,巴克利爵士先后提交了 6 份年度报告(1996、1997—98、1998—99、1999—2000、2000—01、2001—02 年),并按照《议会监察专员法》第 10 条第 4 款规定提交了若干份专门报告,比较著名的是 2001 年他针对社会保障部的不良行政提交的"国家收入关联养老金计划"报告(SEPRS Report)。[①]

在离任之际,巴克利爵士对自身履职情况的评价是:"海量的积压案件被清理了,工作量的记录时时被打破,案件处理时效大为缩

---

① See Second Report of PCA, *SERPS Inheritance Provisions: Redress for Maladministration*, Session 2000-01.

短,更具弹性的工作方法被采用。在议会监察专员机构的内部组织、人员雇用政策、培训和发展方面带来了根本性的变化。"①

（二）第八任议会监察专员：安·亚伯拉罕

在迈克尔·巴克利爵士之后,议会监察专员官署迎来了首位女性议会监察专员——安·亚伯拉罕女士。与以往诸任议会监察专员不同的是,亚伯拉罕女士是首位非毕业于牛津大学或剑桥大学的议会监察专员,也是首位非出身于公务员或律师的议会监察专员,更是首位不具有爵士头衔的议会监察专员。与此同时,亚伯拉罕女士也是任职期间最长的议会监察专员。在担任该职前,亚伯拉罕女士曾担任过公民顾问机构全国协会(National Association of Citizens Advice Bureaux)首席执行官、法律服务监察专员（这是个私营机构监察专员）。亚伯拉罕女士的任职期间是 2002 年 11 月 4 日（时年 50 岁）至 2011 年 12 月 31 日（时年 59 岁）。

在亚伯拉罕女士任职期间内,分权制继续发展,威尔士的分权安排也基本确定。从此以后,PHSO 这一术语所包含的机构便固定为两个：PCA（议会监察专员）和 HSC of England（英格兰医疗保健服务监察专员）。自就任之日起,亚伯拉罕女士就表现出一种以积极姿态履职的意愿。以 2007 年《良好行政之原则》的发布为标志,亚伯拉罕女士的任期可分为两个阶段：2007 年之前,议会监察专员仍以"消防员"和"审查员"为主要角色；2007 年之后,"预防员"成为议会监察专员的新角色。这就实现了从不良行政救济到良好行政引导的"革命性"转变。

在任职期间,除了例行提交年度报告（9 份）和季度报告外,亚伯

---

① See Eighth Report of PCA, *Annual Report* 2001-02, Session 2001-02.

拉罕女士还提交了数量前所未有的特别报告和专门报告。自议会监察专员官署成立以来,历任议会监察专员总共提交过 7 个《议会监察专员法》第 10 条第 3 款规定的特别报告,仅亚伯拉罕女士任职期间就提交了 4 个,涉及"恩惠补偿计划案(Debit of Honor Case)"①"公平人寿保险案(Equitable Life Case)"②"养老金承诺案(Pensions Promise Case)"③"不起作用的安慰案(又称'农场单项补偿计划实施案',Cold Comfort Case)"。④ 此外,亚伯拉罕女士还根据《议会监察专员法》第 10 条第 4 款提交了若干份专门报告,比较著名的是"信用卡退税案(Tax Credits Case)"的专门报告。⑤

尤为重要的是,亚伯拉罕女士在任职期间还发布了对公共机构如何践行良好行政理念进行正向引导的若干原则,即关于良好行政、良好的申诉处理、良好的救济原则"三部曲"。⑥ 除了其本职工作外,亚伯拉罕女士还通过做讲座、发表署名文章等形式呼吁人们重视议会监察专员的工作,并对议会监察专员与人权保障、议会监察专员与责任政府等问题进行了深入阐释,力图从议会监察专员制度本身、人权机构体系、行政正义体系以及宪法体系的四维视角对议会监察专员进行合宪性论证。一个具有独立价值的宪法机制,是亚伯拉罕女

---

① See Fourth Report of PHSO, *A Debit of Honor: The Ex Gratia Scheme for British Groups Interned by the Japanese during the Second World War*, Session 2005-06.

② See Fourth Report of PHSO, *Equitable Life: A Decade of Regulatory Failure*, Session 2007-08.

③ See Sixth Report of PHSO, *Trusting in the Pensions Promise—Government Bodies and the Security of Final Salary Occupational Pensions*, Session 2005-06.

④ See Second Report of PHSO, *Cold Comfort: the Administration of the 2005 Single Payment Scheme by the Rural Payments Agency*, Session 2009-10.

⑤ See Third Report of PHSO, *Tax Credits: Putting Things Right*, Session 2005-06.

⑥ See PHSO, *Principles of Good Administration* (2007), *Principles for Remedies* (2007), *Principles of Good Complaint Handling* (2008).

士论证时的出发点和归宿,也是她在实践中多次"亮剑"的理念基础。

当亚伯拉罕女士离任时,下议院专门委员会主席及多名委员高度评价其工作,认为她以其行动诠释了"真正的人民代表"(genuine representative of the people)、"议会的忠实勤务员"(loyal to parliament)的内涵。① 亚伯拉罕女士任职期间的创新性努力,给后任留下了一笔不菲的"制度遗产"。

二、宪法深刻变革期的制度运行:以年度报告为中心

(一)一般性分析:议会监察专员的工作量、处理与制度效用

当议会监察专员制度进入第四个发展阶段(1997—2006年)时,它已经运行了30年,它的重要性已经为议员和社会公众所认知。随着网络等新技术手段的应用,此一时期,人们关注的焦点已经不是有多少议员转交过案件、拒绝率有多高的问题,而是议会监察专员官署的工作效率和对申诉请求的支持率的问题。本节关于年度报告的一般解读所关注的重点是年度总工作量及其完成情况、案件处理效率、申诉请求的支持率。议会监察专员官署年度总工作量及其完成情况的统计可从表5-1中得到体现。

表5-1 议会监察专员的年度总工作量及其完成量统计

工作量 年度	上一年度结余 案件数量(件)	新受理案件 数量(件)	年度总 工作量(件)	本年度完成 工作量(件)	本年度工作 完成率(%)
1997—98[1]	1092	1459	2551	2055	80.6
1998—99[2]	496	1506	2002	1506	75.2

① See PHSO, *Annual Report* 2011–12, Session 2011–12.

续表

工作量 年度	上一年度结余 案件数量(件)	新受理案件 数量(件)	年度总 工作量(件)	本年度完成 工作量(件)	本年度工作 完成率(%)
1999—2000	496	1612	2108	1601	75.9
2000—01	507	1721	2228	1787	80.2
2001—02	443	2139	2582	1988	77.0
2002—03[3]	594	资料欠缺[4]	资料欠缺	资料欠缺	无法统计
2003—04	资料欠缺	资料欠缺	资料欠缺	资料欠缺	无法统计
2004—05	451	2214	2665	1653	62.0
2005—06	资料欠缺	资料欠缺	资料欠缺	资料欠缺	无法统计

数据来源:1997—2006年议会监察专员的年度报告。关于[1],由于议会决定从1997年起统计时段按照财年进行,故此处的数据是1997年1月1日—1998年3月31日时段的,共计15个月;关于[2],此处的数据是1998—1999财年的,此后的时段皆是如此;关于[3],新任议会监察专员在本财年中就任,但其工作量包括了前任在2002年4月1日—2002年11月3日时段的工作量;关于[4],笔者虽多方查找,但仍欠缺部分资料,也造成了相关数量和比例的"无法统计"。

通过表5-1,我们可以看出:在这十年中,1.上一年度结余案件的峰值和谷值均出现在迈克尔·巴克利爵士任职期间,这既说明了消除案件积压是巴克利爵士的头等任务,又说明了他在消除案件积压方面做出了显著贡献。当其就任之际,手头积压超过12个月的案件高达211件①,经过一年努力,这一数字锐减至19件②,等到他任期结束之际,超过12个月的待处理案件仅有1件。③ 与数量"消肿"相适应的是案均处理时限的大幅缩短,在巴克利爵士就任之前,予以调查案件的案均处理时限在12个月乃至更长(91周),等到离任之

---

① See Mary Seneviratne, "Annual Report 1997-98 (HC 845) of The Parliamentary Commissioner for Administration", *Journal of Social Welfare & Family Law*, Vol.21, No.1 (March 1999), pp.71-79.

② See Mary Seneviratne, "The Parliamentary Ombudsman's Annual Report 1998-99 (HC 572)", *Journal of Social Welfare & Family Law*, Vol.22, No.1(March 2000), pp.89-99.

③ See Eighth Report of PCA, *Annual Report* 2001-02, Session 2001-02.

际,案均处理时限已降至 45 周。① 这些成就与他所采用的简化审查流程、采取弹性处理方法、加大委托力度、增加工作队伍中永久雇员人数等举措密切相关。2. 新受理案件数量、年度总工作量的谷值出现在巴克利爵士任职期间,而这两项数据的峰值出现在安·亚伯拉罕女士任职期间。这说明了,随着时间推移,议员和人们对议会监察专员在解决行政申诉中的作用有越来越多的认识,故造成了新受理案件数量和年度总工作量逐年递增。总体而言,在 2000 年之前,议会监察专员官署每一个财年新受理案件数量保持在 1500 件左右,之后则突破了 2000 件,但其年度总工作量并未表现出显著增加的态势,这反映了两位议会监察专员在其履职期间对数量"消肿"工作的重视程度。3. 年度完成工作量的峰值(2055 件)和完成率的峰值(80.6%)保持了一致,均出现在 1997—1998 财年期间;而年度完成工作量的谷值(1506 件)和完成率的谷值(62.0%)则有所分离,分别出现在 1998—1999 财年期间、2004—2005 财年期间。这说明了,在数量"消肿"方面,巴克利爵士更为积极;至于说年度完成工作量的谷值也出现在巴克利爵士任职期间,合理的解释是,该财年的工作重点是消除陈年积压的旧案,积压 12 个月的案件从 211 件锐减至 19 件便是明证。此外,尽管说亚伯拉罕女士任职期间也十分强调数量"消肿"工作,例如,在 2004—2005 财年期间,对于展开调查的案件,61.7% 是在 3 个月内处理完毕的,86.1% 是在 6 个月内处理完毕的,12 个月内处理完毕的比例更是高达 94.9%,② 但在庞大的案件数量和"让顾客满意"的服务理念下,年度完成工作量的绝对值和相对比

---

① See Eighth Report of PCA, *Annual Report* 2001-02, Session 2001-02.

② See PHSO, *Annual Report* 2004-05, Session 2005-06.

例反倒有所降低。对此一时期议会监察专员工作的进一步分析,需要在年度完成工作量、正式调查的案件数量及申诉支持率的比较中观察,这可从表5-2中反映出来。

表5-2　议会监察专员的调查活动及申诉请求支持情况

调查与支持 \ 年度	本年度完成工作量(件)	正式调查的案件数量(件)	正式调查占年度完成工作量的比例(%)	正式调查中的申诉支持率(%)
1997—98[1]	2055	376	18.3	93.0
1998—99[2]	1506	372	24.7	资料欠缺[3]
1999—2000	1601	313	19.6	资料欠缺
2000—01	1787	247	13.8	资料欠缺
2001—02	1988	195	9.8	84.6
2002—03	资料欠缺	资料欠缺	无法统计	资料欠缺
2003—04	资料欠缺	资料欠缺	无法统计	资料欠缺
2004—05	1653	—[4]	无法统计	—
2005—06	资料欠缺	资料欠缺	无法统计	资料欠缺

数据来源:1997—2006年议会监察专员的年度报告。关于[1]、[2]和[3],具体说明见表5-1;关于[4],该财年的年度报告中没有相关数据。

通过表5-2,我们可以看出:在这一时期,1. 议会监察专员官署进行正式调查的案件数量在2000—2001财年开始锐减,这与之前形成鲜明对比,也造成了正式调查占年度完成工作量的比率的低值。即便我们把时段往后回推,跟过去三十年的情况相对比,这一变化也是剧烈的。这种情况的发生主要与议会监察专员在2000—2001财年开始推行的新的调查手段相关。在过去的实践中,对于提交到他面前的申诉请求,议会监察专员经过"审查——调查"两环节后,或者决定这些请求不在管辖范围内,或者决定不再继续调查,或者决定开展正式调查;而在新的实践中,迈克尔·巴克利爵士对这一处理程序进行了改造,视申诉请求的不同情形而做出处理:明显不在管辖范围内(outcome 1)、审查材料后决定不进行调查(outcome 2)、询问被调查对象并有积极结果(outcome 3A)、询问被调查对象但无积极结果(outcome 3B)、决定不继续调查(outcome 4)、正式调查并发布报告(outcome 5)。① 由于这一方法的采纳,大量申诉请求通过非正式调查的方式而得到处理。2. 此一时期,在正式调查的活动中,支持申诉请求的比例显著提高,如果将部分支持申诉请求的比例算进来,则绝大部分申诉请求得到了支持。以2001—2002财年为例,在进行正式调查的195个案件中,申诉人请求获得全部支持的有122个案件,部分支持的有43个案件,仅有30个案件没有得到支持。即便我们像前一章那样只统计全部支持的案件,申诉人请求获得支持的比例也在62.6%,仍然处于较高水平。2002—2006年期间的数据或者因为资料欠缺,或者因为年度报告没有相关统计,而造成了新任议会监察专员安·亚伯拉罕女士履职期间前四年的情况无法有准确评估,但从她在2006年以后提交的年度报告中的数据看,她对申诉人请求的支持率在60%—80%之间浮动(只不过完全支持和部分支持的比例各占一半)。因此,我们可以推测的是,2002—2006财年的调查量和支持率大体上不超过巴克利爵士时期的水平。对于这一现象,我们虽不能简单得出结论说巴克利爵士更倾向于支持申诉人,但如果我们联想到亚伯拉罕女士履职期间所提交的数量巨大(与其他人相比)的特别报告,申诉请求支持率较高的情况或许说明了亚伯拉罕女士任职期间与行政机关的协作程度较高。

从关于年度报告的一般解读中,我们可以形成的认识是:第一,议会监察专员的工作在这一时期为越来越多的人所认知,技术手段

---

① See Eighth Report of PCA,*Annual Report* 2001-02,Session 2001-02.

的进步促进了人们的认知。第二,议会监察专员对申诉案件数量"消肿"和时限缩减的重视程度、案件本身的难易程度、工作方法的改进等因素对年度完成工作量的影响巨大。第三,与政府部门的协作程度对申诉请求支持率具有一定的影响。

(二)样本分析:代表性年度报告中的焦点问题

本节样本分析的年度报告有两个,一个是迈克尔·巴克利爵士任期内的最后一份年度报告——2001—2002财年的年度报告;另一个是安·亚伯拉罕女士提交的2004—2005财年的年度报告。

在2001—2002财年的年度报告中,巴克利爵士除了常规性地总结该年度完成工作量和处理情况外,还就其任职期间的贡献进行了回顾。通过他的表述,我们可以发现,巴克利爵士的贡献既有技术层面的,例如积压案件数量"消肿"、予以调查案件的案均处理时限缩短;也有制度层面的,例如处理申诉请求的多种弹性手段、委托处理的力度加大;还有人员队伍层面的,例如加大常任工作人员的聘任力度(而非临时聘任或从其他部门借调)。特别是他在制度层面的贡献,改变了首任议会监察专员埃德蒙·康普顿爵士创设的惯例,给"审查——调查——报告"的三步工作法增加了更多弹性。

除了总结性的内容外,巴克利爵士还在这份年度报告中对他所创设的关于申诉请求的弹性处理办法进行了详细阐释。为了尽可能多地对行政申诉请求进行干预,巴克利爵士降低了提交案件的门槛,不仅书面请求可被受理,电话、邮件亦能成为社会公众提交案件的形式。对于那些被受理的案件,巴克利爵士视其不同情况而采用了多种处理手段:1.如果申诉请求所针对的主体或事由不属于议会监察专员管辖范围,则该申诉请求便会以"明显不在管辖范围内(outcome

1)”的形式终结;2. 如果经过进一步审查材料,发现申诉请求不当(如不存在带来不公正后果的不良行政,或不会得到有价值的结果),该申诉请求便会以“审查材料后决定不进行调查(outcome 2)”的形式终结;3. 作为正式调查活动的替代办法,如果询问被调查的政府部门或公共机构并且能够得到一个适当的处理结果,这样的申诉请求便会以“询问被调查对象并有积极结果(outcome 3A)”的形式终结;同样地,如果询问被调查的政府部门或公共机构时发现一项申诉请求不当,则该项申诉请求便会以“询问被调查对象但无积极结果(outcome 3B)”的形式终结;4. 如果展开调查活动后,发现一项申诉请求已经获得适当处理或不值得继续调查下去,该项申诉请求便会以“决定不继续调查(outcome 4)”的形式终结;5. 如果发现不良行政确实存在,正式的调查活动便会启动并继续下去,调查活动结束后也会给相关当事人出具一份调查报告。这类申诉请求便会以“正式调查并发布报告(outcome 5)”的形式终结。

除了这些内容外,2001—2002 财年的年度报告中还就最近 10 年议会监察专员官署的年度总工作量、完成工作量进行了统计,并对 2000 年 4 月首次开展的民众对其工作满意度的调查情况进行了说明。① 还值得一提的是,这个年度报告以“The Parliamentary Ombudsman(PO)”的名义发布,而非以例行的“The Parliamentary Commissioner for Administration(PCA)”名义发布,这标志着从巴克利爵士开始,官、学、民各方对议会监察专员称谓的统一。

2004—2005 财年的年度报告值得注意的地方是:第一,形式上的变化。从新任议会监察专员安·亚伯拉罕女士就职之日起,她就

---

① See Eighth Report of PCA, *Annual Report* 2001-02, Session 2001-02.

表现出积极履职的意愿,这在她提交的第一份年度报告(2002—2003 财年)中就可看出端倪。① 2004—2005 财年的年度报告延续了亚伯拉罕女士首份年度报告的形式风格,在发布主体上以 PHSO 冠之,将 PCA 和 HSC 的年度报告统一整合在一个文本中,而且给每个年度报告赋予特定的主题。例如,2004—2005 财年的年度报告的主题是"进步的一年(A year of progress)"。在叙述风格上,这个年度报告也以平实、图文并茂的方式阐释了议会监察专员官署的职能、案例选编、工作方法创新、内部治理结构、未来的规划等内容。这种亲民风格的叙述方式摆脱了板起面孔说教的形象,而是如同亲友间交谈那样娓娓道来,无形中拉近了议会监察专员官署与其服务对象的距离,有助于树立议会监察专员官署之"人民卫士(people's champion)"形象。

第二,政府信息公开监督职能的总结。20 世纪 90 年代以来,随着"公开政府"理念的推行,议会监察专员被赋予了一项新的职能——受理民众关于政府信息公开的申诉并进行调查。2005 年 1 月起,《信息自由法》开始全面生效,议会监察专员的这一职能被移交了新设立的信息公开专员。从 1994 年到 2005 年,议会监察专员在监督《政府信息公开实践守则》(the Code of Practice on Access to Government Information)的落实方面发挥着重大作用。在 2004—2005 财年的年度报告中,亚伯拉罕女士不仅指出了 2004 年 4 月至 12 月是议会监察专员受理此类申请最多的一年,而且她的官署在这一年中所进行的调查活动也达到了创纪录的 63 次,此类申请主要集中在媒体曝光度比较高的案件中,比如说关于伊拉克战争中的法律

---

① See Richard Kirkham, "A Year in the Life of The Parliamentary Ombudsman", *Journal of Social Welfare & Family Law*, Vol.26, No.1(March 2000), pp.89–98.

问题；此外，如何做好职能和案件移交工作，也在这份年度报告中得到了体现。

第三，还值得注意的是，就笔者掌握的资料而言，亚伯拉罕女士在2004—2005财年的年度报告中还首次公开了议会监察专员官署的内部治理结构，尤其是刚成立不久的顾问委员会（the Advisory Board）和监督委员会（the Audit Committee），其中前者的角色设定是议会监察专员的"诤友（critical friend）"，后者主要对议会监察专员官署的调查工作进行复议。① 这两个机构的设立，是强化议会监察专员官署自身责任的一个创新性尝试。

三、宪法深刻变革期的制度效能：典型个案解读

《议会监察专员法》设置议员过滤机制时的一个想法是，轻微的行政申诉由议员通过其他途径解决，难啃的"硬骨头"则由议员转交给议会监察专员处理。对于议员过滤机制，随着时间推移，人们越来越觉得应该废除它，当然也有不少人觉得这个机制非常有必要。对于这个问题上的争议，我们暂且搁置一旁。我们注意到的是，在实践中，议员们确实转交了不少重大且复杂的案件，而议会监察专员也确实因敢言敢谏而赢得了名声。本节关于此一时期的个案，选取的样本是"恩惠补偿计划案"。

本案的由来是，2000年11月，英国国防大臣刘易斯·穆尼（Lewis Moonie）博士公布了一项"恩惠补偿"计划，该计划的目的是向在第二次世界大战中被日本人关押的"不列颠公民"进行补偿。至于该计划中的"不列颠公民"具体包括哪些人，国防大臣指定由战

---

① See PHSO, *Annual Report* 2004-05, Session 2005-06.

争补偿金管理局（War Pensions Agency, WPA）作出细化。随后，WPA出台了一个分类标准，将"不列颠公民"范围限定在本人出生在英国本土，或其父母、祖父母至少一方出生在英国本土的人，这就把那些有希望从该补偿计划中受益但却不符合这个分类标准的人排除在外。当那些认为自己符合补偿计划条件的人〔如政治学者杰克·海沃德（Jack Hayward），他本人出生在上海，他的父亲出生在印度，母亲出生在伊拉克〕向国防部申请该项补偿时，政府拒绝了他们的申请。于是，有人便向法院提起诉讼，认为政府的此番作为违反了合法性预期原则。然而，一审法院和上诉法院均认为国防部的初始声明不足以产生这样的预期，因为它没有明确说谁才会被认为是该计划目的的"不列颠公民"。当法律程序终结后，杰克·海沃德教授通过其选区议员向议会监察专员转交了申诉请求。

当这个申诉请求提交到时任议会监察专员安·亚伯拉罕女士面前时，她面临着一个难题：当杰克·海沃德教授还有其他法律救济途径时，她能否对该案进行调查？理由在于，海沃德教授并非前述败诉官司的原告之一，按照相关法律规定，他仍可通过向法院起诉的方式来捍卫自己的权利。根据《议会监察专员法》第5条第2款的规定，申诉人如果能通过法院或行政裁判所获得救济，议会监察专员不得进行调查。但本款也包含了一个"但书"，即如果议会监察专员有理由认为申诉人在特定情况下无从获得救济，他（或她）便可以介入。正是基于这一"但书"，亚伯拉罕女士受理了这个申诉请求。经过漫长的调查和取证，2005年1月，亚伯拉罕女士根据《议会监察专员法》的规定向国防部送交了调查报告草案，由国防部对此问题进行自查或应辩。当发现国防部不准备积极回应其调查报告中的问题时，2005年7月，亚伯拉罕女士依据《议会监察专员法》第10条第3

款的规定向下议院专门委员会(PASC)提交了一份特别报告。在这份特别报告里,亚伯拉罕女士确认了她从国防部的做法中发现了4处不良行政现象:1. 国防部初始声明以一种极其匆忙(overly hasty)的方式做出;2. 国防部初始声明中宣布的补偿计划不清晰(lack of clarity);3. 国防部在制定最终的资格标准时没有做到平等对待所有申请人;4. 申请人没接到资格标准变化的通知。为此,亚伯拉罕女士建议国防部重新审查这个补偿计划,充分考虑海沃德教授及其他类似情况的人。但是,国防部拒绝这么做。于是,在这个特别报告的基础上,专门委员会发布了一个调查报告(2006年),对国防部的立场提出严厉批评。嗣后,国防部的立场有所退却,决定重新审视其补偿计划,放弃了"血缘标准",这就为海沃德教授及其他类似情况的人打开了申请之门。①

　　这一事件最终在专门委员会的介入下获得解决,但它也引发了我们的深深思考:第一,法院认为政府行为合法,而议会监察专员认为存在不良行政,这说明不良行政的概念要宽于合法性的概念;第二,议会监察专员在本案中并非仅仅着眼于个案救济,而是就行政系统弊端进行了揭示,这说明议会监察专员的行政监督职能越来越得到强调;第三,政府部门拒绝实施议会监察专员的建议,而议会监察专员的唯一反击手段就是博取议会的关注,这说明议会监察专员所给建议的非强制性性质。从本案最终得到救济的方式来看,议会监察专员制度是一项确保良好行政的政治制度(而非法律制度)。

---

　　① See Fourth Report of PHSO, *A Debit of Honor: The Ex Gratia Scheme for British Groups Interned by the Japanese during the Second World War*, Session 2005–06; Richard Kirkham, "Challenging the Authority of the Ombudsman: the Parliamentary Ombudsman's Special Report on Wartime Detainees", *Modern Law Review*, Vol.69, No.5(September 2006), pp.792–818.

四、小结:制度整体评估与司法审查强化

早在 1975 年,艾伦·马尔爵士就在其最后一份年度报告中提出了建立一个更加协调的监察专员制度体系的构想①,这一想法在国际法学家协会英国分会 1988 年发布的评估报告中得到审视,但这个评估报告的结论是不应当建立单一的监察专员制度。② 再后来,下议院专门委员会在 1995—1996 年度议会会期的审查报告中建议全面修订《议会监察专员法》以使议会监察专员的职权和范围更合理、更适应现实③,进而,专门委员会在 1997—1998 年度议会会期的审查报告中建议对现行的公共申诉处理机制进行一次审查,以便将顺各类申诉处理机制的关系。④ 这些倡议最终得到了回应。1999 年 3 月,政府宣布由内阁办公室组织一次审查评估活动。2000 年 4 月,内阁办公室正式发布《英格兰公共机构监察专员评估报告》(《科尔卡特评估报告》)。

《科尔卡特评估报告》的核心观点是:第一,英格兰现行的公共机构监察专员制度需要全面修订以适应变化的社会和变化的政府。改革的建议是:1. 建立一个学院制的联合委员会来处理英格兰的全部行政申诉。该委员会应有一名主席,对外,由他代表这个统一的公共机构监察专员官署,向议会负责并管理行政事宜;对内,则按照功能或地域设立监察专员的分支机构,各司其职,互不

---

① See Second Report of PCA, *Annual Report for* 1975, Session 1975-76.

② See JUSTICE, *Administrative Justice: Some Necessary Reforms*, Oxford: Oxford University Press, 1988.

③ See Fourth Report of PCASC, *Report of the Parliamentary Ombudsman for* 1995, Session 1995-96.

④ See Third Report of PASC, *Your Right to Know: The Government's Proposals for a Freedom Information Act*, Session 1997-98.

隶属。2.对于分权制的保留事项和全英层面的事项,则由委员会主席负责处理。

第二,在"入口"方面,议员过滤机制已经不合时宜,需要废止。进而,要使社会公众广为认知这个统一的公共机构监察专员官署,一流水平的官网并开辟民众提交申诉的入口,多使用电话及面谈形式开展工作,是必要的工作。

第三,在管辖范围方面,现有的列举式做法仍然应当保留,但对于阻却事由减少方面则要等到彻底修法时再予考虑。至于可予调查的行为是否不限于不良行政,这个评估报告没有进行讨论。

第四,在职能设定方面,个案救济是监察专员的核心和首要功能。为此,改革的建议便围绕着简化受理程序、增加弹性处理手段、增强处理申诉的能力等方面而展开。[①]

对于《科尔卡特评估报告》,有学者评价它不是一个彻底的审查报告,因为它没有将法院、行政裁判所、监察专员和其他纠纷处理机制统筹考虑[②];也有学者认为它关于建立学院制的联合委员会的做法没有考虑到英国多层级分权制度给议会监察专员和其他监察专员机构带来的职能范围的差异,在实践中会面临困难。[③]《科尔卡特评估报告》发布后,政府在 2000 年和 2001 年表示准备实施该评估报告中的建议,但最终未能成行。

随后,苏格兰和威尔士先后于 2002 年和 2006 年建立了"一站式"的公共机构监察专员体系,并且奉行"直接入口"的原则,这给英

---

① See Cabinet Office, *Review of the Public Sector Ombudsmen in England*, April 2000.

② See Mary Seneviratne, "'Joining up' the ombudsmen: The review of the public sector ombudsmen in England", *Public Law* (Winter 2000), pp.582-591.

③ See Mark Elliott, "Asymmetric Devolution and Ombudsman Reform in England", *Public Law* (Spring 2006), pp.84-105.

格兰树立了榜样。虽然英格兰的公共机构监察专员体系没有发生重大变化,但伴随着监管机构改革的步伐,内阁在 2005 年又提出了一份"小改方案"——赋予监察专员相互咨询和相互协作之权,鼓励监察专员采用非正式手段,赋予监察专员发布良好行政的指引之权。①这些想法最终在 2007 年的《监管改革法》落定,它赋予议会监察专员和地方政府监察专员共享信息、开展联合调查、发布联合报告的权力,并允许监察专员任命调解员来辅助其调查活动。

除了整体上的制度评估和改革进展外,此一时期,议会监察专员制度还发生了如下积极变化:第一,在"入口"方面,由于新技术手段的应用,民众提交的咨询或申诉请求数量激增,在这些材料中,议会监察专员所辨识出的可受理的案件数量也随之增加。第二,在管辖范围方面,100 多个政府部门或机构被纳入议会监察专员的管辖权内。第三,在消除积压案件数量和压缩案均处理时限方面,此一时期取得了巨大进展。第四,处理申诉的手段更具弹性,非正式手段得到了较多采用,委托处理的力度加大。第五,在公开性方面,网络技术的运用增加了社会公众对议会监察专员机构的认知程度,亲民风格的年度报告则进一步增强了民众的信任感。第六,议会监察专员官署的内部治理结构更加优化,形成了调查机制、顾问机制和监督机制相得益彰的治理结构,工作人员来源的多样化、常任制在这一时期有了显著发展。

当然,此一时期的制度运行实践仍然存在不少问题:第一,"老生常谈"的问题依旧。议员过滤机制仍然存在,可予调查的主体仍然采用列举式,可予调查的行为仍然是不良行政,阻却事由仍然没有

----

① See Cabinet Office, *Reform of Public Sector Ombudsmen Service in England: A Consultation Paper*, August 2005.

大的变化。对于这些问题,虽然学者们、议会监察专员乃至专门委员会多次呼吁做出改变,但因种种原因,它们或者仅是讨论、或者进行了立法咨询,最终未能转变成改革成果。

第二,整体的制度评估虽然展开过多次,且评估的范围和改革建议的力度不断加大,但实践中发生的改革更多是源于议会监察专员自身的能动性,统筹性的立法活动并没有变成现实。

第三,此一时期议会监察专员的调查活动受到了司法审查,而且,在典型案件上司法审查的结果并不利于议会监察专员。例如,在耗时漫长且进行了多轮调查的"巴尔钦夫妇(Balchin)系列案"中,时任议会监察专员威廉·里德爵士认为交通部不存在不良行政现象,巴尔钦夫妇对这一决定表示不服,提请了司法审查。在一审程序(1996年)中,法院推翻了这一决定,认为里德爵士做出该决定时没有考虑相关因素。① 迈克尔·巴克利爵士再度审查了这个案件,仍然认为交通部不存在不良行政现象,这一决定再度被法院推翻(1999年),理由是议会监察专员的推理过程不足以显示他是在令人信服的基础上得出的。② 当巴克利爵士提交第三份调查报告时,法院仍然推翻了议会监察专员的决定,认为巴克利爵士不能为其决定提供充分的理由。③ 虽然在这个案件中,法院的审查强度受到了学者的批评④,但这个案件也预示了一个趋势:通过适用司法审查的正

---

① See R. v Commissioner for Parliamentary Administration Ex p. Balchin (No. 1), [1997] J.P.L.917.

② See R. v Commissioner for Parliamentary Administration Ex p. Balchin (No. 2), [2000] J.P.L.267.

③ See R. v Commissioner for Parliamentary Administration Ex p. Balchin (No. 3), [2002] EWHC 1876(Admin).

④ See Philip Giddings, "Ex p.Balchin:Findings of Maladministration and Injustice?", *Public Law* (Summer 2000) , pp.201-204).

式原则,法院会去审查议会监察专员的决定过程及结论是否合法。①

除了这些典型问题外,案均处理时限、申诉请求支持率等问题也受到部分民众的诟病。

第三节 处于变革新时期的议会监察专员制度 （2007 年至今）

一、变革新时期的议会监察专员

（一）第八任议会监察专员:安·亚伯拉罕（续）

2007 年 3 月,安·亚伯拉罕女士发布《良好行政之原则》,标志着议会监察专员机构工作重心和功能的转向。当这些原则发布后,时任内阁秘书格斯·奥唐纳(Gus O'Donnel)爵士表示热烈欢迎,认为它们"反映了常识和良好实践,让政府工作人员觉得与其工作相关或有益于其工作"。2008 年 6 月,亚伯拉罕女士在一次公开讲座中指出,《良好行政之原则》契合了议会监察专员设立之初衷——使官僚机构更加人性化。② 紧接《良好行政之原则》的步伐,亚伯拉罕女士先后发布了《救济之原则》(2007 年)、《良好的申诉处理之原则》(2008 年),前者旨在帮助公共机构"找到让事情各归其位的办法",后者旨在帮助公共机构在议会监察专员介入前就把民众的申

---

① See Mark Elliott and Robert Thomas, *Public Law* (*2ⁿᵈ edition*), Oxford: Oxford University Press, 2016, p.596.

② Ann Abraham, " *Good Administration: Why we need it more than ever* ", 2023 - 11-10, see http://www.webarchive.nationalarchives.gov.uk/20090805044157/http://www.ombudsman.org.uk/news/speeches/constitution_unit_2008.html.

诉"搞定"。2009 年 2 月,这三个原则被整合为《监察专员之原则》"三部曲"重新发布。

以《良好行政之原则》的发布为标志,议会监察专员制度进入了第四个时期,亚伯拉罕女士的任职期间刚好过半。在 2002 年 11 月至 2007 年 3 月期间,亚伯拉罕女士如同其前任迈克尔·巴克利爵士一样以"消防员"为主要角色并时不时地发挥"审查员"功能。在 2007 年 3 月至 2011 年 12 月期间,亚伯拉罕女士则坚持"审查员"与"预防员"角色相结合,在个案救济中将《监察专员之原则》深入贯彻,确立了新时期议会监察专员的工作重心。

(二)第九任议会监察专员:朱莉·梅勒爵士

在安·亚伯拉罕女士之后,朱莉·梅勒爵士继任为新一任议会监察专员。梅勒爵士的任职期是 2012 年 1 月 1 日(时年 55 岁)至 2017 年 4 月 5 日(时年 60 岁)。梅勒爵士是担任议会监察专员的第二位女性,也是第二位出身于非公务员或律师的议会监察专员。在担任议会监察专员之前,梅勒爵士有着丰富的半官方的社会组织经历,她曾因致力于推进男女同工同酬而被授予"爵士"名号。

在履职期间,梅勒爵士一方面延续了其前任亚伯拉罕女士促进良好行政的各项惯例;另一方面在"以顾客为中心"理念下简化了申诉案件的审查程序,以让更多的案件进入调查程序中来。因此,在她的履职期间内,PHSO 所进行的调查活动十倍于亚伯拉罕女士时期,从每年的 400 多件激增至 4000 多件,PCA 所进行的调查活动也从不足 100 件激增至接近 1000 件。与此同时,梅勒爵士还将亚伯拉罕女士时期创设的自我监督机制发扬光大,对民众关于议会监察专员工作的投诉情况十分重视,也正是从她的任期开始,议会监察专员官署的自我监督情况开始成为年度报告中重要构成内容。还需注意的是,在她的任期内,PCA 和 HSC(英格兰)的年度报告中"联合"成分居多,"分离"成分减少,原来各自单列的统计数据被统一整合为 PHSO 的总体数据。在履职期间,除了提交例行性的年度报告和季度报告外,梅勒爵士也提交了一份《议会监察专员法》第 10 条第 3 款的特别报告,涉及对选举委员会的申诉。①

在最后一份年度报告中,梅勒爵士对其履职工作给出的总体评价是:对那些寻求我们帮助的人而言,议会监察专员的影响力更大;促进了公共服务的优化;推动了议会监察专员制度本身的发展。②

(三)第十任议会监察专员:罗布·贝伦斯勋爵

2017 年 4 月 5 日,当议会监察专员官署成立 50 周年之际,它迎来了一位新的主人——罗布·贝伦斯勋爵。贝伦斯勋爵是又一名非出身于牛津大学或剑桥大学的议会监察专员,他有过公务员经历,并先后担任过律师理事会(Bar Standards Board,BSB)申诉专员、高等教育独立检查官署(the Office of the Independent Adjudicator for Higher Education,OIA)的检查专员和首席执行官,有着丰富的公共服务申诉处理经验。因为他在高等教育发展中的重要作用,贝伦斯被授予"勋爵"名号。在提名贝伦斯勋爵为新任议会监察专员时,下议院专门委员会主席伯纳德·詹金(Bernard Jenkin)评述道:"贝伦斯勋爵对议会监察专员之职意味着什么有着深入认识。他在高等教育独立检查官署任职的经历为他担任本职提供了良好基础。我期待着与这

----

① See Lucinda Maer and Michael Everett, *The Parliamentary Ombudsman: Role and Proposals for Reform*, 16 March 2016.

② See PHSO, *Annual Report* 2015–16, Session 2015–16.

位新的议会监察专员一道去促进公共服务的提高。"①

2017 年 7 月 18 日,贝伦斯勋爵提交了其任职期间的首份年度报告。在这份年度报告的开篇语中,贝伦斯勋爵首先感谢了朱莉·梅勒爵士及其下属在过去一年中的卓越工作②,进而确认了议会监察专员官署在公民个人救济和提升公共服务质量的重要性。最后,他指明了新的一年的工作重点——更加高效地处理个案申诉,继续保持议会监察专员官署与其服务对象、调查对象及其他利害关系人的相互理解、尊重和信任关系。③ 随着新一任议会监察专员的就任,英国议会监察专员制度迈入了新的历史阶段。

二、变革新时期的制度运行:以年度报告为中心

(一)一般性分析:议会监察专员的工作量、处理与制度效用

经过 40 年发展,议会监察专员制度已经深入人心,议员转交案件的积极性也大为增强。以 2010—2011 财年的年度报告为例,有 88%的议员转交过案件。④ 进而,自从 1977 年伊德瓦尔·普格爵士发明"绕行"议员过滤机制的办法以来,社会公众直接接触议会与医疗保健服务监察专员(下文简称 PHSO)的情形也迅速增长。正是在审查社会公众的咨询案件过程中,PHSO 发现了可予调查的案件,并从 2006—2007 财年的年度报告开始对统计口径做出了修改。此外,

---

① "*Rob Behrens starts as new Parliamentary and Health Service Ombudsman*", 2023 - 11 - 10, see https://www.ombudsman.org.uk/news - and - blog/news/rob - behrens - starts - new - parliamentary - and - health - service - ombudsman.

② 从 1997 年开始,议会监察专员的年度报告的周期要跟着财政年度走,因此,罗布·贝伦斯勋爵的首份年度报告中的工作实际上是其前任朱莉·梅勒爵士做的。

③ See PHSO, *Annual Report* 2016-17, Session 2016-17.

④ See PHSO, *Annual Report* 2010-11, Session 2010-11.

PHSO 在这一时期不再明确区分 HSC 和 PCA 的相关数据。因此,本节的一般性分析从 PHSO 或 PCA 的咨询量、调查量、完成量、支持率和案均处理时限等方面展开。

表 5-3　议会与医疗保健服务监察专员(PHSO)的工作量与调查量统计

工作量与调查量 年度	每一年度新收到的咨询案件数量(件)				上一年度结余咨询案件数量(件)	每一年度完成的咨询案件数量(件)	决定进行正式调查的案件数量(件)
	电话	邮件	书面	总量			
2006—07[1]	5790	2145	6575	14510[2]	340	14183	1682
2007—08	5077	2396	5048	12532	667	11698	951
2008—09	8039	2447	5819	16137	1507	15639	401
2009—10	—[3]	—	—	23667	2157	24240	356
2010—11	—	—	—	23422	1623	23667	403
2011—12[4]	—	—	—	23846	1400	23889	421
2012—13	—	—	—	26961	1357	26358	467
2013—14[5]	—	—	—	27566[6]	—	28348	3900
2014—15	—	—	—	27778	—	29000	4280
2015—16	—	—	—	29455	2003	29046	3938
2016—17[7]	—	—	—	31461	—	31249	3767

数据来源:2006—2017 年议会监察专员的年度报告。关于[1],年度报告的提交时间从 1997 年开始便按照财政年度进行,故本表及下面各表中的时间跨度为本年的 4 月 1 日至下一年的 3 月 31 日;关于[2],从本年度开始,年度新收到的咨询案件数量包括本人当场咨询的数量;关于[3],年度报告中没有相关数据,本表中"—"皆是如此;关于[4]和[7],该年度是议会监察专员的人事变动之年,相关数据包括了其前任履职期间的数据,以下各表情况与此相同;关于[5],从本年度开始,议会监察专员制定了一个"五年"规划,指导原则和方针随之发生变化,以下各表与此情况相同;关于[6],本年度中当事人联系议会监察专员的数量是 4 万件左右,但与该官署有关的是 27566 件,以下年份中的数据皆是此类,需要注意的是,从 2014—15 年度开始,当事人联系议会监察专员的数量开始突破 10 万件,依次为 100000 件、133909 件、123084 件。

通过表 5-3,我们可以看出:1. 除了 2007—2008 财年外,PHSO 每个财政年度收到的社会公众咨询量是逐渐递增的,在 2009—2010 财年突破 2 万件,在 2016—2017 财年更是突破 3 万件。如果再加上那些跟 PHSO 接触但所咨询或提交的申诉请求又与其职能不相关的案件,那么在 2013—2014 财年这一数字就突破了 4 万件,并在 2014—2015 年度突破 10 万件。在这样的情形下,PHSO 的处理工作 也极其高效,每年未处理的案件保持在 1000—2000 件之间。2. 从 2006—2007 财年开始,PHSO 更多地采用非正式调查手段(如向被调 查对象询问)来处理行政申诉,这一工作思路在 2007—2008 财年开 始收到显著效果。在社会公众咨询 PHSO 的案件数量保持增加的情 况下,PHSO 决定受理并进行正式调查的案件数量出现了"断崖式" 下降,从 2006—2007 财年的 1682 件锐减至 951 件,再度锐减至 2008—2009 财年的 400 件左右,以后数年一直保持着这样的数量。 这说明了工作方法对正式调查的案件数量的决定性影响,其背后逻 辑是:小而简单的案件尽量通过非正式手段解决,大而复杂的案件则 继续坚持"劳斯莱斯式"调查方法。2007—2008 财年发生的正式调 查的案件数量锐减的趋势从 2013—2014 财年发生了重大转变,从 400 余件激增至 4000 件左右,并在后来的年份中保持了这一趋势。 发生这种转变的根本原因是 PHSO 官署的工作思路再度发生变化。 面对社会公众对其正式调查活动过少的抱怨,朱莉·梅勒爵士在 "顾客为中心"的理念下引入了新的工作流程,通过降低初步审查 (initial checks)门槛、引入评估程序(assessment),PHSO 官署能够对 民众关心的问题进行更多干预。

表 5-3 中的相关数据说明,1977 年发明的"绕行"议员过滤机制 的办法刺激了社会公众对 PHSO 的认识度,权利文化和监督文化的 兴起则让人们更多地选择官方渠道来保护自身权利,从而为 PHSO 进行更大范围内的介入奠定了基础;至于说具体实践中进行正式调 查的案件数量出现反复,这与 PHSO 的工作思路直接相关。 2013—2014 财年以来的趋势是 PHSO 尽可能多地开展正式调查活

动,这一趋势在第九任议会监察专员朱莉·梅勒爵士任职的第三年开始形成,并得到了第十任议会监察专员罗布·贝伦斯勋爵的坚持,成为这一时期议会监察专员制度的显著特征。更进一步的分析需要审视议会监察专员官署的调查量与完成量的相关数据,这在表5-4中得到体现。

表5-4　决定进行正式调查的数量与完成的数量(PHSO VS PCA)

调查量与完成量 年度	PHSO(议会与医疗保健服务监察专员)				PCA(议会监察专员)			
	上年度结余量(件)	本年度新受理量(件)	总调查量(件)	处理完成并报告(件)	上年度结余量(件)	本年度新受理量(件)	总调查量(件)	处理完成并报告(件)
2006—07	1862	1682	3544	2502	1142	820	1962	1363
2007—08	617	951	1568	618	249	248	497	290
2008—09	618	401	1019	694	195	162	357	187
2009—10	308	356	664	293	170	52	222	147
2010—11	339	403	742	412	60	107	167	93
2011—12	321	421	742	403	74	93	167	94
2012—13	332	467	799	384	73	90	163	—
2013—14	—[1]	3900	无法统计[2]	2199	—	825	无法统计	421
2014—15	—	4280	无法统计	4159	—	808	无法统计	885
2015—16	—	3938	无法统计	3861	—	592	无法统计	676
2016—17	1223	3767	4995	4239	—	470	无法统计	524

数据来源:2006—2017年议会监察专员的年度报告。关于[1],年度报告中没有相关数据,本表中"—"皆是如此;关于[2],因为[1]中数据欠缺,故无法统计。

通过表5-4,我们可以看出:1.议会监察专员决定进行正式调查的案件(新受理),其谷值出现在2009—2010财年,为52件,但由于上一年度结余案件数量相对较多,故本年度最终完成调查并报告的数量不是最低。但总体上,对非正式调查方法的重视,导致了议会监察专员正式调查活动次数的锐减,这是2007—2013年期间的主导性趋势。2. 从 2013—2014 财年开始,在 PHSO 的"五年"规划中,让更多的民众认知、相信并选择这一机制来处理其申诉是其中一个重要内容,为此,PHSO 加大了回应社会公众关切的程度,带来了 PCA 和 HSC 进行正式调查活动次数的猛增。以 2013—2014 财年和 2012—2013 财年相对比,前者的新受案量是后者的 9 倍多。3. 还需注意的是,议会监察专员的人事变动给工作方法带来的影响。在 2006—2017 年期间,议会监察专员官署有三位专员履职,安·亚伯拉罕女士自 2006—2007 财年开始更多地强调非正式调查方法来解决问题,这一方法自 2007—2008 财年开始奏效,导致了正式调查活动的锐减;朱莉·梅勒爵士履职后遵从了这一实践,但又打破了这一实践,尝试着新的做法——更多地进行正式调查(虽然工作流程与以往有所不同);罗布·贝伦斯勋爵继任后所发布的首份年度报告遵从了梅勒爵士的实践,但由于这份年度报告中的工作量基本上是梅勒爵士时期的,故处于适应期的贝伦斯勋爵或许并未表现出其真实态度。在这一时期,仅从表 5-4 数据来看,对于要不要进行更多的正式调查的问题,三位议会监察专员任职期间的实践似乎正在经历一个"多调查——少调查——多调查"的轮回。此外,2014—2015 财年以来,新受理的要进行调查的案件数量在持续减少,这是否意味着议会监察专员又在向"少调查"的方向行进。当然,由于进行调查的案件绝对数量依然很大,加之新任议会监察专员贝伦斯勋爵的任期才刚刚开始,这一趋势是否确当还有待观察。正式调查的数量多寡或许能反映议会监察专员官署的工作思路差异,但它是否对申诉请求的支持率产生影响,这需要对表 5-5 的数据加以分析。

表5-5 正式进行调查并报告案件中的支持率（PHSO VS PCA）

支持率\年度	PHSO（议会与医疗保健服务监察专员）			PCA（议会监察专员）		
	全部支持（%）	部分支持（%）	不支持（%）	全部支持（%）	部分支持（%）	不支持（%）
2006—07	34	28	38	30	33	37
2007—08	37	18	45	37	31	32
2008—09	37	15	48	30	30	40
2009—10	44（HSC）[1]	18（HSC）	37（HSC）	49	31	20
2010—11	64（HSC）	15（HSC）	21（HSC）	53	25	22
2011—12	60	20	20	—[3]	—	—
2012—13	60	26	14	—	—	—
2013—14	39[2]		54	—	—	—
2014—15	37		55	—	—	—
2015—16	40		51	—	—	—
2016—17	36		52	—	—	—

数据来源：2006—2017年议会监察专员的年度报告。关于［1］，2009—11年这两年的年度报告中只有医疗保健服务监察专员对其调查案件的支持率数据；关于［2］，从2013年开始，PHSO对其调查案件的支持率数据将全部支持和部分支持合起来统计；关于［3］，年度报告中没有相关数据，本表中"—"皆是如此。

通过表5-5，我们可以看出：1.在2006—2017年期间，议会监察专员对申诉请求的支持率分布在三个等级：2006—2009年期间的60%左右（全部支持+部分支持，以下同此），2009—2013年期间的80%左右，2013年以来的40%左右。这说明了，正式调查的案件数量的激增，客观上确实带来了支持率下滑的现象；但这又不是绝对的，例如，2006—2007财年的正式调查的案件数量最多，但该年度的支持率并不比2007—2009年期间的支持率低。2.从第九任议会监察专员朱莉·梅勒爵士就任之日起，PCA和HSC对申诉请求支持率分别统计的情况在年度报告中不再出现,仅统一发布 PHSO(PCA 和 HSC 的合署)对申诉请求的支持率数据,进而在 2013—2014 财年以后,也不再将 PHSO 对申诉请求的支持率按照全部支持和部分支持分列。这种现象说明了,PCA 和 HSC 在 2012 年以来联动趋势的加强,也进一步说明了 PHSO 对申诉请求支持率看法的转变,从原来的着力强调"全部支持"到现在的认同"部分支持"也是胜利。3. 如果把前面两项观察结果结合起来看,我们便会进一步发现:对议会监察专员本身而言,更多的正式调查意味着对政府部门行为的更多监督,在议会监察专员的调查结论和改正建议不具有强制力的制度设定下,能够部分支持申诉人请求已是难能可贵。对行政申诉人而言,议会监察专员的更多介入,相当于把通往救济"殿堂"的大门向社会公众敞的更开了些。鉴于"迟到的正义非正义",接下来的问题便是:当民众确实通过其选区议员提交了申诉请求时,议会监察专员官署是否及时而公正地做出处理决定呢? 这可从表 5-6 中找到证据。

表 5-6　议会监察专员(PCA)进行正式调查并报告案件的处理时限
　　　　　(目标 VS 实际)

处理时限 年度	目标处理时限占比(%)			实际处理时限占比(%)		
	≤3 个月	≤6 个月	≤12 个月	≤3 个月	≤6 个月	≤12 个月
2006—07	30	60	90	13	38	79
2007—08	—[1]	55	85	—	29	75
2008—09	—	—	—	—	—	—
2009—10	—	—	55	—	—	65
2010—11	—	—	90(PHSO)	—	—	88(PHSO)
2011—12	—	—	90(PHSO)	—	—	79(PHSO)
2012—13	—	—	90(PHSO)	—	—	88(PHSO)
2013—14	—	—	90(PHSO)	67[2]	95	99(PHSO)

处理时限 年度	目标处理时限占比（%）			实际处理时限占比（%）		
	≤3个月	≤6个月	≤12个月	≤3个月	≤6个月	≤12个月
2014—15	65（PHSO）	85（PHSO）	98（PHSO）	60（PHSO）	76（PHSO）	97（PHSO）
2015—16	—	—	—	—	—	97（PHSO）
2016—17	—	—	—	—	—	88（PHSO）[3]

数据来源:2006—2017年议会监察专员的年度报告。关于[1],年度报告中没有相关数据,本表中"—"皆是如此;关于[2],此处数据是一个月内处理完毕的比例;关于[3],参照前两年数据,本年度的处理时限也应接近97%,但本年度的年度报告中没有相关数据,不过它却统计了超过12个月仍未完成的案件数量(526件)和实际处理时限占比(12%),需要注意的是,它还提及了上一年度超过12个月仍未完成的案件数量和实际处理时限占比(10%),这就与2015—16年的年度报告中的数据有所差异。

通过表5-6,我们可以看出:1.安·亚伯拉罕女士任职期间,缩短案均处理时限的目标与实际间的差距经历了一个"V"字形变化趋势。当其目标设定较高时,案均处理时限的实际与目标的差距越来越大;当其目标设定过于保守时,案均处理时限的实际反而超越了目标。不过,总体上,2006—2011年期间,案均处理时限始终是亚伯拉罕女士未能实现或未能完全实现的目标。考虑到她的最后一份年度报告没有将议会监察专员的案均处理时限的目标与实际单列,而是笼统地以PHSO的名义发布统一数据,从这个数据来看,案均处理时限的目标与实际相差无几,但至于说议会监察专员的案均处理时限是否也是这般,从现有资料无法得到完全印证。2.朱莉·梅勒爵士任职期间,PHSO的案均处理时限的实际和目标间的差距逐年缩小,最终在2013—2014财年达到并超过了预定目标,且在以后的年度中基本上保持了实际与目标的一致。尽管议会监察专员的相关数据没有单列,但从PHSO的数据中也可间接推断出议会监察专员官署在梅勒爵士任职期间也是实现了目标设定的。3.需要注意的是,从2015—2016财年开始,PHSO年度报告关于其案均处理时限的统计方法又发生了部分变化,正式调查案件的实际处理时长(天数)成为关键指标,而诸如 3 个月内、6 个月内、12 个月内处理完毕的案件数量占比则在年度报告中没有得到体现。不过,梅勒爵士在 2015—2016 财年的年度报告中说 PHSO 在 12 个月内处理完毕的案件数量仍保持以往的高水准,占到了调查案件数量的 97% 左右。罗布·贝伦斯勋爵的首份年度报告中没有提及这些数据,但在强调 12 个月以上还没有处理完毕的案件数量越来越少的同时也提到了此类案件的数量和所占比例,它表现出与以往数据相比的回落、与目标的再度相差。4. 总体上看,PHSO 在缩短案均处理时限方面是逐年进步的,它既表现为实际情形与目标的一致或接近一致,也表现为 12 个月内处理完毕案件数量和所占比例的提升。

(二)样本分析:代表性年度报告中的焦点问题

本节选取的样本是 2006—2007 财年的年度报告和 2016—2017 财年的年度报告。安·亚伯拉罕女士在前者中提出了《良好行政之原则》,从而开创了新的时代;后者是最新的一份年度报告,是朱莉·梅勒爵士"五年"规划的第四年,代表着 PHSO 的最新工作思路。

在 2006—2007 财年的年度报告中,亚伯拉罕女士延续了其上任之初所形成的惯例(每一年度报告都有特定的主题),将本年度的主题确定为《将良好行政之原则投入实践》。从形式结构上看,这份年度报告由议会监察专员的开篇语、对政府部门和其他公共机构申诉的处理情况、对医疗保健服务机构申诉的处理情况、PHSO 的职能、数据统计、PHSO 的开支状况等部分构成,并附有 PHSO 的治理结构、2007—2010 年的行动规划 2 个附件。与以往的年度报告相比,这份年度报告中比较有特色的部分是开篇语中关于《良好行政之原则》的阐释、PHSO 职能的阐释。

2007 年 4 月 1 日是英国议会监察专员成立 40 周年的纪念日，为此，亚伯拉罕女士在开篇语中首先强调了议会监察专员制度经受住了时间考验：40 年间沧海桑田，公共机构体系变化巨大，议会监察专员机构的职能也在不断"进化"，但"让行政管理人性化"的初始目标始终如一。在这个年度报告发布之前，亚伯拉罕女士就已经将《良好行政之原则》公之于众，受到了英国政府和下议院专门委员会的欢迎：政府认为这些原则"反映了常识，表达着良好实践"；专门委员会的观点是，"如果这些原则早就得到适用的话，我们这些年所处理的重大疑难案件就不会发生"。《良好行政之原则》是"预防胜于救济"理念的直接表达。"良好行政"有六大标准，且每一个标准下皆有更为细化的要求：1. 摆正自己的位置（Getting it right）。它意味着政府部门或公共机构应依法而为且尊重相关主体之权利；依据该公共机构的政策和指引（公开的或内部的）而为；妥善对待既定的良好实践；提供高效服务，使用受到良好训练和称职的职员；在考虑所有相关因素基础上作出合理的决定。2. 以顾客为中心（Being customer focused）。它意味着政府部门或公共机构应保证人民能便捷地接受服务；告知顾客他们能预期什么以及该公共机构对他们的预期是什么；信守其承诺，包括任一公开的服务标准；热心、迅捷、敏锐地对待人们，将他们的个人情况牢记于心；弹性地回应顾客需求，包括适当时候与其他服务提供者协同给出回应。3. 公开而负责（Being open and accountable）。它意味着政府部门或公共机构应公开而清楚地知晓各项政策和程序，并保证信息及其所提供的任一建议都清楚、准确、全面；公示其决策标准，并为其决定提供理由；适当而妥帖地处理信息；适当而妥帖地保存记录;为其行为承担责任。4. 公正而合理地行为(Acting fairly and proportionately)。它意味着政府部门或公共机构应无偏私、尊重而有礼貌地对待人民;不以非法歧视或偏见对待人民,并保证其利益不相冲突;客观而一致地对待人民和问题;保证(行政)决定及相关行为合比例、适当而公正。5. 让事情各归其位(Putting things right)。它意味着政府部门或公共机构应能承认错误并在适当时候进行道歉;纠正错误迅速而有效;清楚而及时地提供怎样及何时提出诉求或投诉;让投诉程序有效运行,包括在某一投诉被支持时提供一项公正而合适的补救措施。6. 不断寻求改进(Seeking continuous improvement)。它意味着政府部门或公共机构应定期审视各项政策和程序以保证其效力;征询反馈意见并以此改进其服务和行为;保证公共机构从投诉中吸取教训,并利用它们改进其服务和行为。以 2006—2007 财年的年度报告发布为标志,议会监察专员官署的功能转向了"预防员"。

在开篇语阐释《良好行政之原则》、选编政府部门或公共机构典型案例、选编医疗保健服务机构典型案例的基础上,亚伯拉罕女士首先阐释了 PHSO"以顾客为中心"的工作理念,以及该理念指导下 PHSO 在回应民众诉求(包括他们对 PHSO 的一般看法、对 PHSO 工作人员处理申诉请求的看法、对 PHSO 的"入口"门槛的看法)方面的所作所为;进而,亚伯拉罕女士强调了 PHSO 在推动公共服务质量提升方面的职能与贡献。①

2016—2017 财年的年度报告的形式特色在于,它延续了 2013—2014 财年的年度报告的风格,以《监察专员的年度报告和财政

---

① See PHSO, *Annual Report* 2006-07, Session 2006-07.

开支状况》(The Ombudsman's Annual Report and Accounts 2016—2017)为题,不再确定具体的主题。形式上的另一个变化是,将朱莉·梅勒爵士关于 PHSO 改革的"五年"规划置于年度报告之中。在接下来的讲述中,按照初步审查、评估和调查的顺序展示 PHSO 本年度的工作情况,并与上一年度或前几个年度做一对比。社会公众对 PHSO 处理申诉案件情况的投诉也是这份年度报告的重要内容,这延续了 2013—2014 财年的年度报告的做法。

在内容上,2016—2017 财年的年度报告有三个值得注意的地方:1. 关于 PHSO 改革的"五年"规划。从 2013—2014 财年开始,梅勒爵士就提出"奠基——转变——实现"的"三步走"策略。其中,奠基阶段(前两年)的任务是,正式调查的案件数量十倍于以往、完善内部治理结构、与议会加强联系以更好地督促政府负责、与其他监察专员机构建立更紧密的协作关系、为提供高效的公共机构监察专员服务奠定基础。转变阶段(中间两年)的任务是,通过工作思路和方法的转变,让民众使用 PHSO 提供的服务更便捷、更高效,让救济个案和纠正系统弊端相得益彰,让各公共机构监察专员的协作关系更为紧密,以便适应议会的立法进程。实现阶段(最后一年)的任务是,通过查漏补缺,基本实现一个免费、高效、公正的监察专员服务。2016—2017 财年是这个"五年"规划的第四年,故新任议会监察专员罗布·贝伦斯勋爵对该年度的工作完成情况与目标设定之间的关系进行了详细阐释。2. 2016—2017 财年的年度报告中一个重要内容是关于 PHSO 本身工作的投诉与处理。比较重要的一个方面是民众对 PHSO 工作流程的投诉,在本年度中,PHSO 的内部监督机构对初审和评估程序中所做的 31461 个决定进行重新审查的有 21 个,支持申诉人的有 4 个;对正式调查程序中所做的 4239 个决定进行重新审查的有 60 个,支持申诉人的有 11 个。在与之相应的问卷调查中,使用 PHSO 官署所提供服务的人绝大部分表示非常满意,这说明了 PHSO 所做决定的高质量。另外一个比较重要的方面是 PHSO 处理相关案件的工作效率。以正式调查的案件为例,在本年度中,正式调查程序的时耗已经降至 127 天,与 2013—2014 财年以来的各年度保持了一致,并与"五年"规划实施前的超过 300 天形成鲜明对比。除了时耗外,工作效率的另一个表现是"硬骨头"案件的处理时限。在 2016 年 4 月 1 日,超过 12 个月还没完成的复杂案件有 136 件,到 2017 年 4 月 1 日,这一数据降至 104 件,同比下降了 24%。这说明了 PHSO 所提供服务的高效、高质量。3. 2016—2017 财年的年度报告中另一个重要内容是 PHSO 内部治理机构的具体工作情况,如顾问委员会、监督委员会在本年度的集会讨论情况,这延续了 2013—2014 财年以来的实践。①

三、变革新时期的制度效能:典型个案解读

年度报告的一般解读和样本分析有助于我们了解议会监察专员制度运行的总体情况,实践中发生的典型个案则有助于我们看清议会监察专员制度的实效。在这一时期,议会监察专员官署仍提交了为数不少的特别报告。本节所选择的典型个案是"养老金承诺案"。

"养老金承诺案"的由来是:英国劳动与养老金部负有制定职业养老金政策的职责。根据 1995 年《职业养老金法》,劳动与养老金部具有制定"最低资金要求(Minimum Funding Requirement, MFR)"标准的职权。MFR 旨在给各种养老金计划的受众提供一把"安全

---

① See PHSO, *Annual Report* 2016-17, Session 2016-17.

锁",它要求每一种养老金计划都需留存最低限度的基金以便事情有变时能够承担起责任。由于市场情形瞬息万变,这些资产的价值会随之波动,劳动与养老金部便会时不时地对 MFR 进行调整。在这样的情形下,劳动与养老金部便负有批准职业养老金计划的具体调整、提供官方信息的职责。在本案中,由于 MFR 标准的调整,数以万计的人得到了比他们预想要低的职业养老金,人们认为这与劳动与养老金部的监管失当有关。为此,有超过 200 名议员转交此类申诉请求给议会监察专员。

经过充分的调查取证,2006 年 3 月,时任议会监察专员安·亚伯拉罕女士提交了其调查报告,认为不良行政已经发生。她的主要理由是,相关公共机构(劳动与养老金部下设的监管机构)对投保人做出了承诺,使这些人有理由相信他们的养老金比看起来的那样更安全一些;这些公共机构在没有充分考虑相关情况的基础上就决定降低 MFR 的标准,这就容易造成灾难性后果,即一旦情形有变,养老金的支付机构无法按照预期标准进行支付。然而,本案发生了,并给投保人带来了不利后果。对于这种不利后果,亚伯拉罕女士的建议是:政府应采取任何它认为妥当的办法来补偿申诉人及与其情况类似的人的损失。对于这个调查结论及改正建议,劳动与养老金部予以拒绝,理由是不良行政不存在且补偿那些投保人不符合公共利益。于是,亚伯拉罕女士便依据《议会监察专员法》第 10 条第 3 款的规定向下议院专门委员会提交了一份特别报告,专门委员会支持了亚伯拉罕女士,认为政府应对那些受损的投保人进行补偿。在下议院专门委员会的压力下,政府于 2007 年 12 月作出决定,补偿那些受损的投保人至其损失的 90%。这个事件在下议院专门委员会的介入下得到了解决。

值得注意的是,当发现政府拒绝议会监察专员的调查结论和建议后,有四名投保人选择了法律途径,要求法院审查政府拒绝行为的合法性[所谓的"布拉德利案(Bradley Case)"案]。在一审程序中,高等法院支持了投保人的请求,主要理由是,政府不能证明议会监察专员的调查结论是在非理性的(unreasonable)基础上做出的。政府对此判决提出了上诉。在二审程序中,上诉法院判决政府败诉,但论证理由发生了变化。上诉法院认为,政府既然负有行政管理之权,它便有权拒绝议会监察专员的调查结论。不过,政府得证明自己做出这样的(拒绝)决定是合乎理性的(rational)。在本案中,政府的信息确实很有误导性,且该不良行为确实造成了不公正,故政府拒绝议会监察专员的调查结论是不合理的(irrational)。两级法院的判决对投保人而言是一个胜利,因为它阻止了政府对其负有责任问题的推诿;但这个胜利的成果又是有限的,因为它所带来不过是政府要对其拒绝行为重新审视,并没有给投保人带来直接的经济补偿。还需说明的是,两级法院说理逻辑的差异,高等法院认为议会监察专员的调查结论原则上具有约束力,除非被法庭推翻;上诉法院则认为议会监察专员的调查结论原则上不具有约束力,政府部门可自由地否定调查结论,只要它能找到合理的理由。

这一案件的启示是:第一,议会监察专员解决不良行政的途径仍是偏政治渠道的,议会(通过其专门委员会)支持与否决定了相关事件能否最终获得解决。第二,议会监察专员的改正建议不具有法律约束力是公认的,但其调查结论是否具有强制力,人们存有疑问。"Bradley案"的最终判决,也宣告了司法机关的态度:议会监察专员的调查结论也是不具有法律约束力的。第三,司法机关介入议会监察专员所调查案件的程度,反映出议会监察专员裁量权的受监督程度。①

四、小结:从反向规制到正向引导

内阁办公室在 2000 年所发布的《科尔卡特评估报告》是议会监察专员制度建立以来政府所进行的首次全方位评估,但因种种原因未能成行。取而代之的是 2007 年《监管改革法》中所提出的联合调查、信息分享、非正式调查手段、发布正向引导指引的"小改"方案。在 2007 年以来的实践中,议会监察专员认真践行《监管改革法》中的这些构想,并根据形势变化来调整工作思路。

从积极方面来看,这一时期议会监察专员所取得的成绩是:第一,社会公众接触议会监察专员的渠道更为通畅、议员过滤机制的作用大为弱化。在这一时期,社会公众接触 PHSO 的次数呈现出爆炸性增长,2013—2014 财年超过了 4 万次,2014—2015 财年以来更是突破了 10 万次。与之相应,能够纳入 PHSO 的咨询案件数量也分别突破了 2 万件、3 万件。庞大的咨询量为 PHSO 发现可予调查的案件线索,进而进行干预提供了坚实基础。随着 PHSO 自 2013—2014 财年以来工作思路的转变,PHSO 进行正式调查的案件数量从每年的 400 件左右激增至 4000 件左右。在"绕行"议员过滤机制的惯例的作用下,离社会公众直接提交申诉请求仅剩一层"窗户纸"的距

---

① See Sixth Report of PHSO, *Trusting in the Pensions Promise: Government Bodies and the Security of Final Salary Occupational Pensions*, Session 2005-06; Richard Kirkham, Brain Thompson and Trevor Buck, "When Putting things Right goes wrong: Enforcing the Recommendations of the Ombudsman", *Public Law* (Autumn 2008), pp.510-530; Jason Varuhas, "Governmental Rejections of Ombudsman Findings: What Roles for the Courts?", *Modern Law Review*, Vol.72, No.1(January 2009), pp.91-115.

离。况且,此一时期官、学、民各方对废除议员过滤机制已经达成共识,废除它只是个时间问题。

第二,议会监察专员在工作程序上进行了创新。除了坚持更多地采用非正式调查手段的实践外,朱莉·梅勒爵士关于议会监察专员改革的"五年"规划开始全面实施,其中一个重要内容便是将原来的"审查——自查——正式调查"的工作程序改为"初审——评估——调查"的工作程序。通过这样的程序革新,形式审查的门槛大为降低,更多的案件进入了评估和调查流程。在评估阶段,更多非正式的调查方法被采用。在正式调查阶段,议会监察专员的调查量也从改革前的100件左右激增至800件左右(近两年有所下降,但也在500件左右)。议会监察专员官署正从"下议院的勤务员"变为"人民的卫士"。

第三,时耗问题得到基本解决。传统上,正式调查既然充分而彻底,时耗问题随之出现。在20世纪80年代,案均处理时限已达15个月,经过20世纪90年代的努力,积压案件数量"消肿"和时耗缩短得到了很大缓解,但问题并没有根本解决。案件积压与时耗问题在21世纪的第一个十年中又出现了反复,直到这一时期才基本解决。通过工作流程的创新,案均处理时限已经从300天左右锐减至120天左右,而超过12个月的积压案件数量也大为减少。

第四,议会监察专员的内部审查工作进入了稳定运行阶段。安·亚伯拉罕女士任职初期,顾问委员会和监督委员会先后建立起来,但它们真正发挥出显著效果还是在朱莉·梅勒爵士就任以来。内部审查机制的完善,增强了民众对议会监察专员的认知度、信任感。

2007—2017年期间的议会监察专员制度成就显著,但也存在着一定的问题:第一,或许因为修改《议会监察专员法》的呼声和动议不断,诸如"入口"、管辖范围、阻却事由等问题一直没有获得根本性解决。既然要准备修法,则是否废除议员过滤机制、如何规定阻却事由、可予调查主体是否以抽象的公共机构概念来表述等问题,须由议会通过立法来解决。当然,还有一个解释是,议会监察专员实际上以极具弹性的方式行使其裁量权,不良行政作为可予调查的行为对象仍能胜任。

第二,组织人事变动对议会监察专员的工作思路具有决定性影响,但这种影响究竟是利大于弊还是弊大于利尚有待观察。在这一时期,议会监察专员对于"是否更多地开展正式调查"的问题出现了反复。在2006—2007财年,议会监察专员新受理量有820件,到下一年度便锐减至248件,随后逐渐递减至100件左右,2009—2010财年更是达到了谷值(52件)。然而,2013—2014财年,新受理的案件又激增至800多件,并在其后的年份中继续保持着500件左右的新受理量。考虑到这段时间内议会监察专员官署的工作人员并没有显著的增加,正式调查的案件数量的激增与锐减,固然与不同的工作思路有关,但这是否从侧面上反映出议会监察专员实践的不一致性。既然新受理量能急剧变化,那么议会监察专员在决定要不要进行调查时的裁量依据究竟是什么,不禁让人有所疑虑。而且,除了2013—2014财年的新受理量达到近十年的峰值外,2014—2015财年、2015—2016财年的新受理量是逐渐下降的,这是否又预示着新的变化?

在议会监察专员尽力履职并发挥能动性的同时,关于英国公共机构监察专员制度改革的动议与行动也在紧锣密鼓地进行中。2011年7月,下议院法律委员会发表了题为《公共服务监察专员》的报告,建议政府对当前的公共服务监察专员机构以及它们与其他行政救济机制(如法院和行政裁判所)的关系展开一次全方位的审查。① 这一主张得到了学界的积极回应。② 2014 年 4 月,下议院专门委员会发布了一份分量十足的报告——《时代呼唤人民的监察专员服务》。废除议员过滤机制、就建立单一的公共服务监察专员机构展开咨询,是这个报告中的核心内容。③ 在这样的基础上,保守党联合政府于 2014 年委托罗伯特·戈登(Robert Gordon)勋爵对当前的公共机构监察专员体系进行评估,并审查它们的职权和结构是否契合其设定目的,进而对是否应建立单一的英格兰公共服务监察专员机构提出改革的建议。2014 年 10 月,罗伯特·戈登勋爵的报告——《更好地服务社会公众:关于重组、改革、更新及联合公共服务监察专员机构的建议》(以下简称《戈登报告》)正式公布。《戈登报告》对符合 21 世纪发展的公共服务监察专员的职能设定有三:个案救济的最高层级,申诉处理标准及其改进的捍卫者、监督者,促进公共服务提供质量的(人民的)代理人。为此,它提出整合英格兰分散的公共服务监察专员机构为一体,并优化这个新成立的公共服务监察专员机构的内部治理结构、强化其责任,废除议员过滤机制、赋予主动调查权、简化受案手续等彻底的改革构想。④ 在《戈登报告》的基础上,保守党联合政府宣布准备在 2015—2016 年度议会会期内提出《公共服务监察专员法(草案)》。2015 年 3 月,政府公布了建

① See The Law Commission, *Public Service Ombudsmen*, 13 July 2011.

② See Trevor Buck, Richard Kirkham and Brian Thompson, "Time for a 'Leggatt-style' Review of the Ombudsman System?", *Public Law* (January 2011), pp.20-29.

③ See PASC, *Time for a People's Ombudsmen Service*, 28 April 2014.

④ See Robert Gordon, *Better to Serve the Pubic: Proposals to Restructure, Reform, Renew and Reinvigorate Public Services Ombudsmen*, October 2014.

立单一的公共服务监察专员机构的咨询意见。在这个咨询意见中，政府提出要设立一个新的公共服务监察专员机构，它将涵盖议会与医疗保健服务监察专员、地方政府监察专员和住房监察专员的职权。① 但在2015年的回应意见中，政府又对前述构想稍作修改，强调新成立的公共服务监察专员将涵盖议会与医疗保健服务监察专员和地方政府监察专员职权，住房监察专员的职权则在将来被容纳进来。② 至此，英国议会监察专员制度开始迈入了统一立法来规划单一的公共服务监察专员(英格兰)如何设置的阶段。

---

① See Cabinet Office, *A Public Service Ombudsman: A Consultation*, March 2015.

② See Cabinet Office, *A Public Service Ombudsman: Government Response to Consultation*, December 2015.

第六章　英国议会监察专员制度的
反思与展望

第一节　英国议会监察专员制度变迁的反思

2011 年 10 月,第八任议会监察专员安·亚伯拉罕女士应国际法学家协会英国分会之邀作了题为《议会监察专员与行政正义:型塑未来 50 年》的演讲。亚伯拉罕女士首先回首了 1961 年《怀亚特报告》的发布背景,即完成《弗兰克斯报告》的未竟任务,对不良行政和裁量行政进行救济。在回首中,她将《怀亚特报告》关于设立议会监察专员的构想解构为四个方面:议会监察专员的宪制地位(恢复个人与国家的关系平衡)、议会监察专员制度的独特性(非偏私、非正式)、议会监察专员在行政正义体制内的地位(行政正义体制内的有机构成部分)、议会监察专员与公民权利保障(人权卫士)。进而,亚伯拉罕女士强调,《怀亚特报告》的制度遗产至今仍具有现实意义:1. 作为"议会的专员",议会监察专员与"集体的"议会(通过其专门委员会)建立起牢固关系,因议员过滤机制而与议员个体发生紧密联系,因监督不良行政而发挥着督促行政机关负责的"常设机制"功能,这是其宪法意义;2. 议会监察专员制度本身是一个与普通司法程序(包括行政裁判所)迥然有异的行政正义制度,它不仅仅是一个替代机制,而是一个公正的替代机制;3.英格兰的公共服务监察专员体制以一种分散化、非协调一致的方式发展,且监察专员与司法机制、行政机关内设申诉处理机制、初始的行政决定程序的关系欠缺全盘考虑,距离一个结构严谨的统一行政正义体制目标相去甚远;4.在一个欠缺"权利语言(the language of rights)"的国度①,议会监察专员以其自身实践推动了权利文化的发展,并证明了它在捍卫公民权利过程中的核心地位。然而,英国目前的议会监察专员制度离能够适应21世纪要求的理想模型还有较长的距离,为此,亚伯拉罕女士指出,未来的改革方向是:移除议员过滤机制、赋予议会监察专员主动调查权、整合议会监察专员与英格兰的公共服务机构监察专员为一统一体、保持议会监察专员制度本身的独特性(抵制将其司法化的倾向)。② 亚伯拉罕女士的讲座兼具反思性与前瞻性,为我们评价英国议会监察专员制度的变迁历程提供了出发点。

议会监察专员制度的核心构成是五个次级制度:组织人事制度、管辖权制度、调查程序、报告制度,以及性质与定位的问题。纵览50余年的议会监察专员制度发展:

一、在组织人事制度方面,《议会监察专员法》只规定该专员由君主任命,政治惯例是该专员由首相提名。经过50余年发展特别是近20年的发展,关于议会监察专员提名的做法是,首相咨询下议院反对党领袖和专门委员会主席而确定。而且,该职位的被提名人实

---

① 英国政治文化中长期存在的一个观念是"天赋人权",它认为法律不应对权利作出规定,因为如果法律规定了某项权利,就意味着对该权利的某种限制。

② See Ann Abraham, *The Parliamentary Ombudsman and Administrative Justice:Shaping the next 50 years*,JUSTICE Tom Sargant memorial annual lecture,13 October 2011.

行差额竞选。除了提名机制外,议会监察专员的实任人选也从公务员出身转变为公务员、律师、社会组织负责人皆可;相应地,议会监察专员官署的工作人员也从原来的向其他政府部门借调、临时雇用转变为自行招募,更多具有法律背景和专业背景的人士加入了进来。除了工作队伍外,议会监察专员官署的内部治理结构逐渐完善,形成了"决策——执行——监督"分工制约的机制:以议会监察专员为主席的决策团队制定政策和发展规划(其中,顾问委员会发挥着"诤友"的作用)、审查和调查程序的工作人员负责处理具体的申诉案件、监督委员会对申诉处理的质量进行监督。当然,《议会监察专员法》关于议会监察专员官署财政和行使职权独立的规定在实践中也得到了较好执行,进一步完备了组织人事制度。

二、在管辖权制度方面,虽然《议会监察专员法》的基本框架还在,即可予调查的主体是明确列举在附件 2 中的政府部门或公共机构,可予调查的行为是不良行政行为,但要受到附件 3 中所列阻却事由的限制。不过,其内容已经发生了翻天覆地的变化。申言之,1. 附件 2 中所列的政府部门和机构随着实践发展不断扩充。以2016—2017 财年为例,议会监察专员官署在该年度新受理了 470 件申诉(这是指要进行正式调查的申诉),涉及 616 个政府部门或公共机构,处理完毕 524 件,涉及 656 个政府部门或公共机构。① 与议会监察专员官署刚成立时能够进行调查的 40 个左右政府部门相比,已经发生了翻天覆地的变化。时至今日,几乎所有的政府部门或公共机构都被囊括进来。2. 不良行政的内涵大幅扩充。在议会监察专员官署的实践中,不仅多数议会监察专员对不良行政采取弹性解释,而

---

① See PHSO, *Annual Report* 2016-17, Session 2016-17.

且也有议会监察专员(如威廉·里德爵士)正式将原来的"克罗斯曼目录"加以扩充,这些都使得议会监察专员能够进行更大范围的介入。值得注意的是,不良行政在实践中不仅仅局限在与行政过程有关,特定情况下行政决定的内容也要受到议会监察专员的监督,这不仅为议会监察专员所奉行,也得到了下议院专门委员会的鼓励或支持。3.附件3中的阻却事由变化较小,但在实践中也时有变化,如将英国驻外机构的行为、司法机构中行政人员的行为从附件3中删除。虽然变化较小,但一旦决定要改变,这种改变绝对是根本性的。随着2015年英国政府公布《公共机构监察专员法(草案)》,这一问题将在未来的立法中得到明确。

三、在调查程序方面,议会监察专员官署的调查程序从"白纸"变成了现实,并随着时间推移而不断发展。《议会监察专员法》虽规定了议会监察专员可以展开调查,但并未规定其程序具体是什么。为此,首任议会监察专员埃德蒙·康普顿爵士首创了"审查(screen)——自查(an opportunity to respond)——正式调查(formal investigation)"的调查程序,并得以适用达30余年。直到迈克尔·巴克利爵士任职期间,才对这个程序进行了某些修正,在审查后更多地采用了非正式调查方法。在朱莉·梅勒爵士任职期间,该程序进行了更多的改造,变成了"初审(initial checks)——评估(assessment)——调查(formal investigation)"。工作程序的变化与议会监察专员所面临形势、工作思路的转变密切相关。值得注意的是,《议会监察专员法》关于调查程序启动的规定仍然是议员过滤机制,但1977年伊德瓦尔·普格爵士发明了"绕行"办法对这一机制做出修正后,社会公众直接提交其申诉请求的障碍已经"基本移除"。时至今日,当议会监察专员收到民众的申诉后,如果觉得这一申诉可以受理,便会征询该申诉人所属选区的议员的转交案件意愿,而议员们一般会同意转交此类案件。这就事实上形成"双轨制"的启动程序:1.民众提交申诉——议会监察专员确认可受理——征询议员意见——予以受理,或者,2.民众向议员提交申诉请求——议员转交案件给议会监察专员——议会监察专员予以受理。

四、在报告制度方面,《议会监察专员法》所确定的报告制度不仅得到了执行,而且还发挥了显著的作用。《议会监察专员法》规定的报告制度有三类:个案报告制度、一般报告制度、特别报告制度。实践中,正式调查程序结束后,议会监察专员会分别给转交案件的议员(现在也会给申诉人一份复印件)、被申诉的政府部门或公共机构负责人、不良行政的具体做出者出具一份报告,这便是个案报告制度(第10条第2款)。每年的议会会期内,议会监察专员都要向议会两院提交一份年度报告,就其工作情况进行汇报,而后由下议院专门委员会对该报告进行审查,这便是一般报告制度(第10条第4款)。需要注意的是,第10条第4款还规定,议会监察专员可根据需要提交"其他类似报告",在实践中,"其他类似报告"首先演变成了季度报告,进而又扩展至主题性的报告(专门报告)。如果议会监察专员提交了调查报告后,被调查对象拒绝承认,议会监察专员便会向议会提交特别报告,以寻求议会对其工作的支持,这便是特别报告制度(第10条第3款)。实践中,个案报告、年度报告、季度报告均为议会监察专员的例行工作,议会监察专员也会时不时地提交第10条第4款所规定的一般报告,但第10条第3款所规定的特别报告则较为罕见。到目前为止,议会监察专员总共提交了7份特别报告,其中有两份在2000年以前(分别发生于1978年和1995年),2000年以后有五份(分别发生在2005年、2006年、2008年和2014年);从议会监察专员任期来看,第三任议会监察专员伊德瓦尔·普格爵士、第六任议会监察专员威廉·里德爵士、第九任议会监察专员朱莉·梅勒爵士各自提交了一份特别报告,其他4份均由第八任议会监察专员安·亚伯拉罕女士提交。提交特别报告的数量多少,一方面反映了政府对议会监察专员官署工作的态度;另一方面也与议会监察专员官署的功能转向、个人风格有关。不过,总体上,99%以上的调查活动得到了政府部门的配合与执行。

五、《议会监察专员法》的初始角色设定是下议院的勤务员,是普通司法程序的替代机制。这一初始设定在实践中发生了显著变化。通过发挥能动性,历任议会监察专员逐渐将不甚受重视的议会监察专员机构发展为一个重要的公共机构、责任制机构、人权保障机构。在长期的实践中,议会监察专员不仅表现出相对于行政机关的独立性,也表现出相对于议会的独立性(议会极少监督个案调查活动),随着议员过滤机制的弱化,议会监察专员日益成为独立自主地进行调查活动并监督行政机关的公共机构。此外,议会监察专员的功能从"以个案救济为主,消极防控为辅"转向了"个案救济与消极防控并重,正向引导与之相得益彰"。在监督文化流行的今天,议会监察专员已然成为监督具体的不良行政行为,进而协助议会监督政府的常设责任制机构。随着2000年《人权法》的实施,英国普通法院在保护人权方面有了更多的权力,但这并不意味着它是唯一的人权保障机制。议会监察专员在实践中受理的案件大多与社会福利、弱者权益保护等问题有关,在这些方面,议会监察专员表现出比法院更强的适应性,它不仅能够在个案中保护个人权利,而且还能对更大范围内的弊政进行纠正,从而使更多的人受益。因此,尽管有将议会监察专员调查程序司法化的倡议,但这一倡议始终受到议会监察专员及其拥趸们的抵制。

50 余年间沧海桑田,英国政治已经发生了重大变化。议会监察专员制度虽然经受住了时间考验,但《议会监察专员法》的初始规定,尤其是议员过滤机制、否认主动调查权、阻却事由过多等内容越来越显示出与现实的不相适应。为此,除了议会监察专员发挥能动性而进行局部创新、官方的局部修法(如 1987 年增加《议会监察专员法》附件 2、2007 年的《监管改革法》)外,对议会监察专员制度进行通盘考虑、并思考它与行政正义体制的其他机制的关系,一直是学界、议会监察专员、下议院专门委员会的重点工作之一。近些年,这一考虑也成为政府立法规划中的内容之一。2014 年 10 月,《戈登报告》正式发布①,政府的积极回应再度引发了人们关于在英格兰建立一元化的公共服务监察专员(PSO)、并捋顺其与议会监察专员关系问题上的热议。与官方将着重点放在公共服务监察专员制度本身不同,学者们强调要想彻底解决问题,需要通盘考虑监察专员制度与广义的纠纷处理体系内的其他机制(如法院、行政裁判所、行政机关内设申诉处理机制)的关系,而且需要将初始的行政决定过程纳入进来进行考虑。② 到目前为止,政府关于《公共服务监察专员法》的立法咨询和草案均已公布,但正式的立法尚未完成程序。不过,以统一的立法来整合英格兰乃至整个英国的公共机构监察专员体系已经是大势所趋。

---

① See Robert Gordon, *Better to Serve the Pubic*: *Proposals to Restructure*, *Reform*, *Renew and Reinvigorate Public Services Ombudsmen*, October 2014.

② See Richard Kirkham and Jane Martin, "Designing an English Public Services Ombudsman", *Journal of Social Welfare & Family Law*, Vol. 36, No. 3 (September 2014), pp.330-348.

第二节　议会监察专员制度变迁的
英国经验及展望

英国议会监察专员制度变迁中有哪些经验值得称道呢？

一、寓改造于制度移植过程之中。在一国借鉴域外法律制度的过程中，"法律移植是否可能"的问题始终存在。对此，学者们形成了可移植说、不可移植说和折中说。[①] 实际上，现实发生的学习或借鉴现象都不是纯粹的制度移植，而是结合本国传统进行了改造。英国亦是如此。人们一般把瑞典在1809年设立的监察专员作为现代议会监察专员机构的雏形，丹麦1955年设立的议会监察专员则代表了另一种倾向。当救济不良行政成为人们的需求，而现存机制又有严重缺陷时，英国人把目光转向了斯堪的纳维亚半岛。在种种因素作用之下，英国政府也决定设立议会监察专员机构。不过，从《议会监察专员法》起草之际，官方反复强调的是，这个新成立的机构是议会的辅助机构，它是议员们处理选民申诉的传统角色的有益补充而非替代。为此，议员过滤机制被设计出来，成为英国议会监察专员制度的显著特征。在实践中，尽管废除议员过滤机制的呼声不断，但这一机制仍然留存。究其原因，过去主要是政府和议员们反对废除，近来则与立法进程相关。因此，英国引入议会监察专员制度的决定性原因，不是国外制度好不好，而是它能否契合英国政治传统；即便引入进来，这个制度也要设计得符合英国政治传统。

二、法定权限内的能动性在制度发展中至关重要。法治原则的

---

① 参见陈晓枫：《中国宪法文化研究》，武汉大学出版社2014年版，第124—126页。

一个基本要义是公共机构要依法而为,但这一要求不应从僵化和绝对的立场理解。实践中经常发生的现象是,制度质量与制度适用者的能动性密切相关。英国议会监察专员制度变迁历程较好地诠释了这一说法。纵览议会监察专员制度的 50 余年发展历程,比较大的制度创新均发生在议会监察专员积极作为的时代。例如,第三任议会监察专员伊德瓦尔·普格爵士对议员过滤机制的修正、第六任议会监察专员威廉·里德爵士对不良行政的扩充解释、第八任议会监察专员安·亚伯拉罕女士提出的《良好行政之原则》、第九任议会监察专员朱莉·梅勒爵士进行的程序创新,这些制度创新,无论是发生在 20 世纪 80 年代,还是发生在 21 世纪的第一个 10 年中,《议会监察专员法》本身没有变化,皆与他们个人能动性的发挥有关。相应地,个人能动性的发挥程度,也对议会监察专员不同时期的工作实践效果产生了重要影响。还需指出的是,是否出身于法律行业,对议会监察专员官署的实践并不具有决定性影响。我们发现的情况反倒是,议会监察专员制度取得重大进展的时期往往是非法律背景出身的议会监察专员任职期间。

三、英国议会监察专员制度变迁的另一条经验是"时机"对制度变革也非常重要。英国确立议会监察专员制度于 20 世纪 60 年代后期,此时福利国家建设已经有 20 年左右的历史,扩张的行政权的负面效应已经十分明显,人们有了控制不良行政的需求。在此时期,经过了 10 年左右的理论铺垫,人们对北欧的监察专员制度"心生向往"。而且,此一时期,保守党反对议会监察专员制度与工党支持议会监察专员制度形成政策对立。更为重要的是,此一时期的英国仍处在黄金发展阶段,经济危机尚未显露,该政治议题便引起了人们的关注。于是,在多重因素作用下,英国在 1967 年确立了议会监察专员制度。该制度确立后,其后续发展与时机仍然关系密切。1977年,国际法学家协会英国分会发布了议会监察专员制度运行10年后的评估报告,催生了"绕行"议员过滤机制的制度创新;1988年的宪章运动推动着监督文化的兴起,催生了20世纪90年代对不良行政内涵的扩充、"审查员"功能的重视;2007年《监管改革法》进行的局部修法活动,催生了议会监察专员发布良好行政"三部曲"原则;2010年以后的废除议员过滤机制呼声一浪高过一浪,催生了议会监察专员的程序创新。可以说,在议会监察专员制度的形成和发展过程中,时机呼唤着制度创新,而各方合力则将这一需求变成了现实。

四、初始立法"宜粗不宜细"。现代立法理念的一个共识是承认立法过程中的有限理性。立法不可能包罗万象,也不可能穷尽所有情形。初始立法更是如此。对于一项新创生的制度而言,初始立法很有可能是不完美的,甚至可能是"丑陋的",但只要初始立法保持了弹性、内在包含了变革的可能性,那么它一定会在其后的发展过程中不断完善。英国议会监察专员制度的形成和发展历程提供了佐证。议会监察专员制度本非盎格鲁-撒克逊法律传统的"固有之物",当现实形势决定需要把这一制度引入英国时,英国人以其一贯的谨慎态度对待:一方面根据英国宪制传统对这一制度进行了"改造";另一方面又在《议会监察专员法》中进行了宽泛的授权。例如,可予调查之行为对象的"不良行政"、作为不良行政后果的"不公正"、民众提交申诉请求的议员并不限于其选区议员,等等。即便是对可以调查之主体采用了列举式(附件2),但《议会监察专员法》同时规定这一附件可随时增减。正是由于初始立法的"有意粗略",给了议会监察专员以用武之地。虽然《议会监察专员法》没有经过大修,但议会监察专员的实践发挥了"事实修法"的作用。在50余年的实践中,议会监察专员所进行的次级创新,为基础制度的变革积累了素材、奠定了基础。2010 年以来,对《议会监察专员法》进行大修并建立一元化的公共服务监察专员机构成为时代需求,这正得益于《议会监察专员法》的宽泛授权和议会监察专员的创新实践。

附　　录

附录一、英国议会监察专员制度发展大事记

1. 1954 年,克里切尔高地事件引发人们关于行政权力扩张的担忧。

2. 1955 年,旨在对英国行政裁判所进行审查评估的弗兰克斯委员会成立并于 1957 年发布《弗兰克斯报告》。

3. 1957 年,英国政治和法律精英开始将瑞典、丹麦议会监察专员制度介绍给英国民众。

4. 1961 年,国际法学家协会英国分会发布著名的报告《公民与行政——冤屈的救济》(《怀亚特报告》),向政府正式提出设立议会监察专员的建议。

5. 1962 年,麦克米伦政府(保守党)全面否定了《怀亚特报告》。

6. 1964 年,工党将设立议会监察专员作为其 1964 年大选政纲之一,并在大选中获胜。

7. 1965 年,威尔逊政府(工党)发布了《议会监察专员(白皮书)》,构想了英国议会监察专员制度的框架。

8. 1966 年 2 月至 1967 年 3 月,《议会监察专员法》的立法程序。

9. 1966 年 8 月,威尔逊首相提名埃德蒙·康普顿爵士为首任议

会监察专员。

10.1967 年 4 月 1 日，《议会监察专员法》正式生效。

11.1977 年，国际法学家协会英国分会发布了对议会监察专员的十年运行评估报告——《我国备受掣肘的监察专员》。

12.1977 年，第三任议会监察专员伊德瓦尔·普格爵士发明"绕行"议员过滤机制的办法。

13.1977 年，下议院专门委员会认为议员过滤机制无须废除。

14.1977 年以来，《议会监察专员法》附件 2 中的可予调查的主体范围不断扩大。

15.1993 年，第六任议会监察专员威廉·里德爵士对"不良行政"的内涵进行扩充。

16.1997 年以来，议会监察专员的工作程序中非正式调查方法得到着力强调。

17.2000 年，内阁办公室发布《英格兰公共机构监察专员评估报告》（《科尔卡特评估报告》）。

18.2007 年，第八任议会监察专员安·亚伯拉罕发布《良好行政之原则》。

19.2013 年以来，第九任议会监察专员朱莉·梅勒爵士确立"初审——评估——调查"的新工作流程。

20.2014 年，罗伯特·戈登勋爵受联合党政府委托发布了《更好地服务社会公众：关于重组、改革、更新及联合公共服务监察专员机构的建议》（《戈登报告》）。

21.2015 年，《公共服务监察专员法》立法咨询和草案公布。

22.2017 年 4 月 6 日，罗布·贝伦斯勋爵就任为新一任议会监察专员。

附录二、英国历任议会监察专员

姓名	任职期间及职务	重大事件摘录
Rob Behrens,CBE	2017.4.6— (PCA)(HSC England)	
Dame Julie Mellor	2012.1.1—2017.4.5 (PCA)(HSC England)	2013 Time to Act Sepsis Report
Ann Abraham	2002.11.4—2011.12.31 (PCA)(HSC England) 2002.11.4—2003.9.30 (HSC Wales)	2011 Care & Compassion 2009 Ombudsman's Principles 2008 Equitable Life Case 2006 Pensions Promise Case 2005 Debt of Honor Case 2003 Report on NHS Continuing Care
Sir Michael Buckley	1997.1.1—2002.11.3 (PCA)(HSC England) (HSC Scotland)(HSC Wales)	2001 SERPS Report 1999 Reeman Case
Sir William Reid	1990.1.1—1996.12.31 (PCA)(HSC England) (HSC Scotland)(HSC Wales)	1996 Clinical Judgment with Remit 1995 Channel Tunnel Rail Link and Blight 1993 Compensation for slaughtered poultry
Sir Anthony Barrow-clough	1985.1.1—1989.12.31 (PCA)(HSC England) (HSC Scotland)(HSC Wales)	1989 Barlow Clowes
Sir Cecil Clothier	1979.1.3—1984.12.31 (PCA)(HSC England) (HSC Scotland)(HSC Wales)	1984 Prerce Case
Sir Idwal Pugh	1976.4.1—1978.12.31 (PCA)(HSC England) (HSC Scotland)(HSC Wales)	1978 War Pensions Injustice Remedied Case
Sir Alan Marre	1971.4.1—1976.3.31 (PCA)(HSC England) (HSC Scotland)(HSC Wales)	1975 Overlapping TV Licenses and Court Line 1973 NHS Reorganization Act 1973
Sir Edmund Compton	1967.4.1—1971.3.31 (PCA)	1968 Sachsenhausen 1967 Parliamentary Commissioner Act

附录三、《议会监察专员法(1967 年)》

Parliamentary Commissioner Act 1967

CHAPTER 13

ARRANGEMENT OF SECTIONS

The Parliamentary Commissioner for Administration

A

Parliamentary Commissioner Act 1967　　Ch. **13**　　　1

ELIZABETH II

1967 CHAPTER 13

An Act to make provision for the appointment and functions of a Parliamentary Commissioner for the investigation of administrative action taken on behalf of the Crown, and for purposes connected therewith.

[22nd March 1967]

BE IT ENACTED by the Queen's most Excellent Majesty, by and with the advice and consent of the Lords Spiritual and Temporal, and Commons, in this present Parliament assembled, and by the authority of the same, as follows:—

The Parliamentary Commissioner for Administration

1.—(1) For the purpose of conducting investigations in accordance with the following provisions of this Act there shall be appointed a Commissioner, to be known as the Parliamentary Commissioner for Administration.

(2) Her Majesty may by Letters Patent from time to time appoint a person to be the Commissioner, and any person so appointed shall (subject to subsection (3) of this section) hold office during good behaviour.

(3) A person appointed to be the Commissioner may be relieved of office by Her Majesty at his own request, or may be removed from office by Her Majesty in consequence of Addresses from both Houses of Parliament, and shall in any case vacate office on completing the year of service in which he attains the age of sixty-five years.

(4) The Commissioner shall not be a member of the House of Commons, or of the Senate or House of Commons of Northern Ireland, and accordingly—

(*a*) in Part III of Schedule 1 to the House of Commons Disqualification Act 1957 there shall be inserted, at

Appointment and tenure of office.

1957 c. 20.

A 2

2   Cн. **13**   *Parliamentary Commissioner Act 1967*

the appropriate point in alphabetical order, the entry "The Parliamentary Commissioner for Administration"; and

(b) the like amendment shall be made in the Part substituted for the said Part III by Schedule 3 to that Act in its application to the Senate and House of Commons of Northern Ireland.

(5) The Commissioner shall, by virtue of his office, be a member of the Council on Tribunals, and of the Scottish Committee of that Council, in addition to the persons appointed or designated as such under the Tribunals and Inquiries Act 1958.

1958 c. 66.

Salary and pension.

2.—(1) There shall be paid to the holder of the office of Commissioner a salary at the rate (subject to subsection (2) of this section) of £8,600 a year.

(2) The House of Commons may from time to time by resolution increase the rate of the salary payable under this section, and any such resolution may take effect from the date on which it is passed or such other date as may be specified therein.

(3) The provisions of Schedule 1 to this Act shall have effect with respect to the pensions and other benefits to be paid to or in respect of persons who have held office as Commissioner.

(4) The salary payable to a holder of the office of Commissioner shall be abated by the amount of any pension payable to him in respect of any public office in the United Kingdom or elsewhere to which he had previously been appointed or elected; but any such abatement shall be disregarded in computing that salary for the purposes of the said Schedule 1.

(5) Any salary, pension or other benefit payable by virtue of this section shall be charged on and issued out of the Consolidated Fund.

Administrative provisions.

3.—(1) The Commissioner may appoint such officers as he may determine with the approval of the Treasury as to numbers and conditions of service.

(2) Any function of the Commissioner under this Act may be performed by any officer of the Commissioner authorised for that purpose by the Commissioner.

(3) The expenses of the Commissioner under this Act, to such amount as may be sanctioned by the Treasury, shall be defrayed out of moneys provided by Parliament.

Investigation by the Commissioner

4.—(1) Subject to the provisions of this section and to the notes contained in Schedule 2 to this Act, this Act applies to the government departments and other authorities listed in that Schedule.

Departments and authorities subject to investigation.

(2) Her Majesty may by Order in Council amend the said Schedule 2 by the alteration of any entry or note, the removal of any entry or note or the insertion of any additional entry or note ; but nothing in this subsection authorises the inclusion in that Schedule of any body or authority not being a department or other body or authority whose functions are exercised on behalf of the Crown.

(3) Any statutory instrument made by virtue of subsection (2) of this section shall be subject to annulment in pursuance of a resolution of either House of Parliament.

(4) Any reference in this Act to a government department or other authority to which this Act applies includes a reference to the Ministers, members or officers of that department or authority.

5.—(1) Subject to the provisions of this section, the Commissioner may investigate any action taken by or on behalf of a government department or other authority to which this Act applies, being action taken in the exercise of administrative functions of that department or authority, in any case where—

Matters subject to investigation.

(a) a written complaint is duly made to a member of the House of Commons by a member of the public who claims to have sustained injustice in consequence of maladministration in connection with the action so taken ; and

(b) the complaint is referred to the Commissioner, with the consent of the person who made it, by a member of that House with a request to conduct an investigation thereon.

(2) Except as hereinafter provided, the Commissioner shall not conduct an investigation under this Act in respect of any of the following matters, that is to say—

(a) any action in respect of which the person aggrieved has or had a right of appeal, reference or review to or before a tribunal constituted by or under any enactment or by virtue of Her Majesty's prerogative ;

(b) any action in respect of which the person aggrieved has or had a remedy by way of proceedings in any court of law:

Provided that the Commissioner may conduct an investigation notwithstanding that the person aggrieved has or had such a right or remedy if satisfied that in the particular circumstances it is not reasonable to expect him to resort or have resorted to it.

(3) Without prejudice to subsection (2) of this section, the Commissioner shall not conduct an investigation under this Act in respect of any such action or matter as is described in Schedule 3 to this Act.

(4) Her Majesty may by Order in Council amend the said Schedule 3 so as to exclude from the provisions of that Schedule such actions or matters as may be described in the Order; and any statutory instrument made by virtue of this subsection shall be subject to annulment in pursuance of a resolution of either House of Parliament.

(5) In determining whether to initiate, continue or discontinue an investigation under this Act, the Commissioner shall, subject to the foregoing provisions of this section, act in accordance with his own discretion; and any question whether a complaint is duly made under this Act shall be determined by the Commissioner.

Provisions relating to complaints.

6.—(1) A complaint under this Act may be made by any individual, or by any body of persons whether incorporated or not, not being—

(a) a local authority or other authority or body constituted for purposes of the public service or of local government or for the purposes of carrying on under national ownership any industry or undertaking or part of an industry or undertaking;

(b) any other authority or body whose members are appointed by Her Majesty or any Minister of the Crown or government department, or whose revenues consist wholly or mainly of moneys provided by Parliament.

(2) Where the person by whom a complaint might have been made under the foregoing provisions of this Act has died or is for any reason unable to act for himself, the complaint may be made by his personal representative or by a member of his family or other individual suitable to represent him; but except as aforesaid a complaint shall not be entertained under this Act unless made by the person aggrieved himself.

(3) A complaint shall not be entertained under this Act unless it is made to a member of the House of Commons not later than

twelve months from the day on which the person aggrieved first had notice of the matters alleged in the complaint; but the Commissioner may conduct an investigation pursuant to a complaint not made within that period if he considers that there are special circumstances which make it proper to do so.

(4) A complaint shall not be entertained under this Act unless the person aggrieved is resident in the United Kingdom (or, if he is dead, was so resident at the time of his death) or the complaint relates to action taken in relation to him while he was present in the United Kingdom or on an installation in a designated area within the meaning of the Continental Shelf Act 1964 or on 1964 c. 29. a ship registered in the United Kingdom or an aircraft so registered, or in relation to rights or obligations which accrued or arose in the United Kingdom or on such an installation, ship or aircraft.

7.—(1) Where the Commissioner proposes to conduct an in- Procedure in vestigation pursuant to a complaint under this Act, he shall respect of afford to the principal officer of the department or authority con- investigations. cerned, and to any other person who is alleged in the complaint to have taken or authorised the action complained of, an opportunity to comment on any allegations contained in the complaint.

(2) Every such investigation shall be conducted in private, but except as aforesaid the procedure for conducting an investigation shall be such as the Commissioner considers appropriate in the circumstances of the case; and without prejudice to the generality of the foregoing provision the Commissioner may obtain information from such persons and in such manner, and make such inquiries, as he thinks fit, and may determine whether any person may be represented, by counsel or solicitor or otherwise, in the investigation.

(3) The Commissioner may, if he thinks fit, pay to the person by whom the complaint was made and to any other person who attends or furnishes information for the purposes of an investigation under this Act—

　(*a*) sums in respect of expenses properly incurred by them;

　(*b*) allowances by way of compensation for the loss of their time,

in accordance with such scales and subject to such conditions as may be determined by the Treasury.

(4) The conduct of an investigation under this Act shall not affect any action taken by the department or authority concerned, or any power or duty of that department or authority to take further action with respect to any matters subject to

英国议会监察专员制度变迁史研究

6   CH. **13**   *Parliamentary Commissioner Act 1967*

1962 c. 21.

the investigation ; but where the person aggrieved has been removed from the United Kingdom under any Order in force under the Aliens Restriction Acts 1914 and 1919 or under the Commonwealth Immigrants Act 1962, he shall, if the Commissioner so directs, be permitted to re-enter and remain in the United Kingdom, subject to such conditions as the Secretary of State may direct, for the purposes of the investigation.

Evidence.

8.—(1) For the purposes of an investigation under this Act the Commissioner may require any Minister, officer or member of the department or authority concerned or any other person who in his opinion is able to furnish information or produce documents relevant to the investigation to furnish any such information or produce any such document.

(2) For the purposes of any such investigation the Commissioner shall have the same powers as the Court in respect of the attendance and examination of witnesses (including the administration of oaths or affirmations and the examination of witnesses abroad) and in respect of the production of documents.

(3) No obligation to maintain secrecy or other restriction upon the disclosure of information obtained by or furnished to persons in Her Majesty's service, whether imposed by any enactment or by any rule of law, shall apply to the disclosure of information for the purposes of an investigation under this Act ; and the Crown shall not be entitled in relation to any such investigation to any such privilege in respect of the production of documents or the giving of evidence as is allowed by law in legal proceedings.

(4) No person shall be required or authorised by virtue of this Act to furnish any information or answer any question relating to proceedings of the Cabinet or of any committee of the Cabinet or to produce so much of any document as relates to such proceedings ; and for the purposes of this subsection a certificate issued by the Secretary of the Cabinet with the approval of the Prime Minister and certifying that any information, question, document or part of a document so relates shall be conclusive.

(5) Subject to subsection (3) of this section, no person shall be compelled for the purposes of an investigation under this Act to give any evidence or produce any document which he could not be compelled to give or produce in proceedings before the Court.

Obstruction and contempt.

9.—(1) If any person without lawful excuse obstructs the Commissioner or any officer of the Commissioner in the performance of his functions under this Act, or is guilty of any act or omission in relation to an investigation under this Act which, if that investigation were a proceeding in the Court, would constitute contempt of court, the Commissioner may certify the offence to the Court.

(2) Where an offence is certified under this section, the Court may inquire into the matter and, after hearing any witnesses who may be produced against or on behalf of the person charged with the offence, and after hearing any statement that may be offered in defence, deal with him in any manner in which the Court could deal with him if he had committed the like offence in relation to the Court.

(3) Nothing in this section shall be construed as applying to the taking of any such action as is mentioned in subsection (4) of section 7 of this Act.

10.—(1) In any case where the Commissioner conducts an investigation under this Act or decides not to conduct such an investigation, he shall send to the member of the House of Commons by whom the request for investigation was made (or if he is no longer a member of that House, to such member of that House as the Commissioner thinks appropriate) a report of the results of the investigation or, as the case may be, a statement of his reasons for not conducting an investigation. *Reports by Commissioner.*

(2) In any case where the Commissioner conducts an investigation under this Act, he shall also send a report of the results of the investigation to the principal officer of the department or authority concerned and to any other person who is alleged in the relevant complaint to have taken or authorised the action complained of.

(3) If, after conducting an investigation under this Act, it appears to the Commissioner that injustice has been caused to the person aggrieved in consequence of maladministration and that the injustice has not been, or will not be, remedied, he may, if he thinks fit, lay before each House of Parliament a special report upon the case.

(4) The Commissioner shall annually lay before each House of Parliament a general report on the performance of his functions under this Act and may from time to time lay before each House of Parliament such other reports with respect to those functions as he thinks fit.

(5) For the purposes of the law of defamation, any such publication as is hereinafter mentioned shall be absolutely privileged, that is to say—

(*a*) the publication of any matter by the Commissioner in making a report to either House of Parliament for the purposes of this Act ;

8   CH. **13**   *Parliamentary Commissioner Act 1967*

(*b*) the publication of any matter by a member of the House of Commons in communicating with the Commissioner or his officers for those purposes or by the Commissioner or his officers in communicating with such a member for those purposes ;

(*c*) the publication by such a member to the person by whom a complaint was made under this Act of a report or statement sent to the member in respect of the complaint in pursuance of subsection (1) of this section ;

(*d*) the publication by the Commissioner to such a person as is mentioned in subsection (2) of this section of a report sent to that person in pursuance of that subsection.

Provision for secrecy of information.
1911 c. 28.

11.—(1) It is hereby declared that the Commissioner and his officers hold office under Her Majesty within the meaning of the Official Secrets Act 1911.

(2) Information obtained by the Commissioner or his officers in the course of or for the purposes of an investigation under this Act shall not be disclosed except—

(*a*) for the purposes of the investigation and of any report to be made thereon under this Act ;

(*b*) for the purposes of any proceedings for an offence under the Official Secrets Acts 1911 to 1939 alleged to have been committed in respect of information obtained by the Commissioner or any of his officers by virtue of this Act or for an offence of perjury alleged to have been committed in the course of an investigation under this Act or for the purposes of an inquiry with a view to the taking of such proceedings ; or

(*c*) for the purposes of any proceedings under section 9 of this Act ;

and the Commissioner and his officers shall not be called upon to give evidence in any proceedings (other than such proceedings as aforesaid) of matters coming to his or their knowledge in the course of an investigation under this Act.

(3) A Minister of the Crown may give notice in writing to the Commissioner, with respect to any document or information specified in the notice, or any class of documents or information so specified, that in the opinion of the Minister the disclosure of that document or information, or of documents or information of that class, would be prejudicial to the safety of the State or otherwise contrary to the public interest ; and where such a notice is given nothing in this Act shall be construed as authorising or requiring the Commissioner or any officer of the Commissioner to communicate to any person or for any

purpose any document or information specified in the notice, or any document or information of a class so specified.

(4) The references in this section to a Minister of the Crown include references to the Commissioners of Customs and Excise and the Commissioners of Inland Revenue.

Supplemental

12.—(1) In this Act the following expressions have the Interpretation. meanings hereby respectively assigned to them, that is to say—

" action " includes failure to act, and other expressions connoting action shall be construed accordingly ;

" the Commissioner " means the Parliamentary Commissioner for Administration ;

" the Court " means, in relation to England and Wales the High Court, in relation to Scotland the Court of Session, and in relation to Northern Ireland the High Court of Northern Ireland ;

" enactment " includes an enactment of the Parliament of Northern Ireland, and any instrument made by virtue of an enactment ;

" officer " includes employee ;

" person aggrieved " means the person who claims or is alleged to have sustained such injustice as is mentioned in section 5(1)(*a*) of this Act ;

" tribunal " includes the person constituting a tribunal consisting of one person.

(2) References in this Act to any enactment are references to that enactment as amended or extended by or under any other enactment.

(3) It is hereby declared that nothing in this Act authorises or requires the Commissioner to question the merits of a decision taken without maladministration by a government department or other authority in the exercise of a discretion vested in that department or authority.

13.—(1) Subject to the provisions of this section, this Act Application extends to Northern Ireland. to Northern Ireland.

(2) Nothing in this section shall be construed as authorising the inclusion among the departments and authorities to which this Act applies of any department of the Government of Northern Ireland, or any authority established by or with the authority of the Parliament of Northern Ireland ; but this Act shall apply to any such department or authority, in relation to any action taken by them as agent for a department or authority to which this Act applies, as it applies to the last-mentioned department or authority.

10   CH. **13**   *Parliamentary Commissioner Act 1967.*

(3) In section 6 of this Act the references to a Minister of the Crown or government department and to Parliament shall include references to a Minister or department of the Government of Northern Ireland and to the Parliament of Northern Ireland.

(4) In section 8 of this Act the references to the Cabinet shall include references to the Cabinet of Northern Ireland, and in relation to that Cabinet for the reference to the Prime Minister there shall be substituted a reference to the Prime Minister of Northern Ireland.

Short title and commencement.

14.—(1) This Act may be cited as the Parliamentary Commissioner Act 1967.

(2) This Act shall come into force on such date as Her Majesty may by Order in Council appoint.

(3) A complaint under this Act may be made in respect of matters which arose before the commencement of this Act; and for the purposes of subsection (3) of section 6 of this Act any time elapsing between the date of the passing and the date of the commencement of this Act (but not any time before the first of those dates) shall be disregarded.

SCHEDULES

SCHEDULE 1   Section 2.

PENSIONS AND OTHER BENEFITS

1. A person appointed to be the Commissioner may, within such period and in such manner as may be prescribed by regulations under this Schedule, elect between the statutory schemes of pensions and other benefits applicable respectively to the judicial offices listed in Schedule 1 to the Judicial Pensions Act 1959 and to the civil service 1959 c. 9 of the State (in this Schedule referred to respectively as the judicial (8 & 9 Eliz. 2). scheme and the civil service scheme), and if he does not so elect shall be treated as having elected for the civil service scheme.

2. Where a person so appointed elects for the judicial scheme, a pension may be granted to him on ceasing to hold office as Commissioner if he has held that office for not less than five years and either—

   (*a*) has attained the age of sixty-five years ; or

   (*b*) is disabled by permanent infirmity for the performance of the duties of that office ;

and (subject to regulations under this Schedule) the provisions of the Judicial Pensions Act 1959, other than section 2 (retiring age), and of sections 2 to 8 of the Administration of Justice (Pensions) Act 1950 c. 11 1950 (lump sums and widows and dependants pensions), shall apply (14 & 15 Geo. 6). in relation to him and his service as Commissioner as they apply in relation to the holders of judicial offices listed in Schedule 1 to the said Act of 1959 and service in any such office, this paragraph being the relevant pension enactment for the purposes of that Act.

3. Where a person so appointed elects for the civil service scheme, the Superannuation Act 1965 shall (subject to regulations under 1965 c. 74. this Schedule) apply as if his service as Commissioner were service in an established capacity in the civil service of the State.

4. The Treasury may by statutory instrument make regulations for purposes supplementary to the foregoing provisions of this Schedule ; and such regulations may, without prejudice to section 38 of the Superannuation Act 1965 (employment in more than one public office), make special provision with respect to the pensions and other benefits payable to or in respect of persons to whom the judicial scheme or the civil service scheme has applied or applies in respect of any service other than service as Commissioner, including pro-vision—

   (*a*) for aggregating other service falling within the judicial scheme with service as Commissioner, or service as Commissioner with such other service, for the purpose of determining qualification for or the amount of benefit under that scheme ;

   (*b*) for increasing the amount of the benefit payable under the judicial scheme, in the case of a person to whom that scheme applied in respect of an office held by him before appointment as Commissioner, up to the amount which

12　　　Ch. 13　　*Parliamentary Commissioner Act 1967* ·

would have been payable thereunder if he had retired from that office on the ground of permanent infirmity immediately before his appointment ;

(c) for limiting the amount of benefit payable under the judicial scheme, in the case of a person to whom the civil service scheme applied in respect of service before his appointment as Commissioner, by reference to the difference between the amount of the benefit granted in his case under the civil service scheme and the amount which would be payable under the judicial scheme if that service had been service as Commissioner.

5. Any statutory instrument made by virtue of this Schedule shall be subject to annulment in pursuance of a resolution of the House of Commons.

Section 4.

SCHEDULE 2

DEPARTMENTS AND AUTHORITIES SUBJECT TO INVESTIGATION

Ministry of Agriculture, Fisheries and Food.
Charity Commission.
Civil Service Commission.
Commonwealth Office.
Crown Estate Office.
Customs and Excise.
Ministry of Defence.
Department of Economic Affairs.
Department of Education and Science.
Export Credits Guarantee Department.
Foreign Office.
Ministry of Health.
Home Office.
Ministry of Housing and Local Government.
Central Office of Information.
Inland Revenue.
Ministry of Labour.
Land Commission.
Land Registry.
Lord Chancellor's Department.
Lord President of the Council's Office.
National Debt Office.
Ministry of Overseas Development.
Post Office.
Ministry of Power.
Ministry of Public Building and Works.
Public Record Office.
Public Trustee.
Department of the Registers of Scotland.
General Register Office.
General Register Office, Scotland.
Registry of Friendly Societies.
Royal Mint.
Scottish Office.
Scottish Record Office.
Ministry of Social Security.
Social Survey.

Stationery Office.　　　　　　　　　　　　　　　　　SCH. 2
Ministry of Technology.
Board of Trade.
Ministry of Transport.
Treasury.
Treasury Solicitor.
Welsh Office.

NOTES

1. The reference to the Ministry of Defence includes the Defence Council, the Admiralty Board, the Army Board and the Air Force Board.

2. The reference to the Lord President of the Council's Office does not include the Privy Council Office.

3. The reference to the Post Office is a reference to that Office in relation only to the following functions, that is to say:—

    (*a*) functions under the enactments relating to national savings;

    (*b*) functions exercised as agent of another government department or authority listed in this Schedule;

    (*c*) functions in respect of the control of public broadcasting authorities and services; or

    (*d*) functions under the Wireless Telegraphy Act 1949.　　　1949 c. 54.

4. The reference to the Registry of Friendly Societies includes the Central Office, the Office of the Assistant Registrar of Friendly Societies for Scotland and the Office of the Chief Registrar and the Industrial Assurance Commissioner.

5. The reference to the Board of Trade includes, in relation to administrative functions delegated to any body in pursuance of section 7 of the Civil Aviation Act 1949, a reference to that body. 1949 c. 67.

6. The reference to the Treasury does not include the Cabinet Office, but subject to that includes the subordinate departments of the Treasury and the office of any Minister whose expenses are defrayed out of moneys provided by Parliament for the service of the Treasury.

7. The reference to the Treasury Solicitor does not include a reference to Her Majesty's Procurator General.

8. In relation to any function exercisable by a department or authority for the time being listed in this Schedule which was previously exercisable on behalf of the Crown by a department or authority not so listed, the reference to the department or authority so listed includes a reference to the other department or authority.

SCHEDULE 3　　　　　　　　　　　　　Section 5.

MATTERS NOT SUBJECT TO INVESTIGATION

1. Action taken in matters certified by a Secretary of State or other Minister of the Crown to affect relations or dealings between the Government of the United Kingdom and any other Government or any international organisation of States or Governments.

2. Action taken, in any country or territory outside the United Kingdom, by or on behalf of any officer representing or acting under the authority of Her Majesty in respect of the United Kingdom, or any other officer of the Government of the United Kingdom.

14   CH. **13**   *Parliamentary Commissioner Act 1967*

SCH. 3

1870 c. 52.
1881 c. 69.

1957 c. 53.
1955 c. 18.
1955 c. 19.

3. Action taken in connection with the administration of the government of any country or territory outside the United Kingdom which forms part of Her Majesty's dominions or in which Her Majesty has jurisdiction.

4. Action taken by the Secretary of State under the Extradition Act 1870 or the Fugitive Offenders Act 1881.

5. Action taken by or with the authority of the Secretary of State for the purposes of investigating crime or of protecting the security of the State, including action so taken with respect to passports.

6. The commencement or conduct of civil or criminal proceedings before any court of law in the United Kingdom, of proceedings at any place under the Naval Discipline Act 1957, the Army Act 1955 or the Air Force Act 1955, or of proceedings before any international court or tribunal.

7. Any exercise of the prerogative of mercy or of the power of a Secretary of State to make a reference in respect of any person to the Court of Appeal, the High Court of Justiciary or the Courts-Martial Appeal Court.

8. Action taken on behalf of the Minister of Health or the Secretary of State by a Regional Hospital Board, Board of Governors of a Teaching Hospital, Hospital Management Committee or Board of Management, or by the Public Health Laboratory Service Board.

9. Action taken in matters relating to contractual or other commercial transactions, whether within the United Kingdom or elsewhere, being transactions of a government department or authority to which this Act applies or of any such authority or body as is mentioned in paragraph (a) or (b) of subsection (1) of section 6 of this Act and not being transactions for or relating to—

   (a) the acquisition of land compulsorily or in circumstances in which it could be acquired compulsorily ;

   (b) the disposal as surplus of land acquired compulsorily or in such circumstances as aforesaid.

10. Action taken in respect of appointments or removals, pay, discipline, superannuation or other personnel matters, in relation to—

   (a) service in any of the armed forces of the Crown, including reserve and auxiliary and cadet forces ;

   (b) service in any office or employment under the Crown or under any authority listed in Schedule 2 to this Act ; or

   (c) service in any office or employment, or under any contract for services, in respect of which power to take action, or to determine or approve the action to be taken, in such matters is vested in Her Majesty, any Minister of the Crown or any such authority as aforesaid.

11. The grant of honours, awards or privileges within the gift of the Crown, including the grant of Royal Charters.

PRINTED BY SIR PERCY FAULKNER, K.B.E., C.B.

Controller of Her Majesty's Stationery Office and Queen's Printer of Acts of Parliament

LONDON: PUBLISHED BY HER MAJESTY'S STATIONERY OFFICE

Price 1s. 9d. net

(37366)   PRINTED IN ENGLAND

附录四、监察专员的原则"三部曲"

Principles of Good Administration

Good administration by public bodies means:

1 Getting it right
- Acting in accordance with the law and with regard for the rights of those concerned.
- Acting in accordance with the public body's policy and guidance (published or internal).
- Taking proper account of established good practice.
- Providing effective services, using appropriately trained and competent staff.
- Taking reasonable decisions, based on all relevant considerations.

2 Being customer focused
- Ensuring people can access services easily.
- Informing customers what they can expect and what the public body expects of them.
- Keeping to its commitments, including any published service standards.
- Dealing with people helpfully, promptly and sensitively, bearing in mind their individual circumstances.
- Responding to customers' needs flexibly, including, where appropriate, co-ordinating a response with other service providers.

3 Being open and accountable
- Being open and clear about policies and procedures and ensuring that information, and any advice provided, is clear, accurate and complete.
- Stating its criteria for decision making and giving reasons for decisions.
- Handling information properly and appropriately.
- Keeping proper and appropriate records.
- Taking responsibility for its actions.

4　Principles of Good Administration

4 Acting fairly and proportionately
- Treating people impartially, with respect and courtesy.
- Treating people without unlawful discrimination or prejudice, and ensuring no conflict of interests.
- Dealing with people and issues objectively and consistently.
- Ensuring that decisions and actions are proportionate, appropriate and fair.

5 Putting things right
- Acknowledging mistakes and apologising where appropriate.
- Putting mistakes right quickly and effectively.
- Providing clear and timely information on how and when to appeal or complain.
- Operating an effective complaints procedure, which includes offering a fair and appropriate remedy when a complaint is upheld.

6 Seeking continuous improvement
- Reviewing policies and procedures regularly to ensure they are effective.
- Asking for feedback and using it to improve services and performance.
- Ensuring that the public body learns lessons from complaints and uses these to improve services and performance.

These Principles are not a checklist to be applied mechanically. Public bodies should use their judgment in applying the Principles to produce reasonable, fair and proportionate results in the circumstances. The Ombudsman will adopt a similar approach in deciding whether maladministration or service failure has occurred.

The supporting text for each Principle follows.

Principles of Good Administration　5

Principles for Remedy

Good practice with regard to remedies means:

1 Getting it right
- Quickly acknowledging and putting right cases of maladministration or poor service that have led to injustice or hardship.
- Considering all relevant factors when deciding the appropriate remedy, ensuring fairness for the complainant and, where appropriate, for others who have suffered injustice or hardship as a result of the same maladministration or poor service.

2 Being customer focused
- Apologising for and explaining the maladministration or poor service.
- Understanding and managing people's expectations and needs.
- Dealing with people professionally and sensitively.
- Providing remedies that take account of people's individual circumstances.

3 Being open and accountable
- Being open and clear about how public bodies decide remedies.
- Operating a proper system of accountability and delegation in providing remedies.
- Keeping a clear record of what public bodies have decided on remedies and why.

4 Acting fairly and proportionately
- Offering remedies that are fair and proportionate to the complainant's injustice or hardship.
- Providing remedies to others who have suffered injustice or hardship as a result of the same maladministration or poor service, where appropriate.
- Treating people without bias, unlawful discrimination or prejudice.

5 Putting things right
- If possible, returning the complainant and, where appropriate, others who have suffered similar injustice or hardship, to the position they would have been in if the maladministration or poor service had not occurred.
- If that is not possible, compensating the complainant and such others appropriately.
- Considering fully and seriously all forms of remedy (such as an apology, an explanation, remedial action, or financial compensation).
- Providing the appropriate remedy in each case.

6 Seeking continuous improvement
- Using the lessons learned from complaints to ensure that maladministration or poor service is not repeated.
- Recording and using information on the outcome of complaints to improve services.

These Principles are not a checklist to be applied mechanically. Public bodies should use their judgment in applying the Principles to produce reasonable, fair and proportionate remedies in the circumstances. The Ombudsman will adopt a similar approach in recommending remedies.

The supporting text for each Principle follows.

Principles of Good Complaint Handling

Good complaint handling by public bodies means:

1 Getting it right

· Acting in accordance with the law and relevant guidance, and with regard for the rights of those concerned.

· Ensuring that those at the top of the public body provide leadership to support good complaint management and develop an organisational culture that values complaints.

· Having clear governance arrangements, which set out roles and responsibilities, and ensure lessons are learnt from complaints.

· Including complaint management as an integral part of service design.

· Ensuring that staff are equipped and empowered to act decisively to resolve complaints.

· Focusing on the outcomes for the complainant and the public body.

· Signposting to the next stage of the complaints procedure, in the right way and at the right time.

2 Being customer focused

· Having clear and simple procedures.

· Ensuring that complainants can easily access the service dealing with complaints, and informing them about advice and advocacy services where appropriate.

· Dealing with complainants promptly and sensitively, bearing in mind their individual circumstances.

· Listening to complainants to understand the complaint and the outcome they are seeking.

· Responding flexibly, including co-ordinating responses with any other bodies involved in the same complaint, where appropriate.

3 Being open and accountable

· Publishing clear, accurate and complete information about how to complain, and how and when to take complaints further.

· Publishing service standards for handling complaints.

· Providing honest, evidence-based explanations and giving reasons for decisions.

· Keeping full and accurate records.

4　Principles of Good Complaint Handling

4 Acting fairly and proportionately

· Treating the complainant impartially, and without unlawful discrimination or prejudice.

· Ensuring that complaints are investigated thoroughly and fairly to establish the facts of the case.

· Ensuring that decisions are proportionate, appropriate and fair.

· Ensuring that complaints are reviewed by someone not involved in the events leading to the complaint.

· Acting fairly towards staff complained about as well as towards complainants.

5 Putting things right

· Acknowledging mistakes and apologising where appropriate.

· Providing prompt, appropriate and proportionate remedies.

· Considering all the relevant factors of the case when offering remedies.

· Taking account of any injustice or hardship that results from pursuing the complaint as well as from the original dispute.

6 Seeking continuous improvement

· Using all feedback and the lessons learnt from complaints to improve service design and delivery.

· Having systems in place to record, analyse and report on the learning from complaints.

· Regularly reviewing the lessons to be learnt from complaints.

· Where appropriate, telling the complainant about the lessons learnt and changes made to services, guidance or policy.

These Principles are not a checklist to be applied mechanically. Public bodies should use their judgment in applying the Principles to produce reasonable, fair and proportionate results in all the circumstances of the case. The Ombudsman will adopt a similar approach when considering the standard of complaint handling by public bodies in her jurisdiction.

The supporting text for each Principle follows.

Principles of Good Complaint Handling　5

附录五、议会监察专员机构的工作流程

Can the ombudsman investigate?	• Was the complaint made via an MP? • Does the complaint relate to injustice sustained through maladministration? • Is the body concerned within the ombudsman's jurisdiction? • Is the matter complained of an excluded matter?
Will the ombudsman investigate?	• If other remedies are available, is it unreasonable to expect the complaint to resort to them? • Is the complaint premature (eg., could a complaint procedure have been used)? • Is there a reasonable prospect of a worthwhile outcome? • Will something short of a statutory investigation suffice?
The investigation	• Did maladministration occur? • If so, what redress, if any, should the public body offer? • Are there any broader lessons that should be learned?
The aftermath	• Has the public body accepted the ombudsman's findings and provided redress? • If not, ombudsman may issue special report. • And disappointed individuals with standing may seek judicial review of government's decision.

See Mark Elliott and Robert Thomas, *Public Law* [2nd edition] , p.589.

附录六、英国公共机构监察专员体系及其管辖范围

	Part of the country to which allegedmaladministration relates			
	England	**Scotland**	**Wales**	**Northern Ireland**
UK public bodies(general)	UK Parliamentary Ombudsman			
" National " (ie English, Scottish, etc.) public bodies	UK Parliamentary Ombudsman	Scottish Public Services Ombudsman	Welsh Public Services Ombudsman	Assembly Ombudsman for Northern Ireland
Health service providers	Health Service Ombudsman			Northern Ireland Commissioner for Complaints
Local authorities	Local Government Ombudsmen			n/a
Social landlords	Housing Ombudsman			

See Mark Elliott and Robert Thomas, *Public Law* [2*nd* edition] , p.580.

Ombudsman	**Types of bodies**	**Illustrative examples**	**Devolution**
UK Parliamentary Ombudsman	UK public bodies	UK government departments; Civil Aviation Authority; National Lottery Commission	Devolved ombudsman do not have jurisdiction over UK public bodies
Health Service Ombudsman	English public bodies	English Tourist Board; Director of Fair Access to Higher Education; Natural England	The Scottish, Welsh and Northern Ireland ombudsmen deal with Scottish, Welsh and Northern Irish bodies
	NHS bodies and health service providers	NHS Trust; People providing medical or dental services pursuant to a contract with an NHS body	The Scottish, Welsh and Northern Ireland ombudsmen deal with health matters in their respective parts of the country

续表

Ombudsman	Types of bodies	Illustrative examples	Devolution
Local Govern-ment Ombuds-men	Local authorities and certain oth-er local bodies	Local authorities; National Park authorities; Fire and Police authorities	The Scottish, Welsh and Northern Ireland om-budsmen deal with local government matters in their respective parts of the country

See Mark Elliott and Robert Thomas, *Public Law* [2nd *edition*] , p.590.

参 考 文 献

中文参考文献

（一）学术著作

蔡定剑:《国家监督制度》,中国法制出版社 1991 年版。

陈宏彩:《行政监察专员制度比较研究》,学林出版社 2009 年版。

陈晓枫:《中国宪法文化研究》,武汉大学出版社 2014 年版。

范愉:《非诉讼纠纷解决机制研究》,中国人民大学出版社 2000 年版。

龚祥瑞:《比较宪法与行政法》,法律出版社 2003 年版。

刘禾:《跨语际实践——文学、民族文化与被译介的现代性(中国,1900~1937)》,宋伟杰等译,生活·读书·新知三联书店 2002 年版。

秦前红等:《国家监察体制改革研究》,法律出版社 2018 年版。

沈跃东:《宪法上的监察专员研究》,法律出版社 2014 年版。

王名扬:《英国行政法》,北京大学出版社 2015 年版。

项焱:《英国议会主权研究》,中国社会科学出版社 2010 年版。

周其仁:《改革的逻辑》,中信出版社 2013 年版。

［德］卡尔·施密特:《宪法的守护者》,李君韬、苏慧婕译,商务印书馆 2008 年版。

［美］道格拉斯·诺斯:《制度、制度变迁与经济绩效》,刘守英译,上海

三联书店 1990 年版。

　　[美]汉密尔顿等:《联邦党人文集》,程逢如等译,商务印书馆 2009 年版。

　　[美]塞缪尔·亨廷顿、劳伦斯·哈里森主编:《文化的重要作用:价值观如何影响人类进步》,程克雄译,新华出版社 2002 年版。

　　[美]托马斯·麦克劳:《现代资本主义:三次工业革命中的成功者》,赵文书等译,江苏人民出版社 1999 年版。

　　[英]A.W.布拉德利、K.D.尤因:《宪法与行政法》,刘刚、江菁等译,商务印书馆 2008 年版。

　　[英]J.S.密尔:《代议制政府》,汪瑄译,商务印书馆 1982 年版。

　　[英]K.C.惠尔:《现代宪法》,翟小波译,法律出版社 2007 年版。

　　[英]M.J.C.维尔:《宪政与分权》,苏力译,生活·读书·新知三联书店 1997 年版。

　　[英]戴雪:《英宪精义》,雷宾南译,中国法制出版社 2001 年版。

　　[英]卡罗尔·哈洛、理查德·罗林斯:《法律与行政》,杨伟东等译,商务印书馆 2004 年版。

　　[英]韦农·博格丹诺:《新英国宪法》,李松峰译、李树忠校,法律出版社 2014 年版。

　　[英]沃尔特·白芝浩:《英国宪法》,夏彦才译,商务印书馆 2012 年版。

　　(二)期刊论文

　　陈宏彩:《国外行政监察专员制度的形成及其启示(上)》,《党政论坛》2006 年第 8 期。

　　陈宏彩:《国外行政监察专员制度的形成及其启示(下)》,《党政论坛》2006 年第 9 期。

　　陈宏彩:《行政监察专员制度:改进我国行政监察的制度借鉴》,《中共天津市委党校学报》2010 年第 1 期。

陈志勇:《香港申诉专员制度的发展与启示》,《云南行政学院学报》
2007 年第 1 期。

陈中泽:《英法行政诉讼外救济手段比较与借鉴》,《武汉理工大学学
报(社科版)》2002 年第 6 期。

范愉:《申诉机制的救济功能与信访制度改革》,《中国法学》2014 年第
4 期。

扶松茂:《从瑞典、英国议会行政监察看中国行政监察专员制度创制》,
《云南行政学院学报》2002 年第 2 期。

龚祥瑞:《西方国家的议会监察员的作用》,《法学杂志》1986 年第
5 期。

韩春晖:《美国组织监察专员制度及其启示》,《法商研究》2013 年第
6 期。

何平:《行政监察和反腐:前现代中国和英国的比较》,《贵州社会科
学》2015 年第 11 期。

贺然:《信访制度与监察专员制度比较研究》,《学术探索》2012 年第
2 期。

黄珊、朱春宇:《从议会监察专员制度视角论我国监察制度的完善》,
《北京工业大学学报(社科版)》2006 年第 3 期。

孔祥仁:《监审合一的监察机构——世界各国行政监察机构设置模式
综览之一》,《中国监察》1999 年第 6 期。

李红勃:《北欧监察专员:通过行政问责促进善政与法治——兼论对中
国行政监察制度改革的启示》,《青海社会科学》2013 年第 5 期。

李红勃:《人权、善政、民主:欧洲法律与社会发展中的议会监察专员》,
《比较法研究》2014 年第 1 期。

李华君:《中国巡视制度与英国行政监察专员制度的比较》,《中共南
京市委党校学报》2017 年第 2 期。

李俊:《欧洲监察专员制度对我国信访制度改革的启示》,《国家行政学院学报》2009 年第 5 期。

李少军:《瑞典议会监察专员制度的产生与发展》,《人大研究》2019 年第 7 期。

李延峰:《"移植构建"抑或"反思完善"——英国议会行政监察专员制度的启示》,《黑龙江省政法管理干部学院学报》2010 年第 11 期。

林莉红:《香港申诉专员制度介评》,《法学杂志》1999 年第 6 期。

刘国乾:《作为非正式行政救济的监察专员制度:比利时联邦的经验》,《行政法学研究》2012 年第 3 期。

刘欣琦:《加拿大申诉专员制度及其启示》,《理论月刊》2016 年第 3 期。

罗智敏:《对监察专员(Ombudsman)制度的思考》,《行政法学研究》2009 年第 4 期。

吕永祥:《监督权的有效性与再监督:丹麦议会监察专员制度的经验及其借鉴》,《党政研究》2019 年第 5 期。

马鹏:《行政监察专员制度对我国行政监督的启示》,《重庆工商大学学报(社科版)》2010 年第 6 期。

倪宇洁:《国外议会监察专员制度比较研究》,《中国行政管理》2006 年第 7 期。

沈跃东:《论监察专员制度对经济、社会和文化权利的保障》,《福建论坛·人文社会科学版》2007 年第 4 期。

王佳红、陈胜强:《英国议会监察专员制度的合宪性基础探析》,《中国宪法年刊》2019 年第 14 卷。

王江波:《英国议会监察专员制度研究——政治务实性与保守性的典范》,《人大研究》2023 年第 3 期。

吴天昊:《议会行政监察专员制度的新发展》,《上海行政学院学报》2008 年第 6 期。

肖进中:《价值、运行与启示——域外监察专员制度与中国》,《河北法学》2017 年第 1 期。

杨建锋:《论我国行政信访权利救济功能的完善——对国外议会行政监察专员制度的考察与借鉴》,《福建行政学院学报》2010 年第 6 期。

杨亲辉:《行政监察专员制度比较研究》,《人大研究》2008 年第 1 期。

杨曙光:《瑞典的议会监察专员制度》,《中国改革》2006 年第 10 期。

杨曙光:《行政专员——人民的"钦差大臣"》,《中国改革》2007 年第 11 期。

张倩:《英国监察专员的类型、功能及启示》,《政法论丛》2017 年第 8 期。

赵豪:《行政信访中申诉专员制度引进的商榷》,《广西政法管理干部学院学报》2014 年第 1 期。

朱力宇、袁钢:《欧盟监察专员制度的产生及运作》,《欧洲研究》2007 年第 1 期。

[芬]洛卡·劳蒂奥:《合法性监督及议会监察专员的作用》,张美常译,《行政法学研究》2000 年第 3 期。

[英]弗兰克·斯特西:《瑞典监察员制度——同英国议会专员的比较研究》,潘汉典译,《环球法律评论》1984 年第 2 期。

英文参考文献

(一)历史资料

Application by JR55 for Judicial Review[2016]UKSC 22.

Cabinet Office,*A Public Service Ombudsman:A Consultation*,March 2015.

Cabinet Office,*A Public Service Ombudsman:Government Response to Consultation*,December 2015.

Cabinet Office, *Open to Public Services* (*White Paper*) , Cmnd.8145 , 2011.

Cabinet Office, *Reform of Public Sector Ombudsmen Service in England*：*A Consultation Paper*, August 2005.

Cabinet Office, *Review of the Public Sector Ombudsmen in England*, April 2000.

Eighth Report of PCA, *Annual Report* 2001–02 , Session 2001–02.

Fifth Report of PCA, *Court Line*, Session 1974–75.

Fifth Report of PCA, *The Channel Tunnel Rail Link and Blight*：*Investigation of Complaints against the Department of Transport*, Session 1994–95.

First Report from PCASC, *The Powers*, *Work and Jurisdiction of the Ombudsman*, Session 1993–94.

First Report of PCA, *The Barlow Clowes Affair*, Session 1989–90.

Fourth Report of PCA, *Annual Report for* 1967 , Session 1967–68.

Fourth Report of PCA, *Compensation to Farmers for Slaughtered Poultry*, Session 1992–93.

Fourth Report of PCA, *Investigation of a Complaint about Delay in Reviewing a Conviction for Murder*, Session 1983–84.

Fourth Report of PCASC, *Report of the Parliamentary Ombudsman for* 1995 , Session 1995–96.

Fourth Report of PCASC, *Review of Access and Jurisdiction of PCA*, Session 1977–78.

Fourth Report of PHSO, *A Debit of Honor*：*The Ex Gratia Scheme for British Groups Interned by the Japanese during the Second World War*, Session 2005–06.

Fourth Report of PHSO, *Equitable Life*：*A Decade of Regulatory Failure*, Session 2007–08.

Fourth Report of PHSO, *The Parliamentary Ombudsman*：*Withstanding the Test of Time*, Session 2006–07.

HMSO, *The Parliamentary Commissioner for Administration* (*White Paper*) , Cmnd.2767, October 1965.

PASC, *Time for a People's Ombudsmen Service*, 28 April 2014.

PHSO, *Annual Report* 2004-05, Session 2005-06.

PHSO, *Annual Report* 2006-07, Session 2006-07.

PHSO, *Annual Report* 2010-11, Session 2010-11.

PHSO, *Annual Report* 2011-12, Session 2011-12.

PHSO, *Annual Report* 2015-16, Session 2015-16.

PHSO, *Annual Report* 2016-17, Session 2016-17.

R (*Association of British Civilian Internees : Fast East Region*) *v. Secretary for Defence* [2003] EWCA Civ 473.

R (*Bradley*) *v. Secretary of State for Work and Pensions* [2007] EWHC 242 (Admin) .

R (*Cavanagh*) *v. Health Service Commissioner for England* [2005] EWCA Civ 1578.

R (*Doy*) *v. Commissioner for Local Administration* [2001] EWHC 361 (Admin) .

R (*Equitable Members Action Group*) *v. HM Treasury* [2009] EWHC 2495 (Admin) .

R (*Gallagher*) *v. Basildon District Council* [2010] EWHC 2824 (Admin) .

R (*Jeremiah*) *v. PHSO* [2013] EWHC 1085 (Admin) .

R (*Mencap*) *v. PHSO* [2011] EWHC 3351 (Admin) .

R (*Turpin*) *v. Commissioner for Local Administration* [2001] EWHC 503 (Admin) .

R v. Commissioner for Local Administration, *ex parte Croydon London Borough Council* [1989] 1 All ER 1033.

R v. Commissioner for Local Administration, *ex parte Eastleigh Borough*

Council[1988]QB 855.

R v. Commissioner for Parliamentary Administration, *ex parte Balchin* (No 1) [1997] JPL 917; (No 2) [2000] JPL 267; (No 3) [2002] EWHC 1876(Admin).

R v. Commissioner for Parliamentary Administration, *ex parte Dyer* [1994] 1 WLR 621.

R (*Murray*) *v. Parliamentary Commissioner for Administration* [2002] EWCA Civ 1472.

Robert Gordon, *Better to Serve the Pubic*: *Proposals to Restructure*, *Reform*, *Renew and Reinvigorate Public Services Ombudsmen*, October 2014.

Second Report of PCA, *Annual Report for* 1975, Session 1975−76.

Second Report of PCA, *Annual Report for* 1977, Session 1977−78.

Second Report of PCA, *SERPS Inheritance Provision*: *Redress for Maladministration*, Session 2000−01.

Sixth Report of PHSO, *Trusting in the Pensions Promise*: *Government Bodies and the Security of Final Salary Occupational Pensions*, Session 2005−06.

The Law Commission, *Public Service Ombudsmen*, 13 July 2011.

Third Report of PASC, *Your Right to Know*: *The Government's Proposals for a Freedom Information Act*, Session 1997−98.

Third Report of PCA, *Annual Report for* 1993, Session 1993−94.

Third Report of PCA, *Duccio*, Session 1968−69.

Third Report of PCA, *Investigation of a Complaint about the Occupation by Gypsies of Surplus Government Land*, Session 1979−80.

Third Report of PCA, *Investigation of Complaints against the Child Support Agency*, Session 1994−95.

Third Report of PCA, *Sachsenhausen*, Session 1967−68.

Third Report of PHSO, *Tax Credits*: *Putting Things Right*, Session 2005−06.

（二）学术著作

Adler, Michael, ed., *Administrative Justice in Context*, Oxford: Hart Publishing, 2010.

Anderson, Stanley V., ed., *Ombudsmen for American Government?*, Englewood Cliffs, N.J.: Prentice-Hall, 1968.

Birkinshaw, Patrick, *Grievances, Remedies and the State* (2nd edition), London: Sweet & Maxwell, 1994.

Bogdanor, Vernon, *The New British Constitution*, Oxford: Hart Publishing, 2009.

Buck, Trevor, Kirkham, ed., *The Ombudsman Enterprise and Administrative Justice*, Surrey: Ashgate, 2011.

Carolan, Eoin, *The New Separation of Powers: A Theory for the Modern State*, Oxford: Oxford University Press, 2009.

Chester, D.N., and Bowring, N., *Questions in Parliament*, Oxford: Oxford University Press, 1962.

Craig, P., *Administrative Law* (6th edition), London: Sweet & Maxwell, 2008.

Dowdle, Michael W., *Public Accountability: Designs, Dilemmas and Experience*, Cambridge: Cambridge University Press, 2006.

Elliott, Mark and Thomas, Robert, *Public Law* (2nd edition), Oxford: Oxford University Press, 2016.

Elliott, Mark and Varuhas, Jason N.E., *Administrative Law: Text and Materials* (5th edition), Oxford: Oxford University Press, 2017.

Gregory, RoyandHutchesson, Peter, *The Parliamentary Ombudsman: A Study in the Control of Administrative Action*, London: George Allen & Unwin Ltd., 1975.

Gregory, Roy and Giddings, Philip, ed., *The Ombudsman in Six Continents*, IOS Press, 2000.

Gregory, Roy and Giddings, Philip, *The Ombudsman, the Citizen and Parliament : A History of the Office of the PCA and HSC*, London : Politico's, 2002.

Groves, M., and Lee, H.P., ed., *Australian Administrative Law*, Cambridge : Cambridge University Press, 2007.

Hamson, C.J., *Executive Discretion and Judicial Control : An Aspect of the French Conseil d'Etat*, London : Stevens, 1954.

Harlow, Caroland Rawlings, Richard, *Law and Administration* (3rd edition), Cambridge : Cambridge University Press, 2009.

Harris, Michael and Partington, Martin ed., *Administrative Justice in the 21st Century*, Oxford : Hart Publishing, 1999.

Heede, Katja, *European Ombudsman : Redress and Control at Union Level*, Kluwer : The Hague, 2000.

Hewart, G., *Not Without Prejudice*, London : Century Hutchinson, 1937.

Hucker, Charles O., *The Censorial System of Ming China*, Stanford : Stanford University Press, 1966.

JUSTICE, *The Citizen and the Administration : The Redress of Grievances*, London : Stevens & Sons Limited, 1961.

JUSTICE, *Our Fettered Ombudsman*, London : Justice Educational and Research Trust, 1977.

JUSTICE, *Administrative Justice : Some Necessary Reforms*, Oxford : Oxford University Press, 1988.

King, Anthony, *The British Constitution*, Oxford : Oxford University Press, 2007.

Kucsko – Stadlmayer, Gabriele, ed., *European Ombudsman – Institutions*, Wein : Springer Wien NewYork, 2008.

Lewis, Normanand Birkinshaw, Patrick, *When Citizens Complains : Reforming Justice and Administration*, Buckingham : Open University Press, 1993.

Reif, Linda C., *The Ombudsman*, *Good Governance and the International Human Rights System*, Leiden: Martinus Nijhoff Publishers, 2004.

Reif, Linda C., *The International Ombudsman Yearbook*, Leiden: Martinus Nijhoff Publishers, 2009.

Rowat, Donald C., *The Ombudsman: Citizen's Defender*, London: George Allen & Unwin, 1968.

Rowat, Donald C., *The Ombudsman Plan: The Worldwide Spread of an Ideal*, Lanham: University Press of America, 1985.

Seneviratne, Mary, *Ombudsmen in the Public Sector*, Buckingham: Open University Press, 1994.

Seneviratne, Mary, *Ombudsmen: Public Service and Administrative Justice*, East Kilbride: Thomson Litho Ltd., 2002.

Stacey, Frank, *The British Ombudsman*, Oxford: Oxford University Press, 1971.

Stacey, Frank, *Ombudsmen Compared*, Oxford: Oxford University Press, 1978.

Turpin, Colin and Tomkin, Adam, *British Government and the Constitution* (7th *edition*), Cambridge: Cambridge University Press, 2012.

Utley, T.E., *Occasion for Ombudsman*, London: Christopher Johnson, 1961.

Vibert, Frank, *The rise of the Unelected: Democracy and the New Separation of Powers*, Cambridge: Cambridge University Press, 2007.

Wheare, K.C., *Maladministration and its Remedies*, London: Stevens & Sons, 1973.

William, David W., *Maladministration: Remedies for Injustice*, London: Oyez Publishing Limited, 1976.

(三)期刊论文

Abedin, Najmul, "Conceptual and Functional Diversity of the Ombudsman Institution: A Classification", *Administration & Society*, Vol. 43, No. 8 (August

2011).

Abedin, Najmul, "Transplantation of the Ombudsman Institution in Developed and Developing Countries", *The Round Table*, Vol.75, No.300(December 1986).

Abraham, Ann, "Making Sense of the muddle: the ombudsman and administrative justice(2002-2011)", *Journal of Social Welfare & Family Law*, Vol. 34, No.1(March 2012).

Abraham, Ann, "The Future in International Perspective: The Ombudsman as Agent of Rights, Justice and Democracy", *Parliamentary Affairs*, Vol.61, No. 4(July 2008).

Abraham, Ann, "The Ombudsman and the Executive: The Road to Accountability", *Parliamentary Affairs*, Vol.61, No.3(May 2008).

Abraham, Ann, "The Ombudsman as Part of the UK Constitution: A Contested Role?", *Parliamentary Affairs*, Vol.61, No.1(January 2008).

Abraham, Ann, "The Ombudsman and Individual Rights", *Parliamentary Affairs*, Vol.61, No.2(March 2008).

Ayeni, Victor, "Ombudsmen as Human Rights Institutions", *Journal of Human Rights*, Vol.13, No.4(December 2014).

Black, Julia, "Constructing and Contesting Legitimacy and Accountability in Polycentric Regulatory Regimes", *Regulation & Governance*, Vol.2 (March 2008).

Bradley, A.W., "Sachsenhausen, Barlow Clowes: and then?", *Public Law*, (Autumn 1992).

Bradley, A.W., "The Parliamentary Ombudsman Again: A Positive Report", *Public Law*(Autumn 1995).

Bradley, A.W., "The Role of the Ombudsman in Relation to the Protection of Citizens' Rights", *Cambridge Law Journal*, Vol.39, No.2(November 1980).

Brien, NickO', "Ombudsmen and Social Rights Adjudication", *Public Law* (Summer 2009).

Buck, Trevor, Kirkham, ed., "Time for a 'Leggatt-style' Review of the Ombudsman System?", *Public Law* (January 2011).

Buckley, Michael, "Remedies, Redress and 'Calling to Account': Some Myths about the Parliamentary Commissioner for Administration", *The Denning Law Journal*, Vol.13, No.1 (January 1998).

Carl, Sabine, "Toward a Definition and Taxonomy of Public Sector Ombudsmen", *Canadian Public Administration*, Vol.55, No.2 (June 2012).

Chapman, Brian, "The Ombudsman", *Public Administration*, Vol.38, No.4 (December 1960).

Clark, David, "The Ombudsman in Britain and France: A Comparative Evaluation", *West European Politics*, Vol.7, No.3 (September 1984).

Clothier, Cecil, "Fact-finding in Iquiries: The PCA's Perspective", *Public Law* (Autumn 1996).

Clothier, Cecil, "The Value of an Ombudsman", *Public Law* (Summer 1986)

Compton, Edmund, "The Administrative Performance of Government", *Public Administration*, Vol.48, No.1 (March 1970).

Compton, Edmund, "The Parliamentary Commissioner for Administration", *Society of Public Teachers of Law*, Vol.10 (1968).

Creutzfeldt, Naomi, "A voice for Change? Trust Relationships between Ombudsmen, Individuals and Public Service Providers", *Journal of Social Welfare & Family Law*, Vol.38, No.4 (December 2016).

Drewry, Gavin and Gregory, Roy, "Barlow Clowes and the Ombudsman: Part 1", *Public Law* (Summer 1991).

Drewry, Gavin and Gregory, Roy, "Barlow Clowes and the Ombudsman:

Part 2", *Public Law*(Autumn 1991).

Drewry, Gavin and Harlow, Carol, "A' Cutting Edge'? —The Parliamentary Commissioner and MPs", *The Modern Law Review*, Vol. 53, No. 6 (November 1990).

Drewry, Gavin, "Ombudsmen and Administrative Law: Bright Stars in a Parallel Universe?", *Asia Pacific Law Review*, Vol.17, No.3(September 2009).

Elliott, Mark, "Asymmetric Devolution and Ombudsman Reform in England", *Public Law*(Spring 2006).

Friedmann, Karl A., "Commons, Complaints and the Ombudsman", *Parliamentary Affairs*, Vol.21, No.1(January 1968).

Giddings, Philip, "Ex Balchin: Findings of Maladministration and Injustice?", *Public Law*(Summer 2000).

Gill, Chris, "Right First Time: The Role of Ombudsmen in Influencing Administrative Decision−making", *Journal of Social Welfare & Family Law*, Vol. 33, No.2(June 2011).

Gregory, Roy and Alexander, Alan, "Our Parliamentary Ombudsman Part I: Integration and Metamorphosis", *Public Administration*, Vol. 50, No. 3 (September 1972).

Gregory, Roy and Alexander, Alan, "Our Parliamentary Ombudsman Part 2: Development and the Problem of Identity", *Public Administration*, Vol. 50, No.3(March 1973).

Gregory, Roy and Giddings, Philip, "Auditing the auditors: Responses to the Select Committee' s review of the United Kingdom Ombudsman system 1993", *Public Law*(Spring 1995).

Gregory, Roy and Pearson, Jane, "The Parliamentary Ombudsman after 25 years", *Public Administration*, Vol.70, No.4(December 1992).

Gregory, Roy, "Court Line, Mr Benn and the Ombudsman", *Parliamentary*

Affairs, Vol.27, No.3 (May 1974).

Gregory, Roy, Giddings, ed., "Auditing the auditors: The Select Committee Review of the Powers, work and jurisdiction of the Ombudsman 1993", *Public Law* (Summer 1994).

Griffith, J.A., "The Crichel Down Affair", *Modern Law Review*, Vol.18, No. 6 (November 1955).

Griffith, J.A., "Tribunals and Inquiries", *Modern Law Review*, Vol.22, No.2 (March 1959).

Griffith, J.A., "The Political Constitution", *Modern Law Review*, Vol.42, No.2 (January 1979).

Gwyn, William B., "The British PCA: Ombudsman or Ombudsmouse?", *The Journal of Politics*, Vol.35, No.1 (February 1973).

Gwyn, William B., "The discovery of the Scandinavian Ombudsman in English-speaking countries", *West European Politics*, Vol.3, No.3 (September 1980).

Gwyn, William B., "The Ombudsman in Britain: A Qualified Success in Government Reform", *Public Administration*, Vol.60, No.2 (June 1982).

Harlow, Carol, "Ombudsmen in search of a role", *Modern Law Review*, Vol. 41, No.4 (July 1978).

Kirkham, Richard and Allt, Alexander, "Making Sense of the Case Law on Ombudsman Schemes", *Journal of Social Welfare & Family Law*, Vol.38, No.2 (June 2016).

Kirkham, Richard and Martin, Jane, "Designing an English Public Services Ombudsman", *Journal of Social Welfare & Family Law*, Vol.36, No.3 (September 2014).

Kirkham, Richard, "A Year in the Life of The Parliamentary Ombudsman", *Journal of Social Welfare & Family Law*, Vol.26, No.1 (March 2000).

Kirkham, Richard, "Auditing by Stealth? Special Reports and the Ombudsman", *Public Law* (Winter 2005).

Kirkham, Richard, "Challenging the Authority of the Ombudsman: the Parliamentary Ombudsman's Special Report on Wartime Detainees", *Modern Law Review*, Vol.69, No.5 (September 2006).

Kirkham, Richard, "Evolving Standards in the Complaints Branch", *Journal of Social Welfare & Family Law*, Vol.36, No.2 (June 2014).

Kirkham, Richard, "Explaining the Lack of Enforcement Power Possessed by the Ombudsman", *Journal of Social Welfare & Family Law*, Vol.30, No.3 (September 2008).

Kirkham, Richard, "Human Rights and the Ombudsmen", *Journal of Social Welfare & Family Law*, Vol.30, No.1 (March 2008).

Kirkham, Richard, "Implementing the Recommendations of an Ombudsman...again", *Journal of Social Welfare & Family Law*, Vol.33, No.1 (March 2011).

Kirkham, Richard, "Ombudsman Section: Lessons from Devolution", *Journal of Social Welfare & Family Law*, Vol.32, No.3 (September 2010).

Kirkham, Richard, "Ombudsman, Tribunals and Administrative Justice Section", *Journal of Social Welfare & Family Law*, Vol.34, No.1 (March 2011).

Kirkham, Richard, "Quangos, Coalition Government and the Ombudsman", *Journal of Social Welfare & Family Law*, Vol.32, No.4 (December 2010).

Kirkham, Richard, "The Ombudsman, Tribunals and Administrative Justice Section: A 2020 Vision for The Ombudsman Sector", *Journal of Social Welfare & Family Law*, Vol.38, No.1 (March 2016).

Kirkham, Richard, Tompson, ed., "Putting the Ombudsman into Constitutional Context", *Parliamentary Affairs*, Vol.62, No.4 (October 2009).

Kirkham, Richard, Tompson, ed., "When Putting things Right goes wrong:

Enforcing the Recommendations of the Ombudsman", *Public Law* (Autumn 2008).

Lewis, N.D., "World Ombudsman Community: Aspects and Prospects", *Indian Journal of Public Administration*, Vol.39, No.7(October 1993).

Longley, Dianeand James, Rhoda, "The Channel Rail Link, the Ombudsman and the Select Committee", *Public Law*(Spring 1996).

Marre, Alan, "Some Reflections of an Ombudsman", *Social Policy & Administration*, Vol.9, No.1(March 1975).

Marshall, Geoffrey, "The Franks Report on Administrative Tribunals and Enquiries", *Public Administration*, Vol.15, No.4(December 1957).

Norton, Philip, "Regulating the Regulatory State", *Parliamentary Affairs*, Vol.57, No.4(October 2004).

Pugh, Idwal, "On being an Ombudsman", *Social Policy & Administration*, Vol.14, No.1(Spring 1980).

Pugh, Idwal, "The Ombudsman: A Retrospect", *Journal of the Royal Society of Arts*, Vol.130, No.5314(September 1982).

Pugh, Idwal, "The Ombudsman: Jurisdiction, Powers and Practice", *Public Administration*, Vol.56, No.2(June 1978).

Reid, William, "Changing Notions of Public Accountability", *Public Administration*, Vol.70, No.1(March 1992).

Scott, Colin, "Accountability in the Regulatory State", *Journal of Law and Society*, Vol.27, No.1(March 2000).

Seneviratne, Mary, " ' Joining up ' the Ombudsmen: The Review of the Public Sector Ombudsmen in England", *Public Law*(Winter 2000)

Seneviratne, Mary, "Annual Report 1997-98(HC 845)of The Parliamentary Commissioner for Administration", *Journal of Social Welfare & Family Law*, Vol. 21, No.1(March 1999).

Seneviratne, Mary, "The Parliamentary Ombudsman's Annual Report 1998-99(HC 572)", *Journal of Social Welfare & Family Law*, Vol. 22, No. 1 (March 2000).

Smith, S.A., "Anglo-Saxon Ombudsman?", *The Political Quarterly*, Vol. 3, No. 1(January 1962).

Spigelman, James J., "The Integrity Branch of Government", *Quadran*, Vol. 48, No. 7-8(July-August 2004).

Tompson, Brian, "The Courts' Relationship to Ombudsmen: Supervisor and Partner?", *Journal of Social Welfare & Family Law*, Vol. 37, No. 1(2015).

Varuhas, Jason, "Governmental Rejections of Ombudsman Findings: What Roles for the Courts?", *Modern Law Review*, Vol. 72, No. 1(January 2009).

后　记

本书在笔者的博士学位论文基础上修订而成,旨在梳理英国议会监察专员制度的变迁史。

在笔者求学和本书写作过程中,一个由老师、亲人、同学、朋友组成的后援团队提供了无私的帮助和呵护,他们耐心地看我成长,给我鼓励和支持。毫不夸张地说,没有他们的爱和关怀,就没有我的今天。在此我要特别感谢我的恩师项焱教授。在生活中,项老师以女导师特有的细腻给予了我全方位的关心和帮助,让我在求学道路上倍感温暖;在学业上,项老师既倡导思维的开阔,又强调推敲的严谨,指导学生睿智宽和,讨论问题循循善诱,对待细节一丝不苟,让我耳濡目染,收获颇丰;在师门内部,同门之间关系融洽,感情真挚,交流充分。有幸拜入项老师门下立身求学,并与众多优秀同门砥砺前行,是我一生的巨大财富。

入职河南大学以来,法学院各位领导和同事在工作和生活中给予了诸多帮助,让我很快实现了角色转变,在新的岗位上发光发热,为河南法学教育贡献自己的一份力量。本书得以顺利出版,得益于河南大学法学院学术著作出版资金的支持,感谢团结奋进的法学院领导班子为青年教师搭建的学术平台,感谢各位同事的鼓励、支持和帮助。

最后,我要感谢给我提供强大后援的家人们,我的爸爸妈妈、我的公公婆婆、我的爱人和两个可爱宝贝,和你们在一起,爱与被爱都是人间至乐。

王佳红

2024 年 11 月

责任编辑：赵圣涛

封面设计：胡欣欣

图书在版编目(CIP)数据

英国议会监察专员制度变迁史研究 ／ 王佳红著.

北京 ： 人民出版社，2025. 3. -- ISBN 978 - 7 - 01 - 026934 - 4

Ⅰ. D756. 123

中国国家版本馆 CIP 数据核字第 2024CH6354 号

英国议会监察专员制度变迁史研究

YINGGUO YIHUI JIANCHA ZHUANYUAN ZHIDU BIANQIANSHI YANJIU

王佳红　著

人民出版社 出版发行

(100706　北京市东城区隆福寺街 99 号)

中煤(北京)印务有限公司印刷　新华书店经销

2025 年 3 月第 1 版　2025 年 3 月北京第 1 次印刷

开本：710 毫米×1000 毫米 1/16　印张：16.25

字数：260 千字

ISBN 978 - 7 - 01 - 026934 - 4　定价：99.00 元

邮购地址 100706　北京市东城区隆福寺街 99 号

人民东方图书销售中心　电话 (010)65250042　65289539